北大版 HSK应试辅导丛书

刘云 郝小焕
郝小焕 张瑞◎编著

中文水平考试 HSK（七—九级）全真模拟题集

图书在版编目 (CIP) 数据

中文水平考试HSK（七—九级）全真模拟题集 / 刘云，郝小焕，姜安主编. -- 北京：北京大学出版社，2024. 10. -- (北大版HSK应试辅导丛书). -- ISBN 978-7-301-35574-9

Ⅰ. H195.6

中国国家版本馆CIP数据核字第2024F2M391号

书　　名	中文水平考试HSK（七—九级）全真模拟题集 ZHONGWEN SHUIPING KAOSHI HSK （QI—JIU JI）QUANZHEN MONI TIJI
著作责任者	刘　云　郝小焕　姜　安　主编
责任编辑	任　蕾
标准书号	ISBN 978-7-301-35574-9
出版发行	北京大学出版社
地　　址	北京市海淀区成府路 205 号　100871
网　　址	http://www.pup.cn　新浪微博：@北京大学出版社
电子邮箱	zpup@pup.cn
电　　话	邮购部 010-62752015　发行部 010-62750672　编辑部 010-62753334
印 刷 者	河北博文科技印务有限公司
经 销 者	新华书店
	889 毫米 × 1194 毫米　16 开本　15.75 印张　498 千字
	2024 年 10 月第 1 版　2025 年 6 月第 3 次印刷
定　　价	79.00 元

目录

中文水平考试 HSK（七—九级）

注 意

一、中文水平考试 HSK（七—九级）分五部分，共 98 题：

1. 听力（40 题，约 30 分钟）
2. 阅读（47 题，60 分钟）
3. 写作（2 题，55 分钟）
4. 翻译（4 题，41 分钟）
5. 口语（5 题，约 24 分钟）

二、全部考试约 210 分钟。

一、听力

第一部分

第 1—10 题：请根据听到的内容，判断下列句子是否符合原文。符合原文的请画“√”，不符合的请画“×”。

第 1—5 题

1. 这条山谷里只生长着松树和柏树。（　　）
2. 风向导致了山谷东坡和西坡的雪量不一样大。（　　）
3. 雪松树枝的弹性更大。（　　）
4. 西坡树上的积雪常常压断树枝。（　　）
5. 这篇文章想告诉我们适当弯曲能够更好地发展自己。（　　）

第 6—10 题

6. 燕窝中的蛋白质含量高于豆腐皮。（　　）
7. 影视、广告中，明星们的肌肤呈现光泽的原因是靠吃滋补食品。（　　）
8. 吃燕窝可以预防皮肤老化。（　　）
9. 燕窝的真正功效在于它的心理作用。（　　）
10. 商家提供的系统的燕窝知识是为了加深消费者对燕窝的喜爱和迷恋。（　　）

第二部分

第 11—22 题：请选出或填上正确答案。

11. A 产品多元化
    B 提升知名度
    C 提高产品质量
    D 获得品牌溢价

12. A 提高服务价格
    B 降低产品成本
    C 收取广告费用
    D 收取会员订阅费

13. A 人力成本
    B 房租成本
    C 物流成本
    D 研发成本

14. A 不抱希望
    B 非常支持
    C 左右摇摆
    D 坚决反对

15. ________________________________

16. A 15—18 天
B 40—60 天
C 30 天左右
D 80 天左右

17. A 10—20 岁
B 20—30 岁
C 30—40 岁
D 40—50 岁

18. ________________________________

19. ________________________________

20. A 服饰的工艺技术
B 艺术品的视觉效果
C 对时代和画作的感受
D 历史人物的背景与故事

21. A 层次变化
B 潮流和趋势
C 光线的影响
D 文化和情感因素

22. A 面料和材质
B 剪裁和设计
C 图案和纹理
D 配件和装饰

第三部分

第 23—40 题：请选出或填上正确答案。

23. A 精细的南方糕点
B 咸香的北方糕点
C 麻辣的四川风味
D 细腻的广式糕点

24. A 门面很大
B 生意兴隆
C 产品独特
D 位置显眼

25. A 忘带钱了
B 糕点卖完了
C 糕点涨价了
D 店伙计算错账了

26. A 老掌柜心胸狭窄
B 南货店的流行程度
C 稻香村对诚信的重视
D 作家奇特的饮食习惯

27. ________________________________

28. A 拥有老字号的核心技术
B 开发了多种口味的糕点
C 聘请了优秀的管理人员
D 以市场消费需求为中心

29. A 居住和生活
B 教育和学习
C 商业和贸易
D 休息和眺望

30. A 大型购物网站
B 电子游戏类型
C 电脑系统环境
D 施展才能的舞台

31. A 出于健康的考虑
B 时尚潮流的发展
C 电脑的普及和广泛运用
D 人们渴望恢复国学教育

32. A 居民生活的基础
B 具备最尖端的技术
C 拥有巨大的实体介质
D 在虚拟层面提供支持

33. ______________________________

34. A 如何搭建系统平台
B “平台”的词义发展
C 高科技如何改变生活
D 电脑术语丰富词汇系统

35. A 为了纪念蔡伦
B 受到蔡伦的启发
C 为了造出最贵的纸
D 不小心加入了腐烂的树皮

36. A 树皮
B 旧衣服
C 枯树叶
D 动物皮毛

37. A 湿染性
B 撕不破
C 表面光滑
D 弹性和韧性

38. ______________________________

39. A 产量低
B 价格昂贵
C 墨迹容易晾干
D 不会发生跑墨现象

40. A 孔丹的创新精神
B 用墨的注意事项
C 宣纸的品质特性
D 书法的演变历史

二、阅读

第一部分

第 41—68 题：请选出正确答案。

41—47.

六必居酱园坐落在前门外粮食店街路西，是全国闻名的老字号，其门面房子是中国古典式的木结构建筑，1994 年翻建仍保持着古色古香的建筑风格。

六必居创始至今已有将近五百年的历史。他们家生产的酱菜，咸甜适口、色泽鲜亮、脆嫩清香、酱味浓郁，令人赞不绝口。这种独特的口感与选料精细分不开。精选北京大兴产的鲜嫩黄瓜，要 6 根共 500 克，必须“顶花带刺”，并且“条顺”；再用 500 克自制的面酱，先腌制后酱制，冬季要 10 天左右的时间方制成一罐“六必居”甜酱黄瓜。早在清代，六必居自产自销的酱菜就被选作宫廷御品。为了送货方便，清朝宫廷还赐给六必居一顶红缨帽和一件黄马褂，这两件衣帽一直被六必居保存到 1966 年。

除了酱菜，六必居这一店名也常常引起人们的好奇。商人给自己的店铺起字号和人们为自己的孩子起名字，从古至今都是一样，图个吉利、叫得响。像店铺的字号以带“庆”“福”“顺”等字的居多。可是，六必居的掌柜为什么给自己的店铺起个“六必”的字号？

关于“六必”的解释有许多，有人说，六必居是六个人合伙开的买卖，他们托人求明代的大学士严嵩写牌匾，严嵩提笔写了“六心居”三个字，转念一想又认为六人“六心”不好，所以在“心”字上加上了一撇成了“必”。也有人说，六必居最初是个酒坊，它们酿酒必须齐全，下料必须优良，泉水必须香甜。还有人说，最早六必居的后厂酿酒，前店除卖酒外，还卖柴、米、油、盐、酱、醋等六样人们的日常生活必需用品，所以叫“六必居”。

几百年来，六必居 ________ 古训，讲求厚德务实，靠着销售一瓶瓶微利的酱腌菜成为全国酱腌菜行业中规模最大的企业。

41. 前门外六必居的门面：

A 是砖瓦结构　　B 是旅游景点

C 始建于 1994 年　　D 保留了古风特点

42. 六必居的酱菜为什么深受群众的喜爱？

A 用料很讲究　　B 广告效应好

C 富含营养成分　　D 赠品非常丰富

43. 六必居在清代：

A 开始生产酱菜　　B 不向百姓出售

C 深受皇家喜爱　　D 有多家代理商

44. 为什么很多店铺字号中常常有“庆”“福”“顺”等字？

A 希望带来好运气　　B 受到了皇家的鼓励

C 群众识字程度不高　　D 为了和孩子的名字相符

45. 严嵩把店名从“六心”改为“六必”是为了：

A 显得新奇　　B 读起来更顺口

C 更容易被消费者接受　　D 避免解释为合伙人之间不和睦

46. 除了“六个人”，“六必”还指的是：

①六条酿酒要求

②六道制作工艺

③六种营养成分

④六样生活必需品

A ①③　　B ②④　　C ①④　　D ②③

47. 根据文意，第五段的空白处最适合填入的词语是：

A 循环　　B 遵循　　C 参照　　D 参谋

48—54.

在各种科幻电影中，观众很难看到宇航员生病的场景。假如宇航员真的在太空中出现头疼脑热等不适，离他们最近的急诊室是在<u>十万八千里外</u>的地球上，他们该如何是好呢？

现在的做法是，宇航员会在飞船里准备一个药箱，里面放上一些常用药物，比如退烧药、消炎药、止晕药等。当感觉身体不适时，宇航员会向地面的医生报告，医生会及时发出指令，告诉他该怎么吃药。

但是在不久的将来，一种由纳米碳构成的生物胶囊也许可以帮助他们。美国国家航空航天局正在加紧研发一种生物胶囊，将其植入人体皮下后，能在宇航员 ________ 察觉时迅速自动诊断其身体中的异常状况，并进行相应治疗，就像一个随身相伴的医生。

生物胶囊的成本并不高，制造工艺也不复杂。只要先将纳米碳放入胶囊模具，再填入人工细胞，最后用纳米碳或是蛋白质胶水将其黏合，一颗生物胶囊就制造成功了。

生物胶囊的研究者表示，在进入太空前，宇航员只要进行一项微创手术，在大腿表皮下植入几颗生物胶囊，就拥有了对抗绝大部分疾病的能力。这种手术非常简单，只需使用普通的麻药。

太空中有无数能够威胁人体健康的因素，最主要的就是高强度的辐射，它会杀死宇航员的骨髓细胞并破坏其免疫系统。生物胶囊中填充的细胞可以检测到辐射强度的上升，并自动释放药物，保护人体。胶囊内装有一种“粒细胞集落刺激因子”，不仅可以帮助宇航员抵抗辐射，还可以帮助他们对抗其他常见太空疾病，比如感染、发烧、器官衰竭和失眠等。目前，研究人员正在有针对性地研发相应的抵抗因子。

生物胶囊中细胞的纳米外壳有一定的空隙，可以允许药物通过，但保证人工细胞一直留在胶囊中。生物胶囊不是一次性用品，胶囊中的细胞可以通过自身新陈代谢维持活力。这些细胞的寿命从几个月到几年不等，因此每个胶囊都可以连续使用数年之久。生物胶囊本身也没有“保质期”，它的纳米碳结构是惰性的，非常稳定且具有弹性，至今没有发现人体中有可以分解该生物胶囊的酶。生物胶囊也不会造成人体的排异反应，当宇航员返回地球时，可由医生取出。

48. 画线短语“十万八千里外”用来形容：

A 医疗设备齐全　　B 距离非常遥远
C 迫切的思乡心情　　D 地球的运动轨迹

49. 现行的太空医疗手段是：

A 使用纳米碳生物胶囊治疗　　B 将病人送回地面救助中心
C 医务人员随行进入太空舱　　D 飞船中提前备好常用药物

50. 根据文意，第三段的空白处最适合填入的词语是：

A 无故　　B 丝毫　　C 毫无　　D 无力

51. 生物胶囊中除纳米碳外，还有：

A 蛋白质　　B 人工细胞
C 活性化合物　　D 复合维生素

52. 高强度太空辐射会对人体产生什么影响？

①诱发癌症
②杀死骨髓细胞
③导致智力残缺
④损伤免疫系统

A ①③　　B ②④　　C ①④　　D ②③

53. 第六段主要介绍了太空胶囊的：

A 功能　　B 原料　　C 效益　　D 种类

54. 关于太空胶囊，下列哪项正确？

A 制作成本高昂　　B 可连续使用多年

C 植入手术过程复杂　　D 会造成人体的排异反应

55—61.

高铁已成为人们 ________ 的交通工具。复兴号高铁持续运行速度达每小时 350 公里，轻松实现日行万里。越来越多的人将高铁作为出行的首选交通工具。然而高铁所产生的噪声却让人担忧。

高铁噪声的来源有受电弓噪声、车头空气动力噪声、车辆上部空气动力噪声、车辆下部噪声和结构噪声等，比如我们“耳熟能详”的钢轨摩擦声就属于其中一种。对这些高铁运行而产生的噪声，我们既无法让车轮与车厢分离，也无法让风停止歌唱，只能戴上耳机。可是长时间戴耳机并不舒服。

怎么办呢？科学家们研制了一种降噪头靠，可以进行主动降噪，降低高铁噪声中的低频部分。降噪头靠可以形成一个保护区，即降噪区域，只要乘客们在降噪区域，听到的噪声就会减小，从而可以免受噪声“妖怪”的干扰。

降噪头靠是怎样形成降噪区的呢？答案是借助扬声器，也就是俗称的“大喇叭”。科学家们在座椅周围放置多个扬声器，发出特定的声波来抵消噪声。就像武侠小说里的以毒攻毒，降噪头靠是以声消声，利用声波来抵消噪声。

以声消声，主要是利用声波的相消性干涉原理，即两列频率相同、相位相反的声波叠加，声波幅值就会减小。扬声器发出的正是与噪声声波相位相反的声波，噪声声波与扬声器发出的声波叠加，该区域的声波幅值便减小，人们听到的声音也就减小了。

高铁噪声种类这么多，降噪头靠都能消除吗？为了让乘客免受这些噪声的干扰，降噪头靠可以做到兵来将挡，水来土掩。由于降噪头靠的核心控制器具有自适应算法，因此能够监测噪声，并针对不同的噪声设计发出相应的声波，以实现更有效的降噪。无噪声时，降噪头靠是不发声的。

值得注意的是，降噪头靠降低的是高铁噪声中的低频部分，属于主动降噪技术；噪声的高频部分一般使用吸声材料进行降噪，属于被动降噪技术。

神奇的降噪头靠通过以声消声，还您清静。目前，中国科学院噪声与振动重点实验室已经完成了降噪头靠的实验部分，让我们期待高铁上的降噪头靠可以早日和大家见面！

55. 根据文意，第一段的空白处最适合填入的词语是：

A 必不可少　　B 不翼而飞

C 成千上万　　D 川流不息

56. 下列哪项不是高铁噪声的来源？

A 受电弓噪声　　B 钢轨摩擦声

C 空气动力噪声　　D 发动机运行噪声

57. 下列哪项是形成降噪区的原理?

A 心理学原理　　B 借助扬声器

C 声波的相消性干涉　　D 利用大喇叭播放音乐

58. 画线部分“兵来将挡，水来土掩”的意思主要是指：

A 具备防水功能　　B 调动军队的力量

C 尽所有的力量做最后的一搏　　D 针对不同情况采用灵活的对策

59. 关于“降噪头靠”，下列哪项正确?

A 可以抵消所有声波　　B 会在全程发出乐声

C 需要附加吸声材料　　D 内含自动适应系统

60. 高铁降低噪声主要靠的是哪两种材料?

①扬声器

②吸声材料

③中空材料

④有孔木吸声板

A ①②　　B ②④　　C ①④　　D ②③

61. 上文主要谈的是：

A 高铁带来的各种噪声　　B 高铁“日行万里”的秘诀

C 为什么高铁会成为出行首选　　D 如何让高铁的噪声“消失”

62—68.

漫步细雨中对于人们来说，或许是浪漫而惬意的，但对体积微小的昆虫而言，譬如蚊子，雨中漫步简直是一场灾难。一滴雨的重量可达到蚊子体重的 50 倍之多，人们所谓的毛毛雨，在蚊子看来，________一辆辆甲壳虫汽车从天而降。但是，在这“甲壳虫汽车雨”中，蚊子却能够毫发无损，这是什么原因呢?

为破解这一谜题，科学家对雨中飞舞的蚊子进行了高速摄像，以观察蚊子被雨滴击中瞬间的行为。

通过视频，科学家们分析了雨滴击中蚊子不同部位的各种情况，计算出蚊子被雨滴击中的瞬间所受到的作用力，以及其后随雨滴向下移动的距离。他们发现，蚊子并不像人们可能推测的那样去躲避雨滴，也不会因遭到雨滴的冲击而受伤，秘密之一就在于蚊子体重极轻。

原来，蚊子被雨滴击中时并不抵挡，而是与雨滴融为一体，顺应它的趋势落下。如果雨滴击中蚊子的翅膀或腿部，它会向击中的那一侧倾斜，并通过“侧身翻滚”的高难度动作，让雨滴从身体一侧滑落；当雨滴正中蚊子身体时，它先顺应雨滴强大的推力与之一同下落，随之迅速侧向微调与雨滴分离并恢复飞行。

研究者还发现，当雨滴击中栖息于地面的蚊子时，雨滴的速度在瞬间减小为 0，这时蚊子就会承受相当于它体重 10000 倍的力，足以致命。当蚊子在空中被击中并采用“不抵抗”策略时，它受到的冲击力就减小到其体重的 1/300 至 1/50，此时，雨滴就像一根极细小的羽毛压在了蚊子身上——这是蚊子能够承受的。

尽管蚊子柔弱如风中柳絮，会被雨滴砸得摇晃不定，但正是由于它体重极轻，雨滴在与蚊子碰撞的过程中几乎没有减速，它的动能也几乎没有转化为对蚊子的撞击能量，而是让蚊子瞬间加速下降，从而化解了高速下降的雨滴带来的巨大冲击。这就像是“以柔克刚”，达到“四两拨千斤”的效果，没想到小小的蚊子还是个太极高手呢！

蚊子在雨中安然无恙的另一个秘密，是覆盖它们全身的细毛具有疏水性。这种防水的细毛使蚊子与打在它身上的雨滴保持分隔状态，从而使蚊子能够迅速摆脱雨滴重新飞起，以避免雨滴将它们砸落地面造成致命伤害。

这一发现引起了广泛关注。事实上，这项研究不只与蚊子有关。在面对大自然时，动物往往有着比人类更丰富的经验，它们在千万年的进化过程中拥有了适应生存环境的生理结构和功能。研究动物应对大自然的特殊本领，可为科学家和工程师提供新的设计思想，解决机械技术上的诸多难题——比如，可以更好地设计微型飞行器，让它们能像蚊子一样，在雨中轻盈地飞翔。

62. 根据文意，第一段的空白处最适合填入的词语是：

A 说不上　　B 不亚于

C 不相上下　　D 层出不穷

63. 第一段中，“甲壳虫汽车雨”是指：

A 雨的重量大　　B 汽车的体积大

C 天敌的数量多　　D 甲壳虫的躯体巨大

64. 飞行过程中蚊子的身体被雨击中时会：

A 立刻躲避雨滴　　B 随着雨滴下降

C 受到轻微伤害　　D 加速侧向飞行

65. 蚊子能够“以柔克刚”靠的是：

A 体重轻　　B 承受能力强

C 应对经验丰富　　D 懂得太极之道

66. 当地面上的蚊子被雨滴击中时会：

A 毫发无伤　　B 瞬间起飞

C 左右摇摆不定　　D 受到致命的伤害

67. 蚊子能成功逃生，主要依赖于：

A 雨滴的冲击力变小
B 全身细毛的防水性
C 栖息于地面的运气
D 蚊子体重特别轻

68. 根据文意，下列哪项正确？

A 蚊子喜欢在雨中“散步”
B 微型飞行器的避雨功能强大
C 蚊子具有独特的“仿生”价值
D 高速摄像可以观察蚊子吸血过程

第二部分

第 69—73 题：下列语段的顺序已被打乱，请将它们重新排序，组成一篇逻辑连贯的文章。注意其中一个段落为干扰项，需排除；画线段落的位置已固定，无需排序。

A 在阿根廷的瓦尔德斯半岛，我们将这种技术应用于南露脊鲸。瓦尔德斯的中央半岛周围有两个大的圆形海湾，这里的海水不深且清澈，许多鲸聚集于此，交配繁衍。这种独特的地理位置也使得它成为研究的好地方，我们可以轻易地在陆地上起飞无人机，在非常靠近海岸的理想条件下拍摄大量鲸的照片。

B 这实在让我们伤透了脑筋。超大的体型对鲸很重要，这让鲸能够储存足够的能量用于长途移动，从而在诸多分散的地点觅食。可惜，在研究这些自由生活的鲸时，我们却很难将体重作为一个变量纳入研究，因为测它们的重量实在太难了！所以，我们需要一种新的方法，可以在不造成伤害的前提下称量鲸的体重。我和同事想出的解决方案是一种名为“摄影测量法”的技术——根据空中无人机拍摄的照片来测量体重。

C 借助无人机，我们能够测量鲸的长度、宽度、高度和体围，再根据这些测量值建立精确的 3D 模型，以此预测鲸的体积。不过，光靠体积，还不足以算出鲸的重量，我们还需要知道密度。为此，我们参考了北太平洋露脊鲸的旧记录，这是与南露脊鲸同种但不同地理分布的一种鲸。这些北太平洋露脊鲸是在之前科研捕鲸活动中被杀死的，记录里不仅有它们的长度、体围，还有最重要的数字——重量。根据长度和宽度，我们用 3D 模型算出了每头死鲸的体积，然后根据重量算出它们的密度。北太平洋露脊鲸与南露脊鲸相似，仅靠无人机的测量结果，我们就可以推算出活的南露脊鲸的重量。完整的方法最近已经在科学期刊《生态与进化方法》中发表。

D 摄影测量法不仅更加仁慈，还可以追踪同一头鲸的生长和身体状况的变化，例如脂肪储备。同时，对于一些小而脆弱、无法承受科研捕鲸活动的鲸群，我们的方法也能够评估它们的健康状况。因此，这种方法为大型鲸的生态学和生理学研究开辟了一条新的途径，将大大有益于科学的发展和对这些神奇生物的保护。

E 通过无人机采集的鲸鱼呼气样本，可以帮助我们研究它的 DNA、体内激素和细菌，从而进一步分析出它们的家族关系、压力水平和健康状况。根据样本还可以分析鲸鱼呼吸道的微生物，以判断鲸鱼常见疾病的来源。

F 鲸是地球上最大的动物，也是海洋生态系统中的重要捕食者。作为一名海洋生物学家，我有幸能近距离地观察它们。看一头像公共汽车那么大、14 米长、将近 40 吨重的母鲸，温柔地将它 5 米长、将近 1 吨重、刚出生的“小”宝宝托上海面呼吸，这是一种很神奇的体验。话说，我是怎么知道这头鲸重 40 吨的呢？毕竟，我们既没办法捉住十几米长的大家伙，然后简单粗暴地把它放在秤上，也不可能游到海里，拿个卷尺去量它。

G 这当然不是人类第一次测量鲸的体重。我们对大型鲸生理学的知识，大部分都来自捕鲸业。这个行业的传统做法，通常需要对鲸进行测量，有时甚至需要称重——但这些，都是在杀死鲸的情况下进行的。而我们的称量方法，好处是不需要杀死它们。

	→	B	→		→		→		→	

第三部分

第 74—87 题：请回答下面的问题，注意答案控制在十个字以内。

74—80.

中国是世界上邮驿起源最早、最发达的国家之一，也是世界上最早、最成功地发现并运用通信规律组织书信传递的国家之一。中国古代创造和积累的一整套治邮经验，已在全球范围内被广泛借鉴。

在原始社会，我们的先民大概是采取以物示意的方法来传递信息的。到了商代，边疆开始有了通信兵，负责传递军情。这种形式延至明清，历经千年，其中尤以汉代的组织规模为大。

古代战争中，常在边防军事要塞或交通要冲的高处，每隔一定距离建筑一座高台，俗称烽火台，亦称烽燧、墩堠、烟墩等。高台上有驻军守候，发现敌人入侵，白天燃烧柴草以“燔烟”报警，夜间燃烧薪柴以“举烽”（火光）报警。一台燃起烽烟，邻台见之也相继举火，逐台传递，须臾千里，以达到报告敌情、调兵遣将、求得援兵、克敌制胜的目的。

到了西周，我国已经出现了比较完整的邮驿制度。当时，各诸侯国因政治、军事上的需要，在大道上经常设有驿马和邮车，往返传送官府文书。

秦始皇统一六国后，开始在全国修筑驰道。“车同轨”“书同文”，更促进了邮驿通信的发展。

到了唐朝，这种制度更是盛极一时。唐朝的邮驿分陆驿、水驿和水陆兼办三种，共有 1600 多处，其中水驿 260 多处，水陆兼办的也有 80 多处，由驿亭的亭长管理送信的事。那时送信就像跑接力赛一样，一站接一站往前传。遇到紧急军情，就在信封上插根羽毛，驿亭接到插有羽毛的信后，便马不停蹄地飞速把信传递到收信人的手里。邮驿的行程也有明文规定，如陆驿规定马每天走 70 里，驴 50 里，车 30 里。

到了 700 多年前的元朝，中国的邮驿通信已经非常发达，仅在中国境内，就设有驿站 1496 处。那时除“马驿”外，还出现了“狗驿”。狗跑得快，又能认路，不需人骑，只要在狗身上绑一个装信的小袋，它就能很快把信送到固定的地点。当时，有个最大的“狗驿”驯养着 3000 多只专门送信的“邮犬”，这也是当时世界上最大的狗驿。

另外，元朝还沿袭宋朝的办法，在各州县广泛设置“急递铺”。这种急递铺是专门传递官府的紧急公文的，有点儿像现在的军邮，全国估计约有 2 万处，每铺有几个铺丁，日夜不停地递送文件，一昼夜可行 200 公里。

明朝驿站，基本上沿袭旧制。清朝中叶以后，近代邮政逐渐发展起来，代替了古老的驿站制度。

74. 烽火台的主要作用是什么？

____

75. 比较完整的邮驿制度是在什么时期出现的？

____

76. 请用文中的一个成语描述唐朝邮驿制度的发展程度。

____

77. 信封上插羽毛的作用是什么？

____

78. 当时世界上最大的犬驿驯养了多少只“邮犬”？

____

79. 急递铺是专门用于传递什么的？

____

80. 上文主要介绍了什么？

____

81—87.

作为我国特有的一种花卉植物，牡丹被誉为“百花之王”，在唐、明、清三朝曾被当作“国花”，在历史上很早便融入了我国人民的生活。然而最早，它并不是一种观赏花卉，其根皮入药，称为“丹皮”。牡丹入药可追溯到秦汉，当时被列为上品，是名贵的药材，秦汉时的医书《神农本草经》中就有关于牡丹的记载。此后的《本草纲目》等医书中，均详细地记载了牡丹的药用价值。

牡丹的药理用途十分广泛。据统计，我国有 1300 多个药方涉及丹皮，它是诸如“六味地黄丸”等著名中成药的主要原料。另外随着丹皮消炎、抗过敏、抗病毒、提高免疫力、祛斑美白等药效的不断发现，其应用范围正不断向化妆品、保健品等领域延伸。

当然，对于吃货来说，牡丹的食用方法更加重要。早在五代时期，在《复斋漫录》中就记载了牡丹花的食用方法。明清以后，用牡丹制作的食品的种类日益增多，应用牡丹花制作糕点、花酒、菜肴和茶的方法逐渐完善起来。到了现代，通过有关科研机构、医学专家、烹调专家的精心研制，选用牡丹的根、茎、叶、花为原料，经上浆、烹炸、浇汁等工序，烧制成了“牡丹菜”系列，进一步将牡丹的食用功能发扬光大。

在牡丹 1000 多年的栽培史中，人们培育了数以千计的牡丹品种。除按花色、花型分类外，人们也常根据花期的早晚、植株的高矮、当年生枝条的成长量、香味浓淡、用途等进行分类。新中国成立后，特别是改革开放以来，全国范围内，牡丹产业的发展又迎来了一个新的高潮，无论品种数量、类型还是规模都是以往历朝历代无法比拟的。这段时期，牡丹的种植和培育与科技紧密结合，并且在规模化、产业化方面均取得了长足的进步，以山东菏泽为例，其牡丹栽培面积已达 80000 余亩，品种 1000 多个，是世界上面积最大的牡丹栽培、观赏和科研中心。

近年来，人们又发现不同地区栽培的牡丹不仅形态上有一定差异，而且生态习性上也有本质的差别，据此又把牡丹划分为不同的栽培类群（品种群），这种分类对引种具有重要意义。如今，我国作为世界牡丹的发源地，拥有所有 8 个野生种和 1000 多个栽培品种，遍及我国大部分地区。

在中国的传统文化中，吉祥文化、喜庆文化是一个相当重要的内容，而牡丹繁荣兴旺、富贵吉祥的文化内涵恰恰与此相符合，因此受到人们的喜爱，并涌现出许多以牡丹为题材的诗词文赋、书法绘画以及其他艺术品。据不完全统计，历代吟诵牡丹的诗词约有 10000 首，与牡丹有关的小说、戏剧、影视、故事传说更是<u>不胜枚举</u>。此外，牡丹的形象也以各种形式融入人们的日常生活中，不仅体现在建筑装饰、衣物服饰、生活用品等方面，还出现在艺术创作、节日庆典等许多场合。

81. 牡丹的药用价值，最早记录于哪本书？

____

82. 除了制作药品外，牡丹的药效还在哪些领域发挥作用？

____

83. 哪个朝代最早记载了牡丹的食用方法？

____

84. 世界上面积最大的牡丹栽培、观赏和科研中心在哪里？

____

85. 近年来，牡丹的栽培类群是根据什么划分的？

____

86. 牡丹具有怎样的文化内涵？

____

87. 画线词语“不胜枚举”是什么意思？

____

三、写作

第一部分

第 88 题：请对图表进行描述与分析，写一篇 200 字左右的文章，限时 15 分钟。

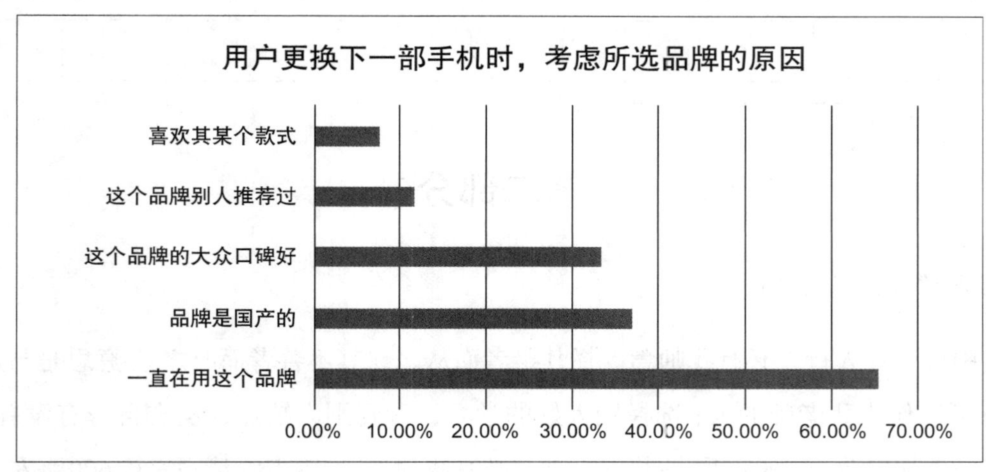

88.

第二部分

第 89 题：话题作文，限时 40 分钟。

89.《论语》中说："三人行，必有我师焉。择其善者而从之，其不善者而改之。" 意思是与众人相处，其中必定有可以作为我老师的人；选择别人好的学习，看到别人缺点，反省自身有没有同样的缺点，如果有，就加以改正。你是否赞同"三人行，必有我师焉"的观点？请写一篇600字左右的文章，谈谈你对这句话的认识并论证你的观点。

四、翻译

多语种翻译题

第一部分

第 90—91 题：请将下列两篇材料译写成中文，限时 35 分钟。

90. 중국의 전통 예술, 예를 들면 서예와 도자기는 현대 문화에 큰 영향을 미치고 있다. 이러한 예술 형태는 세월의 흐름 속에서 변화와 발전을 겪었지만, 그 본질은 변하지 않았다. 많은 현대 예술가들은 전통과 현대를 결합한 작품을 창작하며, 이를 통해 중국의 역사와 문화를 현대에 전달한다.

91. 중국의 고속철도는 그 나라의 기술 발전과 국민의 생활 편의를 대표하는 것 중 하나다. 그것은 중국이 얼마나 빠르게 근대화와 발전을 이룩하였는지를 보여주는 중요한 지표로 간주된다.

많은 중국 사람들이 이 고속철도를 이용하여 먼 거리를 짧은 시간 안에 여행할 수 있게 되었다. 전통적인 명절이나 휴가 시즌에는 수많은 사람들이 고향을 방문하거나 여행지를 찾아가기 위해 고속철도를 이용한다.

또한 중국의 고속철도는 다른 국가들에게도 기술 전달의 기회를 제공하며, 중국과 다른 나라들 간의 경제 및 문화 교류를 촉진하였다. 이로 인해 중국은 전 세계적으로 철도 기술의 선두주자로 인식되게 되었다.

결론적으로, 중국의 고속철도는 그 나라의 혁신적인 발전과 세계적인 리더십을 상징하며, 중국 국민들에게는 편리하고 효율적인 이동 수단으로 자리 잡았다.

第二部分

第 92—93 题：口译。

92. 인공지능이 완전히 통합된 미래의 나의 하루를 상상해봅니다. 아침에 일어나면 제가 제일 좋아하는 커피를 AI 가 자동으로 준비해줍니다. 출근길에는 자율 주행 차가 안전하게 저를 목적지까지 데려갑니다. 직장에서는 AI 가 업무를 보조하며, 효율적으로 시간을 관리해줍니다. 저녁에는 AI 가 건강에 좋은 식단을 제안하며, 잠자리에 들기 전에는 내일의 일정을 알려줍니다.（2 分钟）

草稿区（不计分）

93. 스트레스에 직면했을 때, 아래의 권장 사항들이 도움이 될 것입니다.

첫째, 당신의 생각과 감정을 인식하십시오. 스트레스는 우리의 마음과 몸에 영향을 미치므로, 우리가 어떻게 느끼고 생각하는지를 이해하는 것이 중요합니다.

둘째, 건강한 생활습관을 유지하십시오. 규칙적인 운동, 건강한 식습관, 충분한 수면은 스트레스를 관리하는데 큰 도움이 됩니다.

셋째, 휴식을 취하십시오. 짧은 휴식이나 휴가를 통해 스트레스를 해소하고 에너지를 충전하는 것이 좋습니다.

넷째, 긍정적인 사람들과 함께 시간을 보내십시오. 그들의 태도와 행동은 종종 우리의 태도와 행동에 영향을 미치며, 스트레스를 줄이는 데 도움이 될 수 있습니다.

마지막으로, 전문가의 도움을 청하십시오. 심리학자 또는 상담사와의 상담은 스트레스 관리에 매우 유용할 수 있습니다.

（2 分钟）

草稿区（不计分）

五、口语

第一部分

第 94 题：应用读说。

天蓝公司诚聘产品营销经理

岗位责任

1. 负责本部门的销售管理工作；
2. 掌握市场发展情况，能根据市场变化，提出具体的营销策划方案和详细的计划；
3. 负责该地区市场的开发工作；
4. 重点负责市场调查、分析、预测工作；
5. 负责相关人员的管理工作，包括员工的培训、检查等；
6. 负责本部门各种紧急事件的处理工作。

岗位能力要求

1. 本科及以上学历；
2. 两年以上团队管理经验；
3. 具备销售渠道拓展的宏观规划能力与执行能力；
4. 具备优秀的营销策划能力及文字运用能力；
5. 具备紧急情况的处理能力；
6. 适应出差，抗压性强，愿意接受挑战。

联系方式

更多招聘信息，请访问公司网站 http://www. bluesky. com. cn

地址：北京市海淀区海淀北一街 1 号

电话：010-12345678

邮箱：hr@bluesky. com.cn

94. 你的外籍朋友王美丽正在找工作，你看到你公司发布的招聘职位非常适合她。请你告诉她相关的信息，并邀请她来参加面试。（3 分钟）

第二部分

第 95—97 题：听材料回答问题。

95.（30 秒）

草稿区（不计分）

96.（30 秒）

草稿区（不计分）

97.（2 分钟）

草稿区（不计分）

第三部分

第 98 题：观点表达。

98.（3 分钟）

草稿区（不计分）

中文水平考试 HSK（七—九级）

注　意

一、中文水平考试 HSK（七—九级）分五部分，共 98 题：

1. 听力（40 题，约 30 分钟）
2. 阅读（47 题，60 分钟）
3. 写作（2 题，55 分钟）
4. 翻译（4 题，41 分钟）
5. 口语（5 题，约 24 分钟）

二、全部考试约 210 分钟。

一、听力

扫码播放

第一部分

第 1—10 题：请根据听到的内容，判断下列句子是否符合原文。符合原文的请画“√”，不符合的请画“×”。

第 1—5 题

1. 夫妻二人最开始是为了填饱肚子才捡的烂梨。 （ ）
2. 人们特别想吃梨膏糖的季节是秋天。 （ ）
3. 水果店老板将梨膏的秘密公之于众了。 （ ）
4. 用乌龟当商标是因为男老板认为乌龟代表着好运。 （ ）
5. 这个故事告诉我们应该把挫折当成机遇。 （ ）

第 6—10 题

6. 王羲之因出版过很多书而被称为“书圣”。 （ ）
7. 文章列举“衣服磨破”和“池塘水变墨色”两个例子是为了说明王羲之勤奋刻苦 。 （ ）
8. 王羲之喜欢在养鹅池里洗笔。 （ ）
9. “鹅掌操”主要是以鹅掌划水动作为主。 （ ）
10. 王羲之晚年非常孤独和凄凉。 （ ）

第二部分

第 11—22 题：请选出或填上正确答案。

11. A 冷敷
    B 换鞋
    C 吃退热剂
    D 洗凉水澡

12. A 减少运动量
    B 多喝冰饮料
    C 只在室内健身
    D 做好防护措施

13. A 中暑
    B 痢疾
    C 热射病
    D 热痉挛

14. ________________________________

15. ________________________________

16. A 避免过度劳累
    B 选择透气服装
    C 充分补充盐分
    D 进行室外运动

17. A 刊物名称
    B 地方特色
    C 海运通道
    D 建筑标志

18. A 纸张要很大
    B 内容要很多
    C 有时代内涵
    D 有历史传承

19. ______________________________

20. A 利用近景和远景交替
    B 探索山水画独特内涵
    C 描摹城市的繁华摩登
    D 借鉴西洋画表现技巧

21. A 争取著作出版权
    B 做艺术需要游历
    C 对古人保持敬畏
    D 一生只做一件事

22. A 最高学历是博士
    B 以陶瓷创作为主
    C 精通中国山水画
    D 特别喜欢写游记

第三部分

第 23—40 题：请选出或填上正确答案。

23. A 宝宝的睡眠质量
    B 孕妇的激素异常
    C 食物的咀嚼次数
    D 细菌的污染指标

24. A 婴儿的唾液更黏稠
    B 唾液能抑制癌细胞
    C 唾液有益食物消化
    D 糖尿病预防很简单

25. ______________________________

26. A 经常抽烟喝酒
    B 癌细胞增加了
    C 刷牙方式不对
    D 食物含糖过少

27. A 价钱便宜
    B 体型微小
    C 检测快速
    D 应用广泛

28. A 癌细胞的温床
    B 你的唾液贵如金
    C 基因与生命密码
    D 珍爱生命，远离烟酒

29. A 糖和维生素
    B 水和抗氧化剂
    C 纤维和矿物质
    D 多酚和多酚氧化酶

30. A 矿物质会氧化
B 糖的浓度会增加
C 抗氧化剂会消失
D 膳食纤维会溶解

31. A 引发糖尿病
B 导致智力下降
C 阻碍肠胃器官生长
D 不利于接受其他食物

32. ______________________________

33. A 孩子的消化能力
B 果汁中水的含量
C 替代饮料的健康程度
D 其他食物的商业价值

34. A 有益健康的饮料
B 婴儿的饮食偏好
C 果汁的营养缺陷
D 果糖的保健功效

35. A 监督空乘人员
B 观察仪表数据
C 保持飞机速度
D 服务客舱乘客

36. A 巡航高度
B 平流层高度
C 单数高度层
D 5000 米高度

37. A 着陆操作困难
B 飞行员作用大
C 航行的危险性
D 电脑配置重要

38. ______________________________

39. A 40%
B 75%
C 15%—20%
D 50%—60%

40. A 增加飞行机组
B 更新电脑系统
C 为飞行员提供咖啡
D 建议飞行员多交流

二、阅读

第一部分

第 41—68 题：请选出正确答案。

41—47.

在皖南众多风格独特的徽派民居村落中，宏村是最具代表性的。从整个外观上说，宏村是“桃花源”里一座奇特的牛形古村落，既有山林野趣，又有水乡风貌，素有“中国画里的乡村”之美誉。村中各户皆有水道相连，汩汩清泉从各户潺潺流过，层楼叠院与湖光山色交相辉映，处处是景、步步入画。闲庭信步其间，悠然之情浓烈得让人心醉。

古宏村人规划、建造的牛形村落和人工水系，是当今“建筑史上一大奇观”：巍峨苍翠的雷岗为牛首，参天古木是牛角，由东而西错落有致的民居群宛如庞大的牛躯。引清泉为“牛肠”，经村流入被称为“牛胃”的月塘后，被过滤了的水流向村外被称作“牛肚”的南湖。人们还在绕村的河溪上架起了四座桥梁，作为“牛腿”。这种别出心裁的科学的村落水系设计，不仅为村民解决了消防用水，而且调节了气温，为居民生产、生活用水提供了方便，创造了一种“浣汲未防溪路远，家家门前有清泉”的良好环境。

宏村的建筑主要是住宅和私家园林，也有书院和祠堂等公共设施，建筑组群比较完整。各类建筑都注重雕饰，木雕、砖雕和石雕等细腻精美，具有极高的艺术价值。村内街巷大都傍水而建，民居也都围绕着月塘布局。住宅多为二进院落，有些人家还将活水引入宅内，形成水院，开辟了鱼池。比较典型的建筑有南湖书院、乐叙堂、承志堂、德义堂、松鹤堂、碧园等。

宏村阴雨天多，云雾天多，__________ 海洋性气候，年均气温 7.8 ℃，年平均降雨日数 183 天，多集中于 4—6 月，山上全年降水量为 2395 毫米。西南风、西北风较多，年平均降雪日数 49 天。

2006 年以后，宏村的旅馆业开始有了新发展，家家户户只要家里有几间空房间的，都开始挂牌搞起了农家乐。因此，到宏村游玩，尽量住在村里，这样出入宏村就不用多买门票。而且村中多是老宅子，运气好的话，还能住进有雕花大床的厢房。由于游客众多，在旅游高峰期最好提前预订。

41. 宏村的建筑风格属于：

A 苏派　　B 徽派　　C 京派　　D 川派

42. 宏村被称为“建筑史上一大奇观”，是因为它：

A 修建了最高的木质建筑　　B 保留了丰富的明清建筑

C 构建了科学的牛形村落　　D 再现了高超的古代工艺

43. 宏村建筑包括：

①民居

②官衙

③寺庙

④书院

A ①③　　B ②④　　C ①④　　D ②③

44. 宏村的房屋大多：

A 依水而建　　B 散落在山上　　C 属于公共设施　　D 备有雕花大床

45. 根据文意，第四段的空白处最适合填入的词语是：

A 等于　　B 差不多　　C 接近　　D 雷同

46. 关于宏村的气候，下列哪项正确？

A 夏季炎热干燥　　B 冬季气温多在零下

C 秋季最适合旅游　　D 降雨天数约占全年一半

47. 根据本文，游客选择在村内民宿住宿的好处是：

A 不用另买门票　　B 餐饮出行免费

C 可以体验农活　　D 有纪念品赠送

48—54.

栈道这种常见于险峻山区的道路形式，是在陡峭的悬崖上用木材架设的通道，在中国古代很早就产生了。关于栈道最早的记载是在战国时期。秦昭襄王以范雎为相，开凿栈道，在悬崖绝壁间，穴山为孔、插木为梁，铺设木板，联为栈阁，形成独特的山间栈道。这是一个与万里长城同样古老的巨大土木工程，是人类历史上的创举。如今尚存的古栈道主要有子午道、骆谷道、褒斜道、陈仓道等，均系古代自长安翻越秦岭，前往南方诸省的驿道。

栈道的主要作用在于沟通，在中国，古栈道、大运河、长城一并被列为古代三大杰出建筑，在军事防备、物资运输、民间生活等方面发挥了重要的作用。

与栈道有关的尽人皆知的成语，叫作“明修栈道，暗度陈仓”。“陈仓”是陕西省宝鸡市的古名，此处特指渭河北岸的陈仓古渡口。此处的“栈道”指的是从关中翻越秦岭，南通汉中、巴蜀的古代交通要道，由秦岭古道、褒斜道、连云栈道组成，全长 250 公里，架于悬崖绝壁和泥沼之地。这个栈道在关中的出口斜峪关，距陈仓古渡口约 70 公里。

这个成语来源于一段历史。当年秦朝被推翻的时候，项羽、刘邦以及其他参加反秦战争的各路将领，齐集商议胜利以后怎样割据国土，大家 ________ ：谁先攻下秦都咸阳，谁就在关中为王。关中不但物产丰富，而且军事工程也有强固的基础。结果，最先进入咸阳的是刘邦，而势力最强的项羽企图独霸天下，既不想让刘邦当“关中王”，也不肯让他回到家乡一带去，便故意把巴、蜀和汉中三个郡分给刘邦，封其为汉王，以南郑为都城，企图把刘邦关进偏僻的山里去；同时，把关中划作三部分，分给秦朝的降将章邯、司马欣和董翳，以便阻塞刘邦向东发展的出路；项羽自封为西楚霸王，封地九郡，占领长江中下游和淮河流域一带广大肥沃之地，以彭城（今江苏徐州）为都城。

刘邦表面上服从安排，暂时领兵西上，开往南郑，并且接受张良的计策，把一路走过的几百里栈道全部烧毁，以示无东归之意。烧毁栈道，一方面是为了防御，另一方面是为了迷惑项羽，使其放松对刘邦的戒备，以为刘邦不打算回返了。刘邦到了南郑后，拜韩信为大将，商议向东发展、夺取天下的策略。于是，韩信派出几百名官兵去修复栈道，暗中却和刘邦统率的主力部队抄小路袭击陈仓，杀死守将，逼章邯自杀，令驻守关中东部的司马欣和北部的董翳投降。自此，刘邦全部占领关中地区，为以后建立汉朝奠定了基础。

48. 史料记载最早的栈道铺设于：

A 水边　　B 平原　　C 山间　　D 地下

49. 现存的栈道古迹：

A 都连接长城　　B 均通往南方

C 皆始建于战国　　D 全长 250 公里

50. 根据本文，属于中国古代三大杰出建筑的是：

A 索道　　B 大运河　　C 大雁塔　　D 避暑山庄

51. 与第三段中的“明修栈道，暗度陈仓”意思相近的成语是：

A 声东击西　　B 卧薪尝胆　　C 破釜沉舟　　D 同归于尽

52. 根据文意，第四段的空白处最适合填入的词语是：

A 投票　　B 表决　　C 肯定　　D 约定

53. 项羽把巴、蜀、汉中地区分给刘邦，是想：

A 安抚其他将士　　B 逼迫韩信投降

C 限制刘邦的发展　　D 开发此处的资源

54. 刘邦烧毁栈道，是为了：

①防御敌人

②欺骗韩信

③迷惑项羽

④不再回返

A ①③　　B ②④　　C ①④　　D ②③

55—61.

我们周围的世界是一个声音的总汇。小到元粒子，大到银河系，万物都在振动。人类的耳朵能够感知的振动频率非常有限（20 赫兹—20000 赫兹），但这并不意味着，在听觉范围之内的声音就不会对我们的身体产生影响。

就振动频率和强度而言，噪声对我们的身体更有害。举个例子，莫斯科西南区的一处楼房安装了电梯，这本来是件值得高兴的事，结果却 ________。楼里的大多数居民开始经常性地失眠头疼。原来，日夜运转的电梯机械成了噪声源，而电梯井则像一个巨型喇叭，又加重了这种噪声。

噪声有害，美妙的音乐又如何呢？实际上，音乐声在 50 分贝左右时会使人身心放松，给人以美感。而声音一旦高于 85 分贝，就会造成听力损伤。一般情况下，当人耳较长时间地听到音量达 100 分贝的声音时，无论多么美妙的音乐都可造成不可恢复性听力损伤，严重者还会造成听力丧失。

一些在听觉范围之外的声音对人的危害也是相当大的，火山学家对这一点非常了解。熔岩喷发时发出的响声是一种低音波（低于 20 赫兹），它使人不自觉地产生恐惧感和躲避的念头。有实验表明，特定频率的声波可以影响人体的生理反应。

当今医学界已经在成功地利用声音治疗疾病。俄罗斯生物学家的研究表明，森林里树木摇摆的声音对降低病人血压的疗效胜过任何药物。而音乐对疾病的疗效也是广为人知的。专家发现，胃肠道具备音符“fa”的共振频率，音符“do”能够治疗牛皮癣，而“si”“so”和“do”的和声对肿瘤病患者有效果。

其实，我们每个人都有过运用声音治疗疾病的经历，尽管我们自己没意识到。难道您从未尝试过通过抚摸小猫来放松疲惫的神经吗？科学家证实：能带来疗效的既不是小猫柔软的毛，也不是猫身上散发的特殊气味，而是温顺的小家伙发出的低叫声。现在，猫的呼噜声已经被用于某些医疗程序中，以帮助患者放松和减轻压力。

声音，真是让我们爱恨交加。

55. 关于人耳能感知的振动频率，下列哪项正确？

A 源自机械运动 B 不会影响健康

C 形成了噪声源 D 有一定的范围

56. 根据文意，第二段的空白处最适合填入的词语是：

A 异曲同工 B 适得其反 C 南辕北辙 D 显而易见

57. 下列哪个分贝的音乐更适合人听？

A 5 B 50 C 100 D 20000

58. 熔岩喷发的响声：

①能被人听到

②会让人恐惧

③可治疗疾病

④属于低音波

A ①③ B ②④ C ①④ D ②③

59. 如果患有胃病，应该用哪个音符来治疗？

A fa B do C si D so

60. 带来放松神经疗效的是小猫的：

A 温顺的动作 B 柔软的毛发 C 低低的叫声 D 特殊的气味

61. 上文介绍了：

A 频率的重要性 B 音乐的杀伤力 C 治病的新方法 D 声音的利与害

62—68.

动感单车在克服了室外行驶的一切缺点后，由于技术上的改进，不仅简单易学，而且成为一项能够使全身得到锻炼的有氧运动。它适合 15 到 50 岁的人群。但是由于其通常配备绚丽灯光和高分贝的音乐，选择动感单车的人士集中在 20 到 45 岁之间，大多数是年轻白领。

动感单车基本与普通单车相似，包括车把、车座、蹬板和轮子几个部分，车身稳固地联结为一个整体。与普通单车不同的是，动感单车的结构可以进行较大的调整，以便骑行者感觉更舒适。在开始骑行之前，首先要调整座位的高度，通常这个高度应以骑行者站在地面上，大腿抬起至与地面平行时的高度为准。这样在骑行时，大腿与小腿的夹角不会过小，从而减轻了髌骨的负担，避免膝盖受伤。

据教练介绍，动感单车是健身房中运动量最大的器械之一，有效地进行 40 分钟的动感单车训练，可以消耗大约 500 卡路里的热量，对体能的要求非常高。一堂课下来，通常会排出很多汗液，身体的水分流失很快，因此要及时补充水分。但是水分大量流失并不代表它是靠“脱水”来减肥的。在以腿部为中心的锻炼过程中，臀部、腰部、背部、手臂的肌肉都能得到充分锻炼，同时还能够增强心肺功能。

但是需要注意的是，在进行动感单车训练之前，一定要花时间做好充分的热身运动，比如在跑步机上慢跑一会儿，或者跳一段健美操，等身体开始兴奋时再参与。因为长期近乎休眠的身体不适应突然增强的负荷和强度，如果筋骨没有得到适当的拉伸舒展，身体很容易受伤。

动感单车上的呼吸方法非常重要，应该学会腹式呼吸。在进行腹式呼吸时，由于腹部肌肉紧张与松弛交替发生，从而使局部肌肉内毛细血管也交替出现收缩与舒张，这样可以加速血液循环，扩大氧气供给，有利于代谢物的排出，对全身器官组织起到调整和促进作用，同时也能极大增强肺功能。

服装方面最好穿 ________ 的动感单车服，弹性好的棉质运动服装也可以替代，系鞋带的运动鞋是最佳选择，因为这样可以很牢固地把脚固定在脚蹬上，防止脱蹬。

62. 根据本文，下列哪项不是动感单车流行的原因？

A 简单易上手　B 锻炼到全身　C 不需去户外　D 有教练指导

63. 根据本文，什么原因可能导致 45 岁以上的人不太喜爱动感单车？

A 锻炼环境　B 消费金额　C 运动强度　D 受伤概率

64. 调整动感单车座位的高度是为了：

A 避免拉伤　B 降低强度　C 保护膝盖　D 美化腿形

65. 一堂动感单车课：

①会流失大量水分

②能让人快速减肥

③不能多喝矿泉水

④可锻炼心肺功能

A ①③　B ②④　C ①④　D ②③

66. 骑动感单车之前，需要：

A 调整自己心情　B 进行热身运动　C 检查自己服装　D 保证充足睡眠

67. 第五段主要介绍了腹式呼吸的：

A 方法　B 时间　C 频率　D 作用

68. 根据文意，第六段的空白处最适合填入的词语是：

A 职业　B 行业　C 专业　D 商业

第二部分

第 69—73 题：下列语段的顺序已被打乱，请将它们重新排序，组成一篇逻辑连贯的文章。注意其中一个段落为干扰项，需排除；画线段落的位置已固定，无需排序。

A <u>植物生长活动的最低温度通常是 0℃。秋天之后，许多一年生草本植物纷纷枯萎。到了寒冷的冬季，冰封的大地上几乎看不到红花绿叶，但也有些“英雄好汉”是不怕严寒的。</u>

B 耐冻植物都有休眠的特性，它们常使用“沉睡”的妙法来对付寒冬。一般而言，处于休眠状态的植株抗寒力强，并且植株休眠越深，抗寒能力越强。事实上，多年生植物的季节性休眠是长期自然选择的结果，是植物应对不利环境的一大绝招。

C 此外，每一棵树都有一副“甲胄”，保护它们娇嫩的组织不受寒气侵袭。这副“甲胄”就是木栓层。每年夏天，树木都在树干和树枝的皮下储存木栓组织——死的间层。木栓既不透水，也不透气。停滞在气孔中的空气能够阻挡树木的热量向外散发。树木年龄越大，木栓层越厚。因此，老树、粗树的抗寒能力比枝嫩干细的小树强。

D 到了秋天，情形就变了，秋季白昼温度高，日照强，叶子的光合作用旺盛；而夜间气温低，树木生长缓慢，养分消耗少，积累多，于是树木越长越“胖”，变得粗壮并木质化，树叶里合成了更多的脱落酸（休眠素）。这种植物激素被输送到植物枝梢的尖端和侧芽后，这些部位的新陈代谢会受到抑制，从而进入休眠状态，不再萌芽生长，植物体也停止生长。这意味着植物的物质和能量消耗大大减少，养分因此被积蓄起来，树木逐渐有了抵御寒冷的能力，即使叶子在冬天被冻掉，小枝依旧完好无损。

E 另外，植物还常常会通过细胞内水分减少或合成液态抗冻有机物来增强细胞的抗冻性。有的植物会通过降低自身含水量以适应低温环境，安全过冬。具体来说，就是将水分从细胞内排到细胞外，防止细胞内的水结冰。如果以上方法还不足以抵抗严寒，一些植物还会通过增加糖或蛋白质、脂肪的含量，或者增强生物膜系统结构的稳定性来练就更高更强的御寒本领。

F 植物通过光合作用将无机物转化为有机物，并将太阳能转化为化学能，储存在所形成的有机化合物中。每年光合作用所同化的太阳能约为人类所需能量的 10 倍。有机物中所存储的化学能，除了供植物本身和全部异养生物之用外，更重要的是可供人类营养和活动的能量来源。

G 通常而言，即便是同一种植物，冬季和夏季的抗冻能力也不一样。在夏季活动期多不耐寒，在冬季休眠期则更为耐寒。这是因为春夏季节，植物生长旺盛，养分消耗多于积累，因而其抗冻能力较弱。如北方的梨树，在 −30 至 −2 ℃低温下能够平安越冬，在春天却抵挡不住微寒的袭击；松树的针叶，冬天能耐 −30℃的严寒，夏天如果人为地降温到 −8 ℃就会冻死，就是这个道理。

A	→		→		→		→		→	

第三部分

第 74—87 题：请回答下面的问题，注意答案控制在十个字以内。

74—80.

在非洲内陆的水域中，最强大的水生物种莫过于鳄鱼。它们仰仗其庞大的身躯和冷酷的猎杀手段，成为纵横交错的河流湖泊中当之无愧的霸主。令人惊叹的是，在鳄鱼的领地，有一种足以与它分庭抗礼的种群，竟是身躯只有 10 厘米左右的小鱼——非洲鲋鱼。

非洲鲋鱼虽然是鱼类当中的“小不点”，但它们的数量大得惊人。在某些河流中，它们的总数可能远远超过其他鱼类。这种数量优势使它们的生存显得相对地从容和有利。正因为如此，它们变得在自然界中不可小觑。

同样的生活环境，为什么独独非洲鲋鱼的数量可以超越其他鱼类呢？这与它们独特的繁殖方式有关。

众所周知，鱼类是将卵产在水里让其孵化的。可是，鱼卵在水里要面对太多的危险。大鱼、水鸟、水獭、蛇、螃蟹等天敌都会将它们列入自己的食谱。这也正是其他鱼类的数量难以增加的根本原因。非洲鲋鱼却独辟蹊径，没有将卵产在水里孵化。

到了产卵期，非洲鲋鱼会仔细搜寻，寻找岸边有大树的水域。当它发现有树枝伸到水面，便选择距水面有一段距离的某片合适的树叶作为产房。然后，它尽力从水中跃起，将身子紧紧黏附在叶片朝下的一面，将卵排在上面。卵附着在悬在水面半米高的树叶上，几乎隔绝了所有来自天空、陆地以及水中的天敌。

随后，它会一直待在这里，不间断地甩动尾巴，以便激起水花溅到树叶上的卵上面，保证卵始终处于湿润状态，直到小鱼孵出落到水里。正因为选择了这种独特的孵化方式，非洲鲋鱼的庞大数量才有了绝对的保障。

生存是一件极其艰难的事情，而智慧恰恰是解决所有难题的灵丹妙药。不囿于常规，全力求新求异，也许生存不仅会显得比较容易，更会焕发出夺目的性灵之光。

74. 非洲内陆水域的霸主是什么动物？

____

75. 画线词语“分庭抗礼”是什么意思？

____

76. 鲋鱼在自然界不可小觑的原因是什么？

____

77. 鱼卵产在水里会面临什么危险？

____

78. 非洲鲋鱼将鱼卵产在何处？

____

79. 非洲鲋鱼为什么甩动尾巴？

____

80. 上文主要想告诉我们生存需要什么？

____

81—87.

花鼓灯是安徽省优秀的民间艺术之一，是安徽民间舞蹈中流传最广、参与人数最多、影响最大、知名度最高的歌舞艺术，也是汉族舞蹈的典型代表之一。以前的花鼓灯表演多是广场表演，且在夜晚花灯的照耀下进行，这也是花鼓灯名称的由来。后来，花鼓灯发展到了舞台表演，更具观赏性。

相传，花鼓灯起源于夏代。在涂山脚下，大禹会诸侯的地方，大禹娶了涂山氏的女儿——女娇为妻。新婚不久，大禹便外出治理洪水。大禹治水十三年，三次路过家门而不入，女娇十分想念大禹，每天抱着儿子启站在山坡上向着远方眺望，祝愿丈夫治水成功，早日归来。由于她望夫心切，精诚所致，化作了一块巨石，后人称为“望夫石”或“启母石”。为了纪念他们，人们盖起了禹王庙，每年农历三月二十八赶庙会，打起锣鼓，跳起舞，从此就有了花鼓灯。至宋朝花鼓灯已发展成为比较系统的艺术形式，在民间舞蹈艺术中占据了举足轻重的地位。每年举行的艺术灯会，花鼓灯都是作为压轴戏出场，因此被称为“缀大灯”。

花鼓灯的角色繁多，分工也较为细致。男角统称“鼓架子”，女角统称“兰花”。根据分工的不同，鼓架子又可分为大鼓架子、小鼓架子、丑鼓和伞把子。大鼓架子主要表演“上盘鼓”中的叠罗汉，俗称“底座”；小鼓架子主要表演“大花场”和“小花场”；“丑鼓”类似于戏曲中的丑角，演出时身背花鼓，善于即兴演唱，表演滑稽诙谐；“伞把子”又称“领伞的”，负责全场演出的指挥和调度，其中，“文伞把子”主要负责领唱和对唱，“武伞把子”以舞蹈为主，调整队形，掌控节奏。“兰花”以折扇和方巾为主要道具，表演时左手持方巾，右手执扇，通过步法及姿态的变换表达不同的思想感情。

舞蹈是花鼓灯的主要组成部分。花鼓灯的舞蹈包括“大花场”“小花场”和“盘鼓”三部分。“大花场”是大型的集体情绪舞；“小花场”是花鼓灯舞蹈的核心部分，多为两人或三人即兴表演的具有简单情节的抒情舞；“盘鼓”没有固定的表演形式，是舞蹈、武术与技巧表演的结合，同时又具有造型艺术的特征。

在长期的表演过程中，花鼓灯形成了自己的演出套路：开场锣敲响过后，“文伞把子”或“丑鼓”首先出场，接下来是“武伞把子”上场，然后依次进行“大花场”和“小花场”表演，最后是“盘鼓”或后场小戏表演。

81. 花鼓灯流传于中国哪个省份？

______

82. 花鼓灯的命名缘由是什么？

______

83. “望夫石”因谁而命名？

______

84. 花鼓灯作为压轴戏登场说明它具有什么样的地位？

______

85. 花鼓灯女角表演时的道具有哪些？

______

86. “丑鼓”的表演特点是什么？

______

87. 花鼓灯舞蹈的核心部分是什么？

______

三、写作

第一部分

第 88 题：请对图表进行描述与分析，写一篇 200 字左右的文章，限时 15 分钟。

在线旅游用户性别分布

52.8%
男性

47.2%
女性

在线旅游活跃用户学历分析

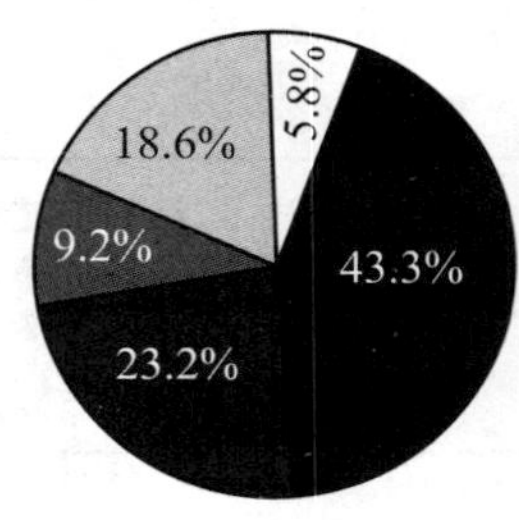

□ 研究生
■ 本科
■ 大专
■ 高中、高职及中专技校
■ 初中及以下

88.

第二部分

第 89 题：话题作文，限时 40 分钟。

89.《孟子》中说：“穷则独善其身，达则兼济天下。”意思是当一个人处在困境中时，要管好自己的道德修养，而在得志时要努力使老百姓都能得到好处。你是否赞同“穷则独善其身，达则兼善天下”？请写一篇 600 字左右的文章，谈谈你对这句话的认识并论证你的观点。

四、翻译

第一部分

第 90—91 题：请将下列两篇材料译写成中文，限时 35 分钟。

90. 전통적인 중국 음악은 현대 팝 음악에 큰 영향을 주었다 . 전통 악기와 현대 악기의 조화 , 고대의 멜로디와 현대의 리듬이 결합될 때 , 중국 음악의 독특한 매력이 탄생한다 . 많은 중국 뮤지션들이 이러한 혼합을 통해 세계적인 무대에서 주목받는 음악을 만들어냈다 .

91. 중국에서도 "극단적인 단순화" 또는 "극단적인 단순주의" 라는 개념이 점점 인기를 얻고 있다. 이것은 생활에서 불필요한 물건이나 생각을 줄이고, 중요한 것에만 집중하는 방식을 의미한다.

특히, 현대 중국의 도시에서는 빠른 생활의 속도와 다양한 정보 속에서 사람들이 마음의 평온을 찾고자 하는 움직임이 늘고 있다. 많은 젊은 세대들은 극단적인 단순주의의 원칙을 채택하여, 삶의 질을 향상시키려고 노력한다.

이 움직임은 또한 중국의 패션과 디자인 분야에도 영향을 미치고 있다. 단순하면서도 세련된 디자인이 인기를 얻으며, 이러한 추세는 다양한 상품에서 볼 수 있다.

극단적인 단순주의는 중국에서 새로운 생활 방식의 한 부분으로 자리잡고, 사람들의 삶에 더 큰 만족감과 편안함을 가져다준다.

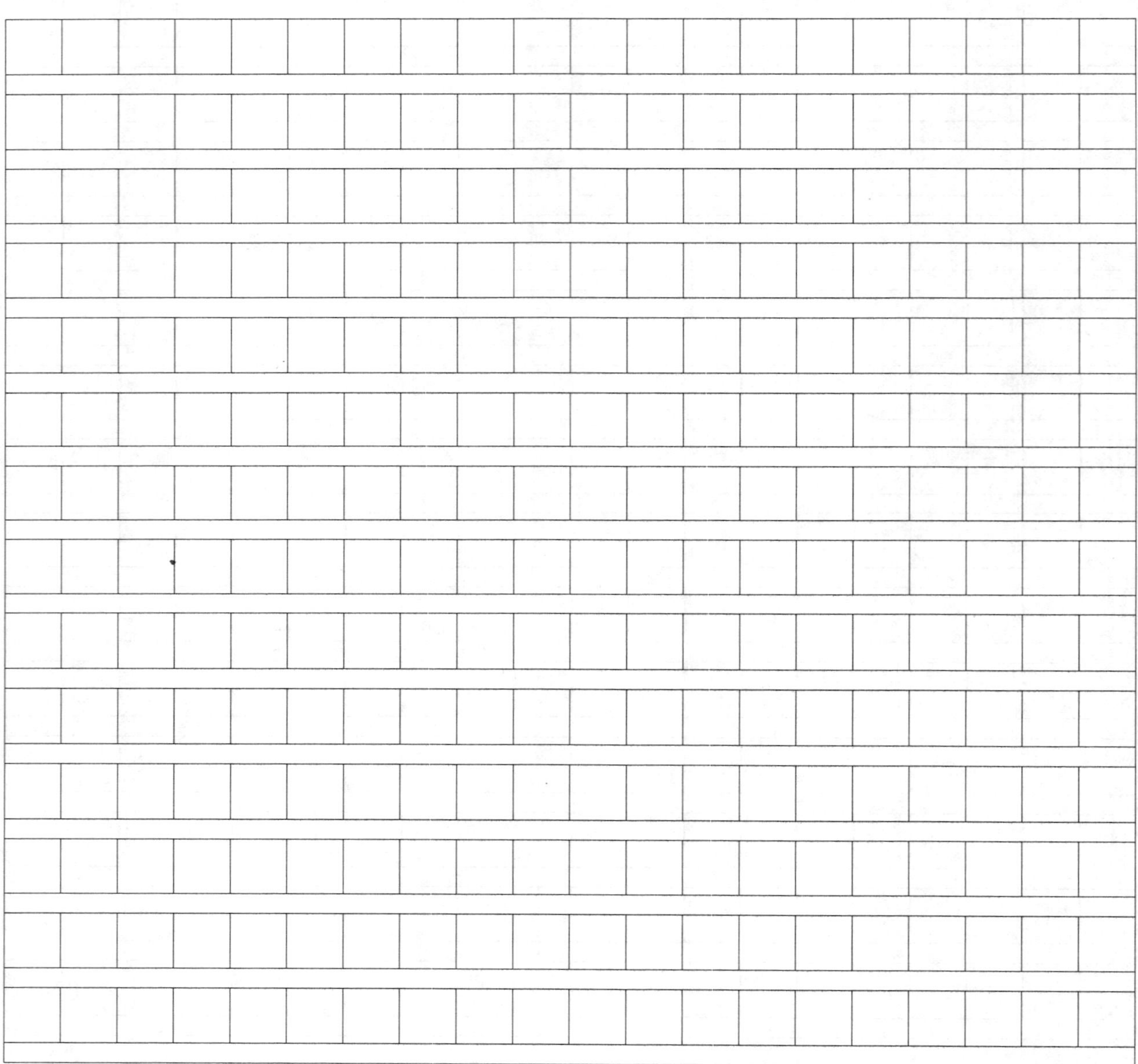

第二部分

第 92—93 题：口译。

92. 상하이는 패션과 디자인의 중심지로 떠오르고 있다. 이 도시는 현대적인 건축물과 고전적인 건물이 어우러진 독특한 풍경을 제공한다. 매년 다양한 패션 쇼와 전시회가 열리며, 세계적인 디자이너들이 이 도시를 방문해 그들의 창작물을 선보인다. 상하이의 패션과 디자인은 중국의 현대 문화의 중심으로 자리 잡았다.（2 分钟）

草稿区（不计分）

93. 중국의 도시들은 공유 자전거 붐으로 인해 큰 변화를 겪었다. 이러한 공유 자전거는 사람들이 편리하게 이동하게 해주며, 교통체증 문제를 완화하는데 크게 기여하였다.

많은 중국인들, 특히 젊은 세대는 매일 출퇴근을 포함한 일상 생활에서 공유 자전거를 사용한다. 이러한 서비스는 스마트폰 애플리케이션과 결합되어 있어, 사용자들이 쉽게 자전거를 찾고 이용할 수 있다.

그러나 공유 자전거의 인기로 인해 일부 도시에서는 주차 문제나 재활용 문제도 발생하였다. 중국의 여러 도시는 이러한 문제를 해결하기 위해 관련 규정과 지침을 마련하였다.

종합적으로 볼 때, 공유 자전거는 중국 도시의 교통 문화를 혁신적으로 변화시켰으며, 그로 인해 더 친환경적이고 효율적인 도시 생활을 실현할 수 있게 되었다.

（2 分钟）

草稿区（不计分）

五、口语

第一部分

第 94 题：应用读说。

你的公司希望在香格里拉酒店预订一个宴会厅用于新员工入职团建活动，共有 20 人参加。活动需要 10 间商务套房，以及带舞台的场地。活动当天除了桌椅、家具和花艺布置外，还需要打印机、投影仪、灯光、音响、背景板和装饰材料等。你作为老板的助理，已与酒店沟通了活动安排。下面是酒店发来的报价。

宴会厅报价					
名称	规格	风格	数量	单价（元）	总价（元）
商务套房	商务套房（含早餐）	现代	10间	349	3490
宴会厅	20人	商务	1个	1888	1888
茶歇	20人	西式糕点	20人	39	780
花艺	百合、玫瑰	现代	4束	69	276
其他装饰材料	舞台、打印机、投影仪、灯光、音响、背景板等	无要求	1套	899	899
总价（元）					7333

94. 请向你的老板汇报此次活动安排及活动报价。

第二部分

95—97：听材料回答问题。

95.（30 秒）

草稿区（不计分）

96.（30 秒）

草稿区（不计分）

97.（2 分钟）

草稿区（不计分）

第三部分

第 98 题：观点表达。

98.（3 分钟）

草稿区（不计分）

中文水平考试 HSK（七—九级）

注　意

一、中文水平考试 HSK（七—九级）分五部分，共 98 题：

1. 听力（40 题，约 30 分钟）
2. 阅读（47 题，60 分钟）
3. 写作（2 题，55 分钟）
4. 翻译（4 题，41 分钟）
5. 口语（5 题，约 24 分钟）

二、全部考试约 210 分钟。

一、听力

第一部分

第 1—10 题：请根据听到的内容，判断下列句子是否符合原文。符合原文的请画“√”，不符合的请画“×”。

第 1—5 题

1. 早年曾有少量亲戚接济过韩信。 （ ）
2. 老婆婆专门到河边给韩信洗衣服。 （ ）
3. 韩信遇到恶霸之后立志习武。 （ ）
4. 韩信后来协助刘邦建立了汉朝。 （ ）
5. “一饭千金”这个成语很可能出自这个故事。 （ ）

第 6—10 题

6. 秦腔的命名源自它的流行地区。 （ ）
7. 文中的“鼻祖”可以解释为秦腔是梆子腔剧种的“源头”。 （ ）
8. 欢音腔最能代表秦腔的特点。 （ ）
9. 秦腔的表演综合运用了多种特技。 （ ）
10.《黄河阵》中使用了五种法宝道具。 （ ）

第二部分

第 11—22 题：请选出或填上正确答案。

11. A 寨门和民居
B 戏台和祖母祠
C 凉亭和吊脚楼
D 鼓楼和风雨桥

12. A 杉树
B 罗汉
C 萨堂
D 杠杆

13. A 精美华丽
B 建于山腰
C 造型和谐
D 有曲线美

14. A 传承地方特色
B 构图朴实自然
C 体现民族信仰
D 全以榫卯连接

15. ________________

16. A 鼓楼非常实用
B 吊脚楼四边悬空
C 干栏建筑始于魏唐
D 风雨桥是国家重点文物

17. A 创新空调技术
B 供南方人过冬
C 保护生态环境
D 降低石油价格

18. A 靠近郊区
B 建有雪库
C 用雪制冷
D 以雪建造

19. A 晶粒结构简单
B 微孔有吸附力
C 化学反应强大
D 降落速度缓慢

20. A 含有多种矿物质
B 可以渗透进血液
C 每天饮用越多越好
D 对人体有保健作用

21. ________________

22. A 雪花的快乐
B 雪与生态资源
C 超软水的功能
D 雪的利用价值

第三部分

第 23—40 题：请选出或填上正确答案。

23. A 中暑
B 溺水
C 肺炎
D 中风

24. ________________

25. A 肺泡会缩小
B 阻塞呼吸道
C 血液供氧不足
D 食物不易消化

26. A 1 分钟
B 4 分钟
C 10 分钟
D 超过 10 分钟

27. A 将人移至通风处
B 立即进行人工呼吸
C 使用胸外心脏按压
D 采取不同的急救方法

28. A 清理口腔异物
B 保持侧卧姿势
C 做好保暖措施
D 等待专业人员

29. A 数量众多
B 分量很轻
C 内部裹有一层细胞
D 外部附着了许多腔室

30. A 水流传播
B 自行弹射
C 植物表皮黏附
D 动物消化传播

31. ______________________________

32. A 与真菌共生
B 练就了上乘轻功
C 不给传粉者好处
D 生长在贫瘠的土壤上

33. A 少数依赖于昆虫
B 部分可以自行繁殖
C 通过嫁接方式传播
D 有的不需要发育成种子

34. A 兰花的“智慧”
B 兰花的生态链
C 兰花的经济效益
D 兰花与昆虫的“斗争”

35. A 没有培训机会
B 无法参加画展
C 没有被人赏识
D 草根画家太多

36. A 看不起亲戚
B 亲戚太热了
C 和亲戚有矛盾
D 亲戚画得不好

37. A 继续敲
B 转身离开
C 求助别人
D 去凿个门洞

38. ______________________________

39. A 另辟蹊径
B 坚持不懈
C 瞻前顾后
D 南辕北辙

40. A 如何砌好一堵墙
B 请求帮助并不可耻
C 坚持就可能把墙敲开
D 遇到弯路要及时绕开

二、阅读

第一部分

第 41—68 题：请选出正确答案。

41—47.

便宜坊烤鸭店是北京著名的“中华老字号”饭庄，创立于明朝永乐十四年（1416 年），距今已有约 600 年的历史，是中国商务部首批认定并授予牌匾的“中华老字号”。便宜坊的“焖炉烤鸭”是北京烤鸭两大流派之一，皮酥肉嫩，口味鲜美，享誉京城。又因其烤制过程鸭子不见明火，保证了烤鸭表面无杂质，因此被现代人称为“绿色烤鸭”，可谓是馈赠佳品。

很多顾客看了“便宜坊”这个名号，可能会觉得奇怪，说：“‘便宜坊’三个字让人乍一看是便宜货的意思，不好听呀！”其实，这个名字是有来历的。

据说，明嘉靖三十年（1551 年），兵部员外郎杨继盛在朝堂之上弹劾奸臣，却反被奸臣诬陷。等下了朝，他感觉非常忧郁，便在回去的路上漫无目的地走，以化解心中的苦闷。当来到菜市口米市胡同时，他忽闻一股香气扑鼻而来，见一小店，此时自己也是饥肠辘辘，便推门而入。进入店中，他四下一看，店堂虽然不大，却干净幽雅，宾客满堂。他便找了个比较清静的桌子坐下，点了酒水、烤鸭及其他菜肴，把烦闷与不快抛至 ________，大口吃肉，痛饮美酒。此时，有人认出他是杨继盛，是爱国名臣良将，便告之掌柜。掌柜听说后，非常惊喜，赶紧上前招呼，端菜斟酒，对杨继盛表达钦佩之意。杨继盛也是一个性情耿直的人，两个人聊得非常投机。攀谈的过程中，杨继盛知道这个店的名号是便宜坊，又见店家待客非常周到，于是感叹道：“此店真乃方便宜人，物超所值！”于是命人拿来文房四宝，待笔、墨、纸、砚备齐，杨继盛提笔一挥而就，写下三个大字“便宜坊”！众人看了都拍手称好。此后，杨继盛与众位同僚经常光顾这家店，品尝焖炉烤鸭。便宜坊也由此而声名远播。

20 世纪 60 年代，周恩来总理等一行人来到便宜坊用餐。周总理看到了便宜坊的变化，感触颇深。餐后，周总理起身，沉思片刻，指着堂内便宜坊的字号，语重心长地说：“便宜坊是我们老祖宗留下的宝贵财富，‘便宜’两字应以‘便利人民、宜室宜家’为核心，服务人民、服务大众。”从此，“便宜坊”有了新的解意，其经营宗旨有了更准确的内涵。

如今的便宜坊烤鸭店，以焖炉烤鸭为招牌菜，融合鲁菜特色，已经成为集团化企业。旗下老字号品牌众多，除了以焖炉烤鸭技艺独树一帜的“便宜坊烤鸭店”，还有乾隆皇帝亲赐牌匾的“都一处烧麦馆”、光绪皇帝御驾光临的“壹条龙饭庄”、建于清道光二十三年（1843 年）有“北京八大楼之一”称号的“正阳楼饭庄”等，店铺已经多达 36 家。

41. 被称为"绿色烤鸭"是因为便宜坊烤鸭的：

A 制作工艺　B 原料来源　C 悠久历史　D 美味口感

42. 杨继盛进店时：

A 刚输了比赛　B 心情很郁闷　C 身上没有钱　D 已吃过晚饭

43. 根据文意，第三段的空白处最适合填入的词语是：

A 天涯海角　B 四面八方　C 五湖四海　D 九霄云外

44. 由众人的反应可知，杨继盛擅长：

A 取名　B 书法　C 表演　D 作诗

45. 周总理认为便宜坊：

①是珍贵遗产

②应服务人民

③可扩大店面

④需改进技艺

A ①③　B ②④　C ①④　D ①②

46. 现在的便宜坊：

A 主推烤鸭和鲁菜　B 管理层参与分红

C 多在郊区开分店　D 面临着生存危机

47. 正阳楼饭庄：

A 始建于光绪时期　B 牌匾为皇帝所赐

C 属于老字号品牌　D 已有 36 家门店

48—54.

鲁庄公十年的春天，齐国军队攻打鲁国，鲁庄公将要迎战。曹刿请求庄公 ________ 他。他的同乡说："大官们会谋划这件事的，你又何必参与呢？"曹刿说："大官们眼光短浅，不能深谋远虑。"于是他进宫去见庄公。

曹刿问庄公："您凭什么跟齐国打仗？"庄公说："衣食是使人生活安定的东西，我不敢独自占有，一定拿来分给别人。"曹刿说："这种小恩小惠不能遍及百姓，百姓是不会跟从您的。"庄公又说："祭祀用的牛羊、玉帛之类，我从来不敢虚报数目，一定要做到诚实可信。"曹刿说："这种诚意难以使人信服，神明是不会保佑您的。"庄公接着说："大大小小的案件，虽然不能每一件都了解清楚，但一定要处理得合情合理。"曹刿回答道："这才是尽本职的事，可以凭这一点去打仗。作战时请允许我跟您一起去。"

鲁庄公和曹刿同乘一辆战车，在长勺和齐军作战。庄公刚上战场就要击鼓进军，曹刿说："现在不行。”齐军擂鼓三次之后，曹刿说：“可以击鼓进军了。”

结果，齐军大败。庄公正要下令追击，曹刿说：“还不行。”说完就下车察看齐军的车辙，然后登上车，手扶车轼观望齐军的队形。仔细观察一番后，他说：“现在可以追击了。”于是，庄公命令军队追击齐军。

最终，鲁国的军队战胜了齐军，鲁庄公向曹刿询问取胜的原因。曹刿答道：“打仗，要靠勇气。第一次擂鼓能振作士兵们的勇气。第二次擂鼓时，士兵们的勇气就会减弱。等到第三次擂鼓时，士兵们的勇气已经枯竭了。敌方的勇气已经枯竭，而我方的勇气正旺，所以我们打败了他们。齐国是大国，难以摸清他们的情况。经过观察后，我发现他们的车辙混乱，军旗也倒下了，于是下令追击他们。”

鲁庄公听了曹刿的这番话，不禁称赞道：“将军真是精通战事的奇才啊！”

48. 根据文意，第一段的空白处最适合填入的词语是：

A 遇见　　B 召见　　C 召集　　D 集合

49. 曹刿找鲁庄公是为了：

A 协助作战　　B 谋求官职　　C 诉说友情　　D 打击大官

50. 鲁庄公认为自己有哪些优点？

①用心备战且观察细致

②常常与别人分享衣食

③祭祀神明时诚实守信

④谦虚谨慎又待人诚恳

A ①②　　B ②④　　C ①④　　D ②③

51. 曹刿认为可以打仗的前提条件是：

A 齐军已有退意　　B 鲁国国富民强

C 鲁庄公小心处理各种案件　　D 鲁庄公是精通战事的奇才

52. 鲁国与齐国打仗的地点是：

A 长平　　B 长春　　C 长勺　　D 长安

53. 鲁国取胜的原因是：

A 粮草及武器充足　　B 提前布置了埋伏

C 掌握了战场的地形分布　　D 准确判断了进攻时间点

54. 最适合做上文标题的是：

A 战场之谜　　B 勇气之源　　C 庄公称雄　　D 曹刿论战

55—61.

武汉人一直有过早的习惯，提起武汉的过早就不得不提到热干面，它是每一个武汉人都熟悉的平民美食。在武汉人心中，它远比其他的早餐更能代表武汉的美食小吃。

热干面起源于码头，这里由于两江交汇，水路运输非常发达，历史上是重要的水运枢纽。大量的码头工人和船工在天刚亮时就要开始繁重的体力劳动，因此他们在匆忙的选择早餐时，需要一种制作快捷方便、味道好、能支撑体力劳动且价格便宜的早餐。于是，热干面 ________。

当地人说，热干面的起源还有一个故事。在汉口长堤街有个名叫蔡明伟的食贩。他以前一直以卖凉面或汤粉为生。但是有一天因为天气炎热，剩下了不少面没有卖出去，所以他为了避免面条发臭变味，就把剩面煮熟沥干，晾在案板上。一不小心，他碰倒了案上的油壶，麻油泼在面条上。蔡明伟看到这种情况也无计可施，只能重新将面条用油拌匀再晾放。第二天早上，蔡明伟将拌过油的熟面条放在沸水中稍烫，用漏网捞起后装入碗中，然后再加上卖凉粉时用的调料，煮好的面热气腾腾，香气四溢，人们吃得津津有味，赞不绝口。有人问他卖的是什么面，他脱口而出——“热干面”。从那之后热干面就迅速地传播开来了。

现在，武汉人吃热干面是很有讲究的。做武汉热干面的店铺要规范，厨子要正宗，原料要地道，调料要上等，配菜要天然。此外，还可以根据各人的喜好，喜欢辣的可以加入辣椒红油，还可以选择咸菜、萝卜干、酸豆角等作为配料，也可以加入香菜。食用前应趁热将面拌匀，让芝麻酱均匀地裹在面上，如蚂蚁上树。这时吃起来，格外香气扑鼻，味道好极了。

吃热干面时，最好搭配一碗蛋酒、一袋牛奶、一杯豆浆或一碗酸甜的米酒，边吃边喝。如果只吃不喝，就会觉得嘴巴干干的，也就品尝不出热干面的最佳风味了。有些早餐店会在热干面旁边提供排骨藕汤或者鸡汤，供不喜欢口感太干的顾客选择，方便他们浇上汤汁调味。

55.“过早”是指：

A 吃早餐　　B 起太早　　C 上早班　　D 去晨练

56. 武汉热干面起源于：

A 市井小巷　　B 大学校园　　C 机关食堂　　D 河边码头

57. 根据文意，第二段的空白处最适合填入的词语是：

A 突如其来　　B 呱呱坠地　　C 应运而生　　D 从天而降

58. 蔡明伟发明热干面，是因为他：

A 将错就错　　B 精心设计　　C 遍访名师　　D 得到食谱

59. 食用武汉热干面时，应该：

A 多放辣油　　B 趁热拌匀　　C 添加肉类　　D 讲究盛具

60. 第四段中的划线词“蚂蚁上树”：

A 展现了热干面的工序　　B 描绘了热干面的外形

C 象征着热干面的美味　　D 突出了热干面的颜色

61. 关于热干面，下列哪项正确？

①价格亲民且又制作便捷

②最早流传于年轻人之中

③配以饮品则其滋味更佳

④是中国最负盛名的小吃

A ①③　　B ②④　　C ①④　　D ①②

62—68.

夏天是出汗的旺季。出汗不仅影响人的舒适感，更重要的是与健康有关联。

汗液从何而来？原来是由一种称为汗腺的腺体产生的。汗腺 ________ 地分布于皮肤，哪里有皮肤，哪里就有它的存在。其中，手掌和足底的汗腺最多，大约每平方厘米有 600 个；大腿处的汗腺最少，平均每平方厘米大约有 120 个。

将汗腺放在显微镜下，你会看到它是一种管状结构，可分为两部分：一部分埋藏于皮肤内，由管子盘曲而成，是产生汗液的地方，称为分泌部；另一部分则伸向皮肤表面，开口处扩大成漏斗状，叫汗孔，生成的汗液从这里排出来，称为排泄部。

据估计，一个人大约有 300 万个汗腺，其中分布于腋窝、脐窝、肛门四周及生殖器等处的汗腺管腔较大，是小汗腺的 10 倍多，叫作大汗腺。其余的是小汗腺，尤其是以脚掌、额部、背部等处数量最多。

汗腺的主要使命是分泌汗液，一般每天的分泌量在 400 至 600 毫升之间，高温时可达 1000 毫升。汗液 99% 是水，因此俗称汗水。另外还含有钠、钾、氨基酸、脂肪酸、乳酸、尿酸、尿素等成分，与尿液差不多，这便是汗腺的第一个功能——排泄功能，可以与肾脏功能相互补充。例如，吃了葱蒜等食物后两三天，如果身上仍散发出很浓的葱蒜味，那可能是汗腺排泄的结果。

出汗还有调节体温的作用，因为汗液的蒸发会带走身体的热量，如果汗腺管堵塞，导致汗液排出不畅，就可能发炎并形成痱子。这就是汗腺的第二个功能——散热功能。

汗腺的第三个功能是保护皮肤。一方面，汗液与体表的皮脂混合，形成乳状脂膜，发挥滋润和保护皮肤的作用。另一方面，德国专家发现汗液中含有一种用途广泛的抗生素，在消灭致病细菌方面很有成效，能防治常见的皮肤传染病，如脓包病等。

汗液中的酸性物质可能伤害表层皮肤，导致皮肤过早老化。在大量出汗后，人们除了要及时补充水分，满足皮肤细胞的需求，还应该勤洗澡，包括面部和全身的清洁。要勤换内衣裤和鞋袜，穿着吸汗且透气性好的衣物，以便于汗液的及时蒸发，减少汗液对皮肤的伤害。

62. 根据文意，第二段的空白处最适合填入的词语是：

A 广泛　　B 广大　　C 宽泛　　D 宽松

63. 关于汗腺，下列哪两项正确？

①平均分布于皮肤

②足底多为小汗腺

③分泌部也叫汗孔

④排泄部呈漏斗状

A ①③　　B ②④　　C ①④　　D ①②

64. 人体的汗腺数量大约有多少个？

A 300 多万　　B 400 多万　　C 600 多万　　D 1000 多万

65. 身上长时间有葱蒜味，主要是因为：

A 葱蒜正在杀菌　　B 汗腺排泄汗液

C 肾脏排泄尿液　　D 餐后没有刷牙

66. 汗腺管如果堵住了，可能会形成：

A 伤疤　　B 鸡眼　　C 麻风　　D 痱子

67. 汗液中的抗生素：

A 可防治常见的皮肤传染病　　B 经常刺激皮脂

C 也存在于尿液中　　D 已提炼至药品中

68. 穿透气性好的衣服有助于：

A 满足皮肤细胞的需要　　B 减少汗液对皮肤的伤害

C 加快汗液排泄的速度　　D 保留汗液中的矿物质

第二部分

第 69—73 题：下列语段的顺序已被打乱，请将它们重新排序，组成一篇逻辑连贯的文章。注意其中一个段落为干扰项，需排除；画线段落的位置已固定，无需排序。

A　由此，动物学家们明白了，在西伯利亚山林里，每年冬天，许多体弱的动物冻死，但为什么唯独没有花腹驼鹿，同时也解释了这种驼鹿被祖辈人称作“西伯利亚丛林勇士”的原因。这一切，都和小鹿遇到的磨难有关。

B　纵横的伤口最终形成了美丽的花纹，这确实令人称奇。在人生漫长的旅途中，人和小鹿遭遇的环境极其相似，当苦难来临时，心存胆怯地回避，很可能是致命的，与其回避，不如勇敢地去正视并迎击它。但凡成功的人，没有谁是不遭受磨难的，只有经历了磨难，你才可能更接近成功，更理性地看待人生，很多时候，哪怕命运刺了你一刀，你只要有足够的勇气去面对和搏击，伤口同样能绽放出另一种美丽。

C　这一现象引起了动物学家的注意。经过跟踪研究，他们终于发现了野生花腹驼鹿的一个惊人习性：每年秋季来临，母鹿都会带领小鹿找一个荆棘丛生的地方，然后群鹿依次跳跃着穿越大片荆棘丛。因为幼鹿个子矮，所以每只小鹿的腹部都被划出了一道道渗血的伤痕。

D　一个偶然的机会，几个猎手遇到了一只遭黑熊袭击而受伤的母花腹驼鹿，并将它带回村中饲养。次年春天，伤势痊愈的驼鹿产下了一窝鹿崽儿。猎人们发现，那些可爱的小鹿的腹部并没有花纹，原来花腹驼鹿腹部的花纹并非天生就有。小鹿渐渐长大，但花纹仍未出现。猎人们的好奇心愈发强烈，于是他们开始更加密切地关注小鹿。四年后，当这些小鹿长大，花纹仍未显现，这让猎人们百思不得其解。

E　西伯利亚森林中一半以上的树木树龄超过 100 年。这一方面是因为气候严寒，只有熬过幼年期的树木才可能在这里存活；另一方面则是因为人迹罕至，长期保持着原始状态。由于严酷的自然环境，这里的树木笔直、细长、高大。

F　在遥远且寒冷的西伯利亚针叶阔叶混交林中，生活着一种外形与普通驼鹿相似但腹部布满不规则花纹的奇特驼鹿，这些花纹异常美丽。因此，动物学家把它们命名为花腹驼鹿。因为它们在丛林和寒冷中展现出极强的生存能力，当地人称它们为“西伯利亚丛林勇士”。在这里，花腹驼鹿受到保护，而且不捕杀花腹驼鹿的规矩在猎户中代代流传。

G　进一步观察揭示了一个惊人的秘密：由于受伤，小鹿即使觅食时已经吃饱，也不能躺下休息，因为这会刺痛伤口。所以，它们只好一直站着吃草。这样拼命进食的好处是，在酷寒的西伯利亚冬天来临之前，每只小鹿都储存了足够御寒的营养和能量。一只小鹿需要经历三个秋季的荆棘刺伤，直至成年。而那些美丽的花纹，其实就是这些伤痕留下的印记。

	→		→	C	→		→		→	

第三部分

第 74—87 题：请回答下面的问题，注意答案控制在十个字以内。

74—80.

被誉为“天下第一奇山”的黄山，位于安徽省南部黄山市黄山区，有 72 峰，主峰莲花峰海拔 1864 米，与光明顶、天都峰并称三大黄山主峰，为 36 大峰之一。黄山是安徽旅游的标志，是中国十大风景名胜中唯一的山岳。黄山原名“黟山”，因峰岩青黑，从远处望去呈现苍黛色而得名，后因传说轩辕黄帝曾在此炼丹，故改名为“黄山”。黄山的代表性景观有“四绝”，即奇松、怪石、云海、温泉。

黄山延绵数百里，千峰万壑，到处生长着松树。这些松树分布于海拔 800 米以上的高山，北坡的松树一般生长在 1500 至 1700 米处，而南坡的松树在 1000 至 1600 米处。黄山松的生长方式非常奇特，它们扎根岩石缝隙里，无须泥土，枝丫都向一侧伸展。松针粗短，苍翠浓密；干曲枝虬，千姿百态。黄山名松很多，还曾有人编纂《名松谱》，收录了众多黄山松。可以叫出名字的松树有成百上千棵，每棵都具有独特而优雅的风姿。其中最著名的是迎客松，树龄至少已有 1300 年。它如同一个人伸出一只臂膀欢迎远道而来的客人，姿态优美。

黄山怪石以奇取胜，以多著称。其形态可谓千奇百怪，令人叫绝。似人似物，似鸟似兽，情态各异，形象逼真。从不同的位置观赏黄山怪石，在不同的天气中情趣迥异，可谓“横看成岭侧成峰，远近高低各不同”。

黄山一年之中有云雾的天气超过 200 天，水汽升腾或雨后雾气未消，就会形成波澜壮阔、一望无边的云海，黄山的大小山峰、千沟万壑都隐没在云涛雾浪里，天都峰、光明顶也就成了浩瀚云海中的孤岛。一般来说，每年的 11 月到次年 5 月是观赏黄山云海的最佳时间段，尤其是雨雪天之后，逢日出及日落之前，云海必定最为壮观。

黄山温泉源自海拔 850 多米的紫云峰下，泉水以碳酸氢盐，可饮可浴。相传轩辕黄帝在此沐浴四十九日得以返老还童，羽化飞升，因此黄山温泉被誉为“灵泉”。黄山温泉常年不息，水温在 42℃ 左右，属高山温泉，置身其中，能够舒缓身心、净化心灵。

74. 莲花峰有多高？

____

75. 黄山因谁而命名？

____

76. 黄山最有名的松树是哪一棵？

____

77. 文中引用诗句“横看成岭侧成峰，远近高低各不同”，描绘了哪种景观的特点？

____

78. 观赏黄山云海的最佳时间段是什么时间？

____

79. 黄山温泉源自哪里？

____

80. 上文主要介绍了什么？

____

81—87.

铁定甲虫属于瘤拟步行虫科，听名字就知道它们至少有两大特征，第一形态不怎么好看，第二不怎么会飞。很多昆虫都有属于自己的武器，有些有毒针，有些有大颚，有些能释放毒液，再不济也能飞。铁定甲虫看起来比较弱，没有攻击能力，连主动防御也不会，遇上事儿了只能被动防御。

铁定甲虫有三种超强的被动防御技能。

第一是装死，这并不稀奇，毕竟很多昆虫都会这一招，但铁定甲虫的装死技巧更为高超。很多昆虫六脚朝天一躺倒，足和触角都耷拉在外面，虽然装得像，却很容易遭到损伤。铁定甲虫则会有意识地把足和触角收缩回身体周围，它们的胴体上甚至有在装死时用来收纳足和触角的凹槽。这样一来，安然渡劫的可能性就会大大增加。

第二就是拟态——它们的表面和形状看起来非常像不起眼的小石头。而且不仅是铁定甲虫，整个瘤拟步行虫科都是拟态的高手。在国外某些甲虫爱好者的圈子里，甚至有收集瘤拟步行虫标本然后制成类似宝石装饰品的风气。

铁定甲虫的第三个被动防御技能就更厉害了。它们的身体能够承受极大的压力，不仅捕食者的挤压和尖刺对它们没什么作用，连汽车碾过都可能安然无恙。甚至想把它们固定在标本盒里的昆虫学家们常常一筹莫展——它们的铁甲甚至能让固定标本用的钢针弯曲。普普通通的血肉之躯，如何能够承载如此重压，铁定甲虫绝技背后的秘密勾起了科学家们的好奇心。

铁定甲虫和其他甲虫一样，周身由坚硬的外骨骼包裹。在这套甲胄中，最关键的明显是背部，因为昆虫能否扛住猎食者的尖牙利爪，全靠背部的承压能力。

普通飞行甲虫的背部装甲由两片鞘翅组成，这两片鞘翅是第一对翅特化为类似外骨骼的坚硬“剑鞘”，柔软的后翅藏于其下。两片鞘翅间只在最上方处凭借一个像活页一样的结构来控制开合，在飞行时两片鞘翅打开，平时则合并为背部装甲。

而铁定甲虫为代表的步行甲虫们彻底抛弃了飞行能力，将最为关键的两片背部鞘翅特化为了一整块背甲，抗压能力得到了极大提升。不必再考虑飞行动力学的它们，无须再维持圆润的流线型体态，而是进化得越来越扁平且棱角分明。这样的体型也让它们能够更好地栖身于岩石和树皮下方。

至于铁定甲虫的抗压能力到底有多大，科学家们给出了具体的测试结果。大部分同类甲虫外骨骼断裂时的载荷大约是 40 到 70 牛顿，而铁定甲虫的断裂载荷却达到了 150 牛顿。这一受力相当于它自身体重的大约 4 万倍，而且也远远超过了成年人拇指和食指合捏时所能产生的载荷（大约 50 牛顿）。也就是说，即使是人类中最有力的大力士，恐怕也无法用手指捏爆一只铁定甲虫。

81. 铁定甲虫遇到外敌时会怎么做？

____

82. 铁定甲虫身体上的凹槽是用来容纳什么的？

____

83. 铁定甲虫的外形像什么？

____

84. 画线词语“一筹莫展”是什么意思？

____

85. 铁定甲虫的什么特点引起了科学家的兴趣？

____

86. 铁定甲虫的背部装甲由几块组成？

____

87. 需要用多大的力才可以捏爆一只铁定甲虫？

____

三、写作

第一部分

第 88 题：请对图表进行描述与分析，写一篇 200 字左右的文章，限时 15 分钟。

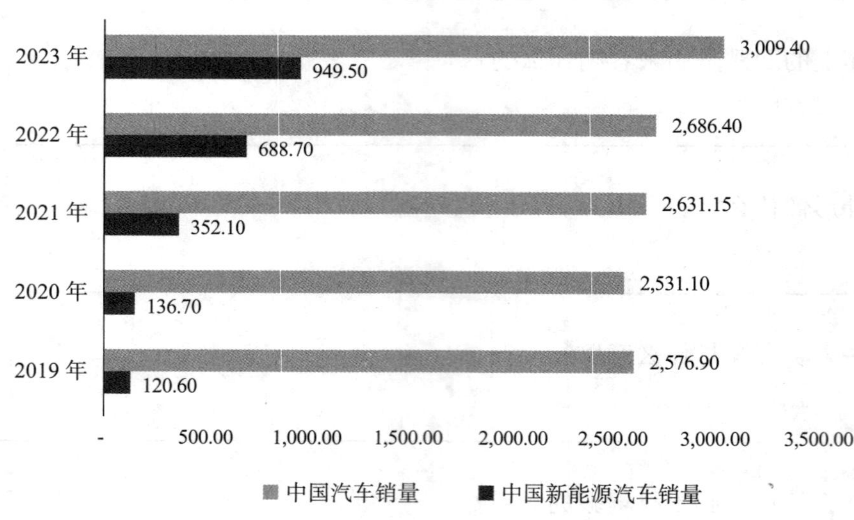

88.

第二部分

第 89 题：话题作文，限时 40 分钟。

89.《穀梁传》中说："人之所以为人者，言也，人而不能言，何以为人？言之所以为言者，信也。言而不信，何以为言？" 意思是人之所以成为人，是因为能言语。如果不能言语，何以称为人？言语之所以有意义，是因为能表达承诺。如果言而无信，言语再多也没有意义。请写一篇 600 字左右的文章，谈谈你对诚信的认识并论证你的观点。

四、翻译

第一部分

第 90—91 题：请将下列两篇材料译写成中文，限时 35 分钟。

90. 도보 여행은 자연을 가까이에서 느낄 수 있는 좋은 방법이다. 많은 사람들이 도시의 번잡함에서 벗어나, 숲이나 산에서 걷는 것을 선택한다. 이렇게 걸으면서, 신선한 공기와 아름다운 풍경을 즐긴다.

91. 중국의 전통 문화에서 "礼尚往来" 이라는 개념은 상호 존중과 배려를 기반으로 한 대인관계의 중요한 개념이다.

예를 들어, 중국에서는 축하나 조의를 표현할 때 작은 선물을 주는 습관이 있다. 받은 사람은 나중에 기회가 될 때 같은 마음으로 응답하는 것이 예의이다. 이러한 행동은 서로의 관계를 돈독하게 하고 신뢰를 쌓는 데 도움이 된다.

또한, 중국의 가족이나 친구 사이에서도 이러한 "礼尚往来" 의 문화는 깊게 뿌리 박혀 있다. 생일 파티나 특별한 이벤트에서 사람들은 이를 통해 감사와 사랑을 표현한다.

종합적으로 보면, "礼尚往来" 은 중국 사회에서 인간 관계를 더욱더 깊게 유지하게 만드는 핵심 원칙 중 하나이다.

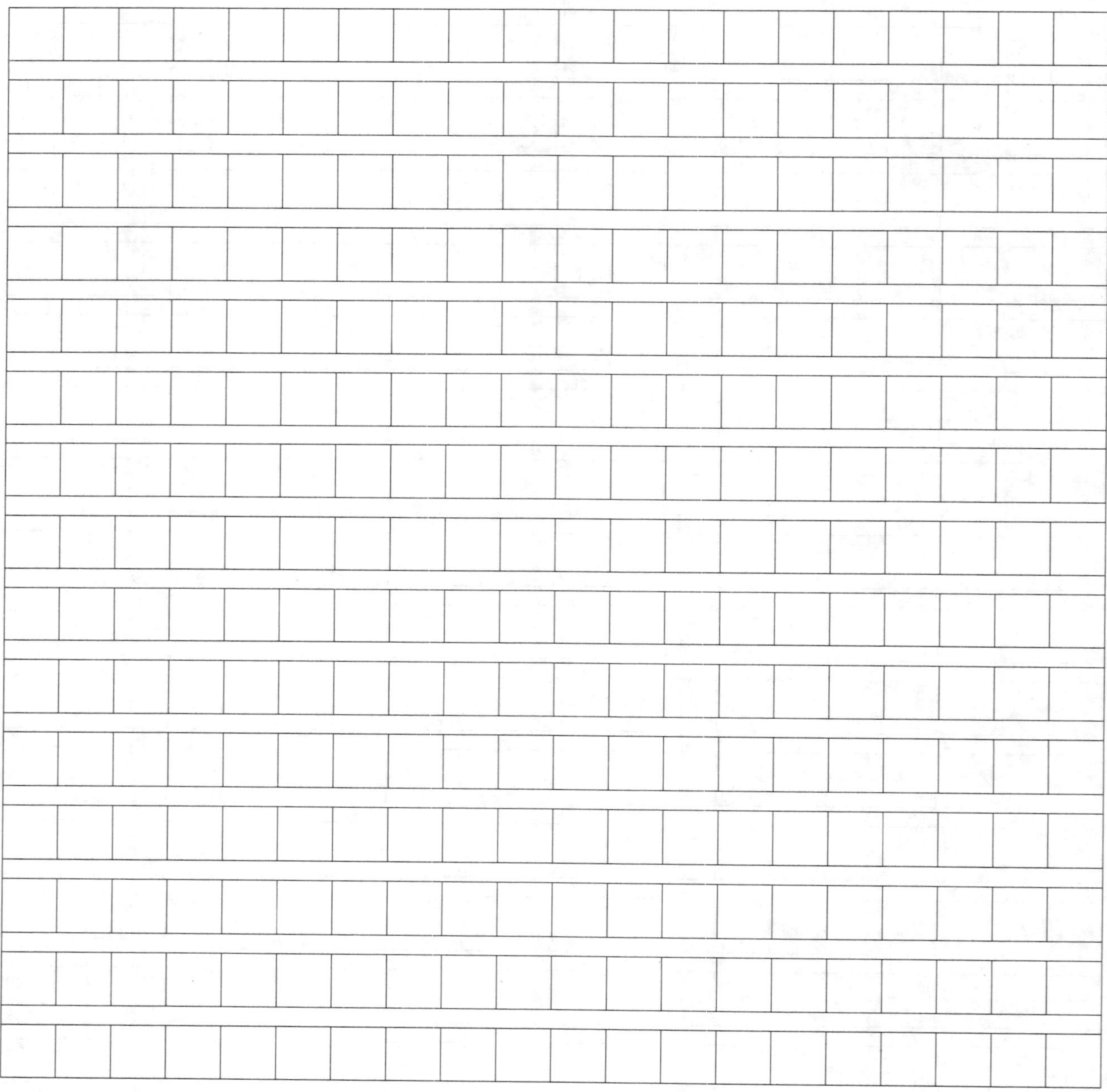

第二部分

第 92—93 题：口译。

92. 나의 애완동물은 나의 생활에 가장 행복한 부분 중 하나입니다. 그들은 나에게 끊임없이 기쁨과 사랑을 전달하며, 힘든 시기에는 위로의 역할을 합니다. 그들의 진심이 담긴 표정과 행동은 나를 웃게 만들고, 나의 하루를 밝게 만듭니다. 또한, 그들은 나에게 책임감과 배려를 배우게 해주며, 그것은 나의 인간관계에도 큰 도움이 됩니다. 나의 애완동물은 단순히 애완동물이 아니라 나의 소중한 가족이자 친구입니다.（2 分钟）

草稿区（不计分）

93. 젊은이들에게 있어 직업에 대한 계획은 그들의 미래를 위한 중요한 단계이다. 어릴 적부터 그들은 자신의 꿈을 추구하고, 가족이나 교사의 지도 아래에서 미래를 계획하도록 격려받는다.

요즘에는 중국에서 고등교육이 더욱 중요하게 여겨지며, 학사 또는 석사 학위를 취득하는 것은 많은 직업에 필수적인 조건이 되었다. 이로 인해, 중국의 젊은이들은 대학 입학을 위한 준비에 많은 시간과 노력을 투자하고 있다.

한편으로, 중국 젊은이들은 인생의 다양한 영역에서 성공을 꿈꾸며 다양한 직업을 탐구하고 있다. 그들은 기업가, 예술가, 과학자, 교육자 등으로서의 경력을 추구하며, 자신의 열정과 능력을 최대한 활용하려고 노력한다.

요약하자면, 직업에 대한 계획은 중국의 젊은 세대에게 자신의 미래를 책임지고, 성공적인 경력을 구축하는데 필수적인 과정이다. 이를 통해 그들은 자신의 잠재력을 최대한 발휘하고, 사회에 긍정적인 기여를 할 수 있다.

（2 分钟）

草稿区（不计分）

五、口语

第一部分

第 94 题：应用读说。

2023 第七届全国大学生建筑设计大赛

竞赛主题：协同

主题阐释：

本次竞赛提出"协同"概念，针对城市及乡村人居环境组成要素之间的"间隙"，基于城市设计、建筑设计、景观设计及环境艺术设计的视角、理念及方法，结合当今自然科学技术与人类社会需求，提出人居环境组成要素在空间、实体及功能之间的创作性协同模式，从宏观、中观及微观方面，多层次释放人居环境更大的服务供给潜能。

奖项设置

一等奖 1 名：5000 元与获奖证书

二等奖 2 名：3000 元与获奖证书

三等奖 3 名：1000 元与获奖证书

优秀奖若干名：获奖证书

报名方式

线上报名：请在大赛官网填写在线报名表。

第七届全国大学生建筑设计大赛官方网站：https://aubase.cn

报名时间：

2023 年 3 月 25 日—2023 年 4 月 25 日

作品提交时间：

2023 年 5 月 21 日—2023 年 5 月 28 日

参赛选手统一将作品的电子档按照要求发送至组委会邮箱。组委会邮箱：aubase@163. com

参赛对象

（1）建筑学、城乡规划、风景园林、环境设计等相关专业的在校本科生及研究生；

（2）个人参赛或不超过 3 人（含 3 人）团队参赛，团队指导老师不超过 2 名。

设计要求

基础要求（要求全部符合）：

（1）图纸表达规范，能充分表达作品创作意图，且需包含必要的设计说明（可组合于图面之中）等，比例不限；

（2）设计成果实用、美观，结构或外观设计上有创新意识；

（3）设计注重运用新技术、新材料，致力于前沿科技与竞赛设计的结合。

94. 你作为建筑专业的辅导员：

（1）向学生简要介绍此次比赛。

（2）鼓励学生踊跃参加比赛。

第二部分

第 95—97 题：听材料回答问题。

95.（30 秒）

草稿区（不计分）

96.（30 秒）

草稿区（不计分）

97.（2 分钟）

草稿区（不计分）

第三部分

第 98 题：观点表达。

98.（3 分钟）

草稿区（不计分）

中文水平考试 HSK（七—九级）

注　意

一、中文水平考试 HSK（七—九级）分五部分，共 98 题：

1. 听力（40 题，约 30 分钟）
2. 阅读（47 题，60 分钟）
3. 写作（2 题，55 分钟）
4. 翻译（4 题，41 分钟）
5. 口语（5 题，约 24 分钟）

二、全部考试约 210 分钟。

一、听力

第一部分

第 1—10 题：请根据听到的内容，判断下列句子是否符合原文。符合原文的请画“√”，不符合的请画“×”。

第 1—5 题

1. 普洱茶根据制作工艺而得名。 (　　)
2. 熟普洱茶口感苦而带涩。 (　　)
3. 晒青毛茶是一种熟茶。 (　　)
4. 高血压患者比较适合喝熟普洱茶。 (　　)
5. 这篇文章主要介绍了生、熟普洱茶的区别。 (　　)

第 6—10 题

6. 用于营造现场氛围的是醒木。 (　　)
7. 早期的四川评书是在皇宫里搭棚设台的。 (　　)
8. 文人从事说书讲究“声、才、辩、博”的基本功。 (　　)
9. 最可能出现在“雷棚”中的是童话类书目。 (　　)
10. 李伯清说书擅长细腻地描摹人物心理。 (　　)

第二部分

第 11—22 题：请选出或填上正确答案。

11. A 参与事件的纪念
    B 发掘现场的工具
    C 考古专业的标志
    D 铜人的手拿物品

12. ________________________________

13. A 体现了中原青铜文明的优势
    B 诠释了中华文明的开放与融合
    C 拼合成了一件最高的青铜重器
    D 确认了两件文物都来自长江中下游

14. ________________________________

15. A 考古门派的师承
    B 中青两代人的联合
    C 对中华文明的态度
    D 文化的传承与发展

16. A 还没有出版
    B 是关于敦煌的总结
    C 用新方法重新整理
    D 在男的硕士期间完成

17. A 孩子受到歧视了
B 受网络潮流的影响
C 肥胖引发了更多疾病
D 身体指数纳入成绩了

18. ________________________________

19. A 营养过剩
B 缺乏微量元素
C 饮食结构不合理
D 绝对不能吃零食

20. A 每餐摄入的总能量
B 腰围与身高的比值
C 遗传与环境的因素
D 骨龄超前的风险率

21. A 节食
B 粗细搭配
C 放慢吃饭速度
D 克服心理障碍

22. A 儿童与科学减重
B 肥胖与疾病风险
C 减肥与有氧运动
D 食物与身体指数

第三部分

第 23—40 题：请选出或填上正确答案。

23. A 词语能有无限的释义
B 语言对大脑产生了消极影响
C 大脑暂时性忽视了文字的含义
D 文字盯久了会在视网膜中消失

24. A 闭一会儿眼睛
B 想象一个画面
C 练习几行书法
D 重复写一些字

25. A 放电频率会增加
B 可能会出现受损的症状
C 会对比文字和记忆数据库
D 会停止向神经中枢发送信号

26. A 韭
B 击
C 的
D 𨑨

27. ________________________________

28. A 语义的演变问题
B 神经中枢的工作原理
C 视觉神经活动的疲劳现象
D 语言文字对大脑进化的影响

29. A 直接对冰川实施人工降雪
B 保证冰川与外部的热交换
C 减少夏季雨水对冰川的冲刷
D 多建设滑雪场以降低地表温度

30. ____

31. A 增加降雪的概率
  B 增大表面的反照率
  C 增加雪物质降低温度
  D 阻挡太阳辐射和冰面的热交换

32. A 主要针对奥地利的冰川
  B 还处在计算机模拟阶段
  C 采用的是阻隔热源的方法
  D 是目前对于冰川的主要研究

33. A 价格便宜，制作简单
  B 吸热力强，保温性好
  C 材料天然，可推广使用
  D 绿色环保，可回收利用

34. A 冰川研究的方向预估
  B 冰川消融的严重危害
  C 冰川消融的应对措施
  D 冰川未来的变化过程

35. A 生产“葵花籽”
  B 造型像向日葵
  C 由太阳能提供动力
  D 表面涂抹各类颜色

36. A 适合建于沙漠
  B 居住环境宜人
  C 会大量吸收雨水
  D 能阻挡有毒细菌

37. ____

38. A 保证经过气流最大化
  B 利用温室效应加热空气
  C 扩大建筑内部能量传输带
  D 提高风力发电机组的效率

39. A 向日葵
  B 仙人掌
  C 马蹄莲
  D 三角枫

40. A 建筑的不同造型
  B 建筑的节能应用
  C 建筑的仿生功能
  D 建筑与自然环境

二、阅读

第一部分

第 41—68 题：请选出正确答案。

41—47.

15 岁那年深秋，父亲让我乘车去购买麦种。下了车后，按照父亲指定的位置，我很快就找到了种子交易市场。

在市场街口，我进了几家种子门市店。门市店里的地上和货柜上摆满了塑料盆盛着的麦种样品。我边和店主说话，边蹲下身子一一观察。那些麦种看起来真的很好，一粒粒饱满、肥大，捧到手里沉甸甸、亮闪闪的。在店主巧舌如簧的 ________ 下，我差不多就要掏钱购种了，但想起父亲的叮嘱，我最终还是把捧在手里的麦种依依不舍地又放进了样品盆中。

父亲说种子公司的国营门市店里有上好的麦种，有个农业教授亲自在那里出售麦种。他再三叮嘱我一定要到种子公司的国营门市店去，一定要买那个农业教授培育出来的小麦一代杂交新品种。我一路打听着，终于找到了种子公司的国营门市店，见到了那个戴着深度近视镜的教授和他培育出来的一代杂交新麦种，但我失望极了。我的失望不是对教授，而是对教授培育出来的新麦种。那些麦种，个头大小不一，显得十分参差，并且那些麦种也不饱满，一粒粒瘪瘪的、瘦瘦的，还一个个灰头土脸的，几乎没什么光泽，远不如前面那些个体种子店出售的麦种，甚至同我家里收回来的麦粒也不能同日而语。我抓了一把捧在手掌里，细细看了足足有三分钟，才怀疑地问站在一旁的教授："这真的是您培育出来的一代杂交新品种？" 教授笑着点点头说："是的，是的。"

我怀疑地问他："怎么成色这么差呢？"

教授解释说："一代杂交的新品种都这样，种几茬成色就会越来越好了。" 我一点儿也不相信他的解释，母种都这样，还能结出什么样的好麦子来？我断定教授一定是骗人的，只不过是打着教授的幌子想靠出售麦种捞上一笔钱而已。

于是，我果断地离开了种子公司的国营门市店，到街上的个体种子店里买了几十斤颗粒饱满、个个通体金亮的麦种。

麦种带回家后，我向父亲讲了我的推测，父亲也没说什么，很快就把种子播进地里去了。直到第二年收麦时我和父亲才惊讶地发现，我们家那些颗粒饱满的麦种长出的麦子并不好，麦粒又细又烂不说，产量也很低，而村里几家买教授麦种的人，他们的麦子穗长、粒实，颗粒饱满、金亮，产量高出我家好几倍。

后来我请教一位搞农业育种的专家，专家一听就笑了。他说，那些一代杂交的种子确实看上去不起眼儿，瘪小，亮色也差，可它们毕竟是一代杂交的，它们种一年就变得饱满些，再种一年就更加饱满了，它们在一年年克服着缺陷，在拼命趋向饱满和完美。而那些看上去饱满、金亮、完美无缺的种子，它已经完美到尽头了，只有一年年退化，一年年向缺陷发展，最后被彻底淘汰，永远退出土地和田园。

41.“我”先去的个体门市店的麦种：

A 饱满亮丽　　B 参差不齐　　C 性价比高　　D 重量不足

42. 根据文意，第二段的空白处最适合填入的词语是：

A 旁白　　B 游说　　C 谈论　　D 宣讲

43. 第三段中画线部分“不能同日而语”的意思是：

A 不能同时对比　　B 不是同一种类

C 不可相提并论　　D 不在同一天出现

44. 第五段中“我”的判断，是根据：

A 教授的外貌　　B 门店的装潢　　C 教授的解释　　D 种子的成色

45. 十五岁那年，我买回的种子：

A 是干瘪的　　B 产量很低　　C 被父亲退回了　　D 是教授挑选的

46. 一代杂交麦种：

①不在市场出售

②结出了好麦穗

③逐年完善自己

④对土壤有要求

A ①②　　B ②④　　C ①④　　D ②③

47. 上文主要想告诉我们：

A 生活中要努力增强优势　　B 完美有时反而会是缺陷

C 科学技术推动农业发展　　D 好的决定需要多听建议

48—54.

沙漠地鼠龟，俗名沙漠陆龟，是一种独居动物，以龟壳保护自身，免受猎食者袭击，主要分布在加利福尼亚州的莫哈韦沙漠和索诺拉沙漠。这里干旱少雨，它们所栖息的环境夏季地面温度可高达 60°C。沙漠地鼠龟会凿洞寻找有湿气的地方或者利用洞穴制造一个凉爽空间。它们一生当中有 95% 的时间都在洞穴中度过。

美州豹是沙漠地鼠龟最大的敌人，它们靠着强大的咬力，能穿透沙漠地鼠龟的龟壳。根据奔跑速度判断，沙漠地鼠龟根本不是美州豹的对手，那是不是沙漠地鼠龟只能束手就擒呢？当然不是。沙漠地鼠龟选择生活在这里，是因为这两座沙漠多产仙人掌，种类达三百多种，而且密密麻麻，仙人掌的刺锋利无比，让美州豹不敢靠近，保护了沙漠地鼠龟的安全。

虽然让美州豹远离自己，但沙漠地鼠龟也被困在了这里，食物的 ＿＿＿＿＿＿，使仙人掌成为沙漠地鼠龟最主要的食物。这可不是说说而已，很多动物都盯上了仙人掌，最后因为无法处理仙人掌的刺放弃了。

很小的沙漠地鼠龟就要练习生嚼仙人掌。它们要反复用沙砾磨自己的嘴，让嘴的内壁和舌头出血，当伤口愈合后再磨，一直到这些地方长出厚厚的老茧。这需要十几年的时间，当沙漠地鼠龟的口腔能适应仙人掌的刺后，这些仙人掌就是最好的食物和主要的水分来源。

沙漠地鼠龟还有一点特殊之处，它们膀胱的蓄水能力可以说是陆龟之最，靠着从仙人掌吸收的水分，它们可以度过长达一年的旱季。另外，沙漠地鼠龟在一年中有四个月处于冬眠状态，这降低了对食物和水分的需求。

沙漠地鼠龟展示了适应环境和克服困难的能力，它们的生存策略证明了即使在恶劣的条件下，通过适应和调整，也能生存和繁衍。

48. 沙漠地鼠龟栖息的地方：

A 高温少雨　　B 海拔较高　　C 老鼠很多　　D 适合狩猎

49. 第二段画线词语“束手就擒”的意思最可能是：

A 迅速地逃跑　　B 奋力和对方斗争
C 在困境中等待转机　　D 乖乖被对方捉住

50. 根据本文，可以知道“美州豹”：

A 咬合力不够　　B 有三百多种　　C 害怕仙人掌　　D 舌头常出血

51. 根据文意，第三段的空白处最适合填入的词语是：

A 馈赠　　B 单调　　C 营养　　D 匮乏

52. 沙漠地鼠龟用砂砾磨嘴是为了：

A 抑制牙齿的生长　　B 快速地愈合伤口
C 更方便食用仙人掌　　D 抵抗美州豹的侵袭

53. 根据本文，沙漠地鼠龟具有怎样的特点？

①耐旱　　②群居
③独居　　④牙利

A ①③　　B ②④　　C ①④　　D ②③

54. 最适合做上文标题的是：

A 美州豹的智慧　　B 沙漠地鼠龟的奇迹

C 放弃也会柳暗花明　　D 沙漠中的美食——仙人掌

55—61.

1941 年，第二次世界大战期间，一位统计学教授应军方要求，利用其在统计方面的专业知识提供关于飞机应该如何加强防护才能降低被炮火击落的概率的相关建议。教授研究了盟军轰炸机遭受攻击后的数据，发现机翼是最容易受到攻击的位置，而机尾则是受到攻击最少的位置。教授的结论是“应该强化机尾的防护”，而军方指挥官认为“应该加强机翼的防护，因为这是最容易被击中的位置”。教授坚持认为：统计样本仅涵盖平安返回的轰炸机，被多次击中机翼的轰炸机似乎仍能安全返航；而在机尾的位置，很少发现弹孔并非真的不会中弹，而是一旦中弹，其安全返航的概率就微乎其微。军方采用了教授的建议，并且后来证实该决策是正确的，毕竟看不见的弹痕最致命！

这个故事有两个启示：一是战死或被俘的飞行员无法发表意见，所以弹痕数据的来源本身就有严重的偏差；二是作战经验丰富的飞行员的专业意见也不一定能提升决策的质量，因为这些飞行员大多是机翼中弹而机尾未中弹的幸存者。

俗语“死人不会说话”很好地解释了这种偏差的重要成因。当我们分析问题所依赖的信息全部或者大部分来自显著的信息，较少利用不显著的信息甚至彻底忽略沉默的信息时，得到的结论与事实情况就可能存在巨大偏差。

回到投资领域，在投资理财类电视节目中，我们经常看到取得成功的投资者谈论其投资经验和方法，但观众往往会忽略一个事实：采用同样经验和方法而投资失败的人是没有机会上电视的。幸存者偏差现象可能导致以下结果：投资成功者出书并出名，而失败者则默默无闻，导致电视上大量专家在传经布道、市面上充斥着太多投资成功学类的书籍，可能会让观众或读者高估了通过投资获得成功的概率；由于条件限制或心理因素，投资成功者难以保证理性和客观，容易夸大自己的能力，忽略运气因素，弱化当时所承担的风险等。

对于如何消除幸存者偏差的误区，没有好的办法，但如果能做到以下几点，应该有些帮助：在投资领域，我们改变不了幸存者偏差现象的存在，但我们可以努力不盲从所谓的 ________。为了使样本更客观地反映事实，我们更应该搜集介绍投资失败的案例和总结，不仅要向成功的人学习如何成功，更要从失败的人那里总结为什么失败，因为投资很大程度上是个避免失败的过程。

55. 军方指挥官：

A 与教授意见相左　　B 拒绝了别人的帮助

C 作战经验不够丰富　　D 不听从飞行员的意见

56. 根据第一段，机尾很少发现弹孔，是因为：

A 所用材料质量高　　B 飞行员水平高超

C 机尾中弹很难安全返航　　D 面积小，中弹的概率小

57. 第一段的故事中，被忽略的“沉默的信息”有：

①战死的飞行员

②敌方俘虏的口供

③军方领导人的意见

④没被搜集的中弹样本

A ①③　　B ②④　　C ①④　　D ②③

58. 大量投资成功的节目或书籍可能会导致：

A 政府的形象受到损害　　B 人们忽略自身的能力

C 社会信任体系被摧毁　　D 成功的概率被人高估

59. 根据本文，投资成功者往往：

A 难以理性和客观　　B 不顾当时的风险

C 具备充足的资金　　D 从小就磨炼意志

60. 根据文意，第五段的空白处最适合填入的词语是：

A 权力　　B 权威　　C 权利　　D 权柄

61. 怎样降低“幸存者偏差”带来的影响？

A 尊重专家的意见　　B 学会给自己减压

C 制订周密的计划　　D 总结失败的教训

62—68.

湘西吊脚楼是中国南方少数民族一种特有的建筑形式，建筑框架完全采用木材并通过榫卯接合。所谓“脚”，其实是指几根粗大的木桩，用于支撑楼房。建在水边的湘西吊脚楼，伸出两只长长的前“脚”，深深地插入水里，与建在另一边河岸上的墙基共同支撑起一栋栋楼房；在山腰上，湘西吊脚楼的前两只“脚”则稳稳地站在低处，与另一边的墙基共同支撑楼房，使其保持平衡；也有一些建在平地上的湘西吊脚楼，那是由几根长短一样的木桩把楼房从地面上支撑起来的。木楼的地板高于室外地面 60 厘米左右，有时悬空达 1 米。这样使木楼底部通风，从而可保持室内地面干燥，防止毒蛇猛兽侵扰。

湘西吊脚楼分两层或多层形式，下层多畅空，里面多作牛、猪等牲畜棚及储存农具与杂物。楼上为客堂和卧室，四周伸出有挑廊，楼上前半部光线充足，主人可以在廊里劳作和休息。这些廊子的柱子有的不着地，以便人畜在下面通行，廊子的重量完全靠挑出的木梁来支撑。湘西吊脚

楼看起来美观，灵巧别致，凌空欲飞；住起来舒适，干爽透气，通风采光；它的建筑艺术体现了“地不平我身平”的哲学思想。

湘西吊脚楼有时也称为“干阑”式建筑，三面有走廊，悬出木质栏杆。栏杆上雕有万字塔、喜字格、亚字格、四方格等________吉祥如意的图案。悬柱有八棱形、四方形，底端常雕有绣球、金爪等各种形状。湘西吊脚楼上下铺楼板，楼上开有窗户，通风向阳。窗棂上刻有双凤朝阳、喜鹊闹梅、狮子滚球以及牡丹、茶花、菊花等各种花草，古朴雅秀，既美观又实用，很有民族住房的特色。

观察湘西吊脚楼所使用的建筑材料，发现以当地的杉木作为主要材料。杉树树体高大，纹理通直，结构细致，材质轻软，加工容易，不翘不裂，耐腐防虫，耐磨性强，而且具有芳香气味，有“木中之王”的美称，被广泛用于湘西吊脚楼的建筑构架、围板、栏杆、地板、门窗等处。

62. 关于湘西吊脚楼的“脚”，下列哪项正确？

A 多用石头砖块堆砌　　B 用于支撑楼房平衡

C 前后脚长短须一致　　D 需要经常进行维修

63. 吊脚楼地板悬空的好处有：

①方便储存杂物

②保持通风干燥

③可以停放汽车

④防止毒蛇侵袭

A ①③　　B ②④　　C ①④　　D ②③

64. 吊脚楼的下层：

A 可饲养动物　　B 多布置成客厅　　C 空间比较狭窄　　D 专门设有挑廊

65. 下面哪句话符合吊脚楼所体现的哲学思想？

A 出淤泥而不染　　B 忍一时风平浪静

C 天生我材必有用　　D 不扫一屋，何以扫天下

66. 根据文意，第三段的空白处最适合填入的词语是：

A 征兆　　B 预示　　C 象征　　D 比喻

67. 吊脚楼上面雕刻的图案：

A 传统美观　　B 精致统一　　C 不加色彩　　D 以人像为主

68. 上文主要介绍的是湘西吊脚楼的：

A 历史文化　　B 结构特点　　C 使用用途　　D 地理位置

第二部分

第 69—73 题：下列语段的顺序已被打乱，请将它们重新排序，组成一篇逻辑连贯的文章。注意其中一个段落为干扰项，需排除；画线段落的位置已固定，无需排序。

A 我继续问：“城里的道路这么复杂，你出来不怕迷路吗？”听了，老人笑了起来，说：“如果没有勇气迈出一步，那我只能一直待在家里了。现在，我每个星期都要从乡下到城里往返两趟，一点儿都不担心会迷路。”

B 尽管这已是很多年前的情景，但老人说得很准确。我瞅了瞅他失明的眼睛，感到有些诧异，在犹豫了一会儿之后，仍忍不住问：“老伯，你的眼睛……怎么会知道我们村子以前的情景呢？”老人毫不在意地微笑着说：“你怀疑我说谎？年轻的时候，我这两只眼睛并没有瞎。我还当过兵哩，在青海开过车。复员后，我被分配到一家化工厂里工作。后来，因为工伤，我这两只眼睛才不行了。”在说这些话的时候，老人脸上的神情非常轻松。

C 说到这儿时，老人的话题一转，说：“刚开始，我也很绝望，感觉自己好像突然从这个世界上消失了。但后来，我就想已经这样了，再怎么后悔也无济于事了。于是，我就对自己说，走出去吧，只要抓准目标，走一步就近一步，这有什么好担心和害怕的呢？”

D 那一天，我去城里拜访了一位朋友。下午返回时，我乘上了一辆驶往乡下的大巴。汽车只行了几站，便上来一位盲人，看上去 60 多岁。因为我距离车门较近，便帮助他将背包放好。他嘴里一边说着谢谢，一边在我身边的座位上坐下。然后，他微笑着问我家住哪里。当我告诉他住在海西时，他竟兴奋地说：“你们那里，我可去过很多次。在你们村子东南方向不远就是大海，村前有一条小路，路旁有一座龙王庙……”

E 在此之后的很长时间，那位双目失明老人的乐观和坦然的神情，一直萦绕在我的脑海之中。一个人，突然从光明的生活跌入黑暗的世界，这是一种多么巨大的打击和痛苦啊！但是，那一位失明的老者却用坚强的信念和勇气，坦然地面对所有痛苦，并将这份痛苦转化为更强大的信念，使自己活得更有尊严。

F <u>此时，我被老人的话语深深打动，于是我又问他：“老伯，你到城里来做什么呢？”他颇有些自豪地说：“是一家大医院，聘我给病人做推拿。”我惊讶地问：“你还会做推拿？”老人平静地说：“是呀，既然活着，就应该学习一门手艺，我研究推拿已经几十年了。”到站后，在我起身下车的时候，聊兴正浓的老人看上去有些不舍，竟然关切地对我说：“走好啊。”</u>

G 盲人按摩讲究手指的力度和穴位的准确，手指肿痛更是常有的事。为了学好盲人按摩技术，他开始学盲文，每次学习都认真做好笔记，勤奋练习，有时练得连端碗拿筷子都感到痛，经过三年的学习，他的手关节都有些变形了。也许有很多人吃不下这些苦，但他说，在他看来，学习盲人按摩技术过程中，手指酸痛是必经的过程，想要学好一门技术，不吃苦是学不出来的。

	→		→		→		→	F	→	

第三部分

第 74—87 题：请回答下面的问题，注意答案控制在十个字以内。

74—80.

自古川黔多好酒，“五粮液”便是其中最有名的代表之一。四川宜宾是五粮液酒的故乡，酿造五粮液酒的历史可追溯到一千年以上。

相传，宜宾早在唐代时就已盛行酿酒。唐代大诗人杜甫于永泰元年（765 年）到戎州（今四川宜宾），在所写《宴戎州杨使君东楼》诗中就有“重碧牛青酒，轻红臂荔枝”之句。其时所产的“重碧酒”和“荔枝绿”均为唐宋时期的名酒。

五粮液，原名杂粮酒，据说创始于明代，至今酿造用的酒窖，乃是明代遗物。当时系仿宋代名酒荔枝绿之制法，用多种谷物配合酿制，经历代不断改进发展而成。

明朝初期，四川宜宾一位姓陈的老板，创“温德羊”酒坊，潜心研究，探索出杂粮酒的配方，嫡传六代。到了清代，因陈家无后，最后一代陈三便将秘方口授给徒弟赵铭盛。赵铭盛去世前，又将秘方传给了徒弟邓子均。邓根据其秘方几经调整，确定了新配方。

1915 年，巴拿马万国博览会上，世界各地的商品包装精美，目不暇接。上海“利川东”商行的展位前，仅陈列着一些产自长江之滨的土陶罐，土陶罐粗陋难看的外表令所有人嗤之以鼻。眼看着买卖难成，“利川东”商行的一名商人情急之下，打开了一个土陶罐，顷刻间香气扑鼻。参观者驻足观望，只见陶罐中的玉液晶莹剔透，入口甘香绵甜、齿颊留香、回味无穷，凡饮者赞不绝口，从此无法忘记中国“五粮液”的美名。正是这名商人的偶然举动，令“五粮液”名扬四海，一举夺得了巴拿马金奖，成就了一个中华民族的国际品牌。

为庆贺“五粮液”获得巴拿马国际金奖，“利川东”商行还特意制作了一块用彩色玻璃镶边的牌匾赠送给五粮液的传人邓子均，上书“名振华夏”。自此以后，“五粮液”多次荣获国际国内金奖及名酒美誉，铸就了 80 年金牌不倒的辉煌，不愧为神州神酒。

而更神奇的是，六百多年来，五粮液酒厂的明代地穴式酒窖发酵池得以不断使用。这 16 口明代古窖池经过几百年的连续使用和不断维护，成为我国现存最早的地穴式曲酒发酵窖池，其微生物繁衍至今从未间断。这不仅是五粮液集团的瑰宝，也是白酒行业的奇迹！

74. 第二段中，作者引用杜甫的诗句是想说明什么？

____

75. 五粮液源自哪个年代？

____

76. 除了改名之外，邓子均对五粮液还有什么贡献？

____

77. 画线词语“目不暇接”是什么意思？

____

78. “利川东”的商人是如何推销五粮液的？

____

79. 1915 年，五粮液获得了什么奖项？

____

80. 五粮液酒厂的古窖池为什么令人称奇？

____

81—87.

年画，是我国特有的一种绘画体裁，也是民间喜闻乐见的艺术形式。它大多在新年时张贴，用于装饰环境，寓意新年喜庆吉祥。在中国，一提起过年，很多人心中都会出现一幅色泽鲜艳、喜气洋洋的年画，其中承载了太多中国人关于年的美好记忆。

历史上，民间对年画有着多种称呼：宋朝叫“纸画”，明朝叫“画帖”，清朝叫“画片”，直到清朝道光年间，文人李光庭在文章中写道“扫舍之后，便贴年画，稚子之戏耳”，年画由此定名。

各地对年画的称谓也各式各样，北京叫“画片”“卫画”，四川叫“斗方”，苏州叫“画张”，浙江叫“花纸”，福建叫“神符”……不一而足。今天，各地对年画逐渐约定俗成地简称为“年画”。

年画的形式包括门画（独幅和对开）、四屏条和横竖的单开独幅等。传统年画以木刻水印为主，追求拙朴的风格与热闹的气氛，因而画的线条单纯，色彩鲜明。年画内容有金鸡、春牛、胖娃娃、神话传说与历史故事等，表达人们祈望丰收的心情和对幸福生活的憧憬，具有浓郁的民族特色与乡土气息。年画多数作为门画张贴之用，夹杂着“神祇护宅”的观念，如“神荼郁垒”“天官”“秦琼敬德”等。

年画最早以门神的形式出现，其起源可以上溯到汉代甚至秦代。目前能见到的最早的木版年画是宋金时期刻印的《隋朝窈窕呈倾国之芳容》。宋代年画的主要题材有门神、灶王、钟馗、桃符等，一年一换，百姓希望通过这种方式来辟邪除灾。

明代，人们对驱魔逐鬼的门神信仰渐渐淡化，转而盼望五谷丰收、百福临门、子孙昌盛、长生不老，因而寓意吉庆祥瑞的年画得以发展。清代中期，年画尤为盛行。民国初年，开始出现阴阳合历的月份牌年画。新中国成立后，年画在传统的基础上推陈出新，更为人民群众所喜爱。

千百年来，年画不仅是年节五彩缤纷的点缀，也是一种看图识字式的大众读物，还是文化流通、道德教育、审美传播、信仰传承的载体与工具；年画又是一部地域文化的辞典，从中可以找到各个地域鲜明的文化个性。这些个性因素，不仅从题材内容，而且从各个年画产地习惯的体裁、用色、线条及版式里，都能一眼识别出来。可以说，年画这种“百科全书”般的民间艺术，蕴含着丰富的中国民间文化内涵。

81. 一般在什么时候张贴年画？

____

82. 年画因谁而定名？

____

83. 四川地区把年画叫作什么？

____

84. 画线词语“不一而足”是什么意思？

____

85. 传统年画在艺术上追求什么样的风格？

____

86. 宋代的年画主要表达老百姓什么样的愿望？

____

87. 第七段把年画比作“百科全书”是想说明什么？

____

三、写作

第一部分

第 88 题：请对图表进行描述与分析，写一篇 200 字左右的文章，限时 15 分钟。

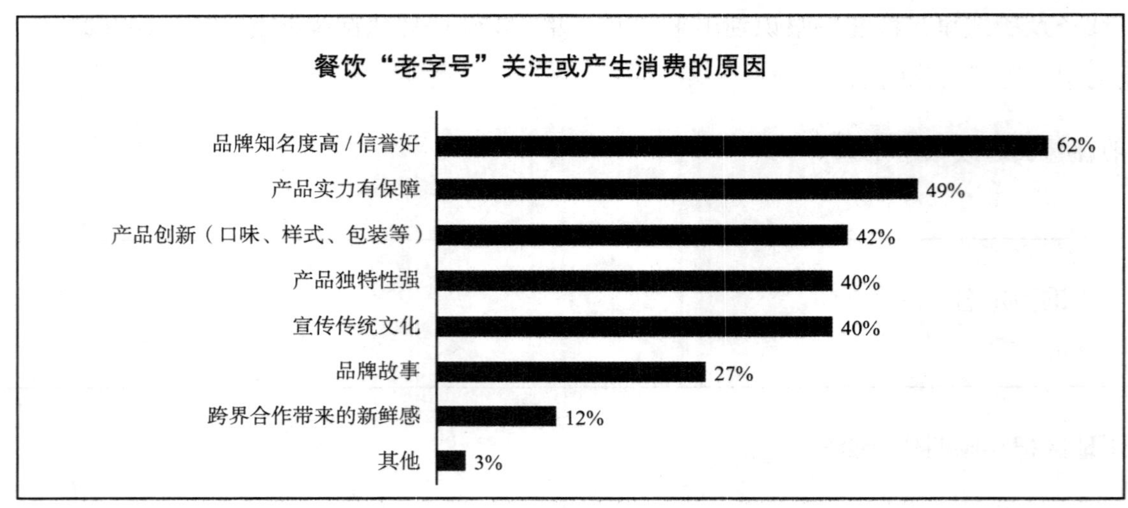

88.

第二部分

第 89 题：话题作文，限时 40 分钟。

89. 古语说："居安思危，思则有备，有备无患。"它警示我们：人在安全的时候，一定要想到未来可能会发生的危险，这样才会先做准备，以避免失败和灾祸的发生。请写一篇 600 字左右的文章，谈谈你对"居安思危"的认识并论证你的观点。

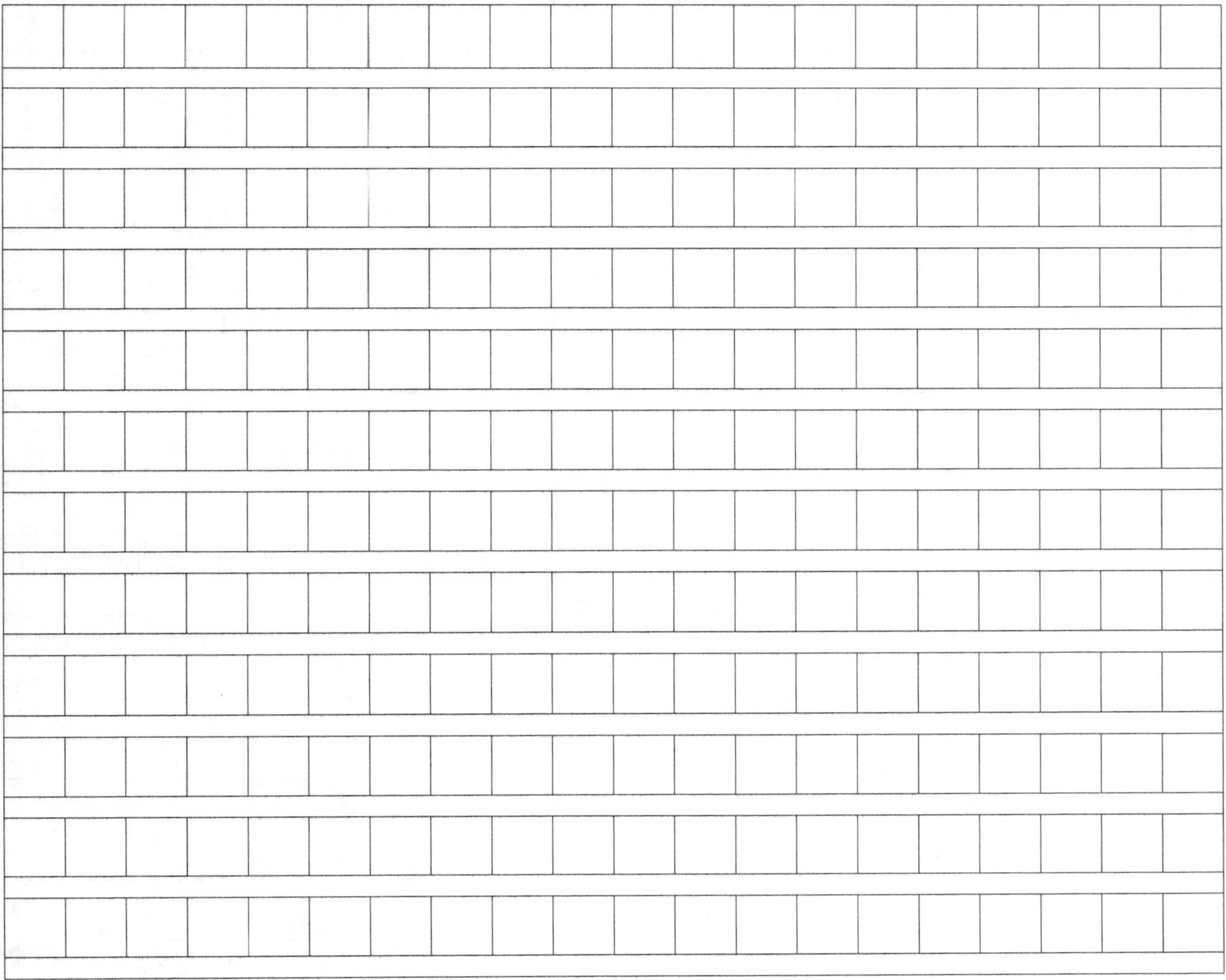

四、翻译

第一部分

第 90—91 题：请将下列两篇材料译写成中文，限时 35 分钟。

90. 중국의 차 문화는 수천 년의 역사를 가지고 있다. 차를 마시는 것은 단순한 음료를 즐기는 것 이상의 의미를 지닌다. 전통적인 차의 제조법에서부터 차 음료에 담긴 철학까지, 모든 것이 중국의 깊은 문화적 유산을 반영한다. 현대의 중국 도시에서도, 이런 전통적인 차 문화의 흔적과 영향을 쉽게 발견할 수 있다.

91. 중국의 전통에서 "양생 (养生)" 또는 "건강을 보호하다" 는 개념은 수세기에 걸쳐 중요하게 여겨졌다. 이것은 정신과 신체의 균형을 유지하고, 질병을 예방하는 방법을 찾는 것을 의미한다.

많은 중국인들은 아침에 공원에서 태극권을 연습하며 양생하는 습관을 가지고 있다. 또한, 계절에 따른 음식 선택도 중요하게 여겨져, 각 계절마다 적절한 음식을 섭취하여 건강을 유지한다.

최근에는 젊은 세대 사이에서도 중국의 전통 양생 방법에 대한 관심이 증가하고 있다. 디지털 시대의 스트레스와 바쁜 일상에서 벗어나, 자연과 함께하는 시간을 찾는 것이 중요하게 여겨진다.

종합적으로, "양생" 은 중국 문화의 핵심 부분이며, 그것은 인간의 삶의 질을 향상시키는 방법으로 계속 전승되고 있다.

第二部分

第 92—93 题：口译。

92. 금요일 저녁, 베이징의 싼리툰은 (三里屯) 활기를 띤다. 젊은이들은 다양한 바와 클럽에서 밤을 즐긴다. 도시의 불빛 아래, 음악, 댄스, 그리고 패션이 하나로 어우러진다. 싼리툰은 중국 현대 청년문화의 대표적인 장소 중 하나로, 도시의 새로운 문화적 트렌드를 체험할 수 있는 곳이다. (2 分钟)

草稿区（不计分）

93. 팟캐스트는 현재 디지털 미디어의 주요 형식 중 하나로 떠오르고 있습니다.

팟캐스트의 가장 큰 장점 중 하나는 유연성입니다. 이들은 언제 어디에서든 들을 수 있으며, 스마트폰, 태블릿, 컴퓨터 등 다양한 디바이스에서 접근할 수 있습니다.

또한 팟캐스트에는 학습, 엔터테인먼트, 뉴스 업데이트 등 다양한 주제가 있어 원하는 정보를 쉽게 얻을수 있습니다.

나아가, 팟캐스트는 시간을 효율적으로 활용하는 데 도움이 됩니다. 출퇴근, 청소, 운동 중에도 들을 수 있어 시간을 최대한 효율적으로 활용할 수 있습니다.

마지막으로, 팟캐스트는 깊이 있는 정보와 지식을 제공하는 매체로, 특정 주제에 대한 깊은 이해와 새로운 관점을 얻는데 도움이 될 수 있습니다.

（2 分钟）

草稿区（不计分）

五、口语

第一部分

第 94 题：应用读说。

你作为海外项目管理人员在一个国际贸易公司工作。下表是公司安排的业务培训。

主题	国际商务	销售技巧
时间	7月1—2日	7月15—16日
课时	2天，每天6课时	2天，每天6课时
培训地点	3楼宴会厅	4楼小会议室
培训方式	公开课	表达练习
培训内容	国际产品商务报价、国际采购、产品供应和物流管理、商品检验、海关清关、国际产品保险管理	售前准备、销售的核心实力、产品与行业知识、销售人员形象、沟通技能、客户利益、客户关系的建立与维持
参加人员	所有海外业务人员	所有海外业务人员

主题	产品思维	海外项目管理
时间	8月3—4日	8月15—18日
课时	2天，每天6课时	4天，每天6课时
培训地点	3楼会议室	6楼大会议室
培训方式	公开课	沙盘模拟
培训内容	把握客户需求、机会判断、提升客户体验、产品模式创新	风险管理、合同管理、索赔和反索赔、外籍员工引进和管理
参加人员	海外业务开发人员	海外项目管理人员、技术人员

94. 请你向部门员工简要介绍此次培训的主要安排。

第二部分

第 95—97 题：听材料回答问题。

95.（30 秒）

草稿区（不计分）

96.（30 秒）

草稿区（不计分）

97.（2 分钟）

草稿区（不计分）

第三部分

第 98 题：观点表达。

98.（3 分钟）

草稿区（不计分）

中文水平考试 HSK（七—九级）

注 意

一、中文水平考试 HSK（七—九级）分五部分，共 98 题：

1. 听力（40 题，约 30 分钟）
2. 阅读（47 题，60 分钟）
3. 写作（2 题，55 分钟）
4. 翻译（4 题，41 分钟）
5. 口语（5 题，约 24 分钟）

二、全部考试约 210 分钟。

一、听力

第一部分

第 1—10 题：请根据听到的内容，判断下列句子是否符合原文。符合原文的请画“√”，不符合的请画“×”。

第 1—5 题

1. 试验中，扣在箱子下的两组小鹅出生时接触的对象不同。 （ ）
2. 印痕行为需要重复观察学习。 （ ）
3. 幼鸟在学习飞翔时，神经系统不能受到刺激。 （ ）
4. 印痕行为会影响动物晚期的繁殖行为。 （ ）
5. 为了避免熊猫宝宝对人产生印痕行为，饲养员要穿上“熊猫服”工作。 （ ）

第 6—10 题

6. 孟子家旁边的墓地有很多老人。 （ ）
7. 第一次搬家后，孟子开始对做买卖感兴趣。 （ ）
8. 周朝的学宫是国家兴办的教育机构。 （ ）
9. 孟子住在闹市，却能保持贫穷的心态。 （ ）
10. 孟母几次搬家是为了让孟子和邻居处好关系。 （ ）

第二部分

第 11—22 题：请选出或填上正确答案。

11. ______________________________

12. A 延长职业生涯
B 提升应对能力
C 检测系统设备
D 缩减适应时间

13. A 制作效率提升
B 数字资产庞大
C 运营成本精简
D 操作便捷舒适

14. A 突破性的技术
B 飞机座舱外环境的辨别
C 需要重建的庞大资产量
D 训练场景与真实环境的背离

15. A 4K 高清画面
B 精细化的机场地景
C 12K 多通道融合算法
D 多台投影仪组成的测试环境

16. A 虚拟现实技术
    B 人脸识别技术
    C 文本生成图像技术
    D 高精度多投影仪融合校准技术

17. ______________________________

18. A 家学渊源
    B 专业更换
    C 传统文化的熏陶
    D 人生际遇的偶然

19. A 成名要趁早
    B 关注笔墨和造型
    C 找到适合的流派
    D 学习中西哲学思想

20. A 是一幅简笔画
    B 能感受到永恒
    C 融合了中西画法
    D 有虚无缥缈的地方

21. A 写实和白描
    B 构图和色彩
    C 水墨和意境
    D 空白和空间感

22. ______________________________

第三部分

第 23—40 题：请选出或填上正确答案。

23. ______________________________

24. A 祥瑞图案
    B 生猛野兽
    C 宗教经典
    D 名胜古迹

25. A 个人喜好
    B 擅长手法
    C 各地风俗
    D 装饰部位

26. A 四川挑花
    B 北京挑花
    C 湖南挑花
    D 上海挑花

27. A 填花
    B 团花
    C 角花
    D 边花

28. A 挑花多用作装饰
    B 安徽挑花格调明快
    C 挑花是一种针织阵法
    D 边花大多是几何图形

29. A 大量繁殖
    B 排泄物太多
    C 争夺咖啡果
    D 破坏咖啡树

30. A 想卖出高价
B 懒于采摘果实
C 跟商人有矛盾
D 发现它味道甜美

31. A 改变了烘焙方式
B 添加了微量元素
C 经过了特别的发酵
D 拥有棕榈猫的味道

32. ______________________________

33. A 从喜欢到厌恶
B 从惊奇到平常
C 从保护到忽视
D 从憎恨到后悔

34. A 棕榈猫很可爱
B 要善于发现商机
C 棕榈猫咖啡的制造
D 要与自然和谐相处

35. A 杨家界新景区
B 桃花源风景区
C 天子山自然保护区
D 张家界国家森林公园

36. A 多奇山异峰
B 少见溶洞、群泉等
C 森林覆盖率超过 80%
D 北部多为石英砂岩喀斯特地貌

37. A 4 月—7 月
B 5 月—7 月
C 12 月—1 月
D 11 月—3 月

38. ______________________________

39. A 有 2000 多座山峰
B 是首个国家森林公园
C 森林覆盖率在 95% 以上
D 占地面积有 300 多平方公里

40. A 武陵源 11 月降雪最多
B 武陵源霜冻长达 6 个月
C 武陵源动植物资源丰富
D 黄狮寨位于索溪峪自然保护区

二、阅读

第一部分

第 41—68 题：请选出正确答案。

41—47.

担担面是川味小吃中的代表性食物，相传为 1841 年四川自贡一个叫陈包包的小贩创制，因为早期是用扁担挑在肩上沿街叫卖，所以叫作担担面，至今已经有上百年历史。

当年挑担担面的扁担一头是个煤球炉子，上面一口铜锅。铜锅隔为两格，一格煮面，一格炖鸡；另一头装的是碗筷、调料和洗碗的水桶。卖面的小贩用扁担挑在街上，晃晃悠悠地沿街游走，边走边 ________ ：“担担面，担担面。”喜欢担担面的一听到这种熟悉的叫卖声，赶紧叫住小贩说“来一碗”，那么你只要付点儿小钱，就能品尝到这种美食了。

担担面得名，来自这特殊的年代和叫卖方式；担担面出名，却在于它的调味和独特的面臊。

先说面臊，其实就是面卤或是浇头。四川人习惯把面臊分为三种：汤汁面臊、稀卤面臊和干煵面臊。汤汁面臊就是带有汤水的，比如红烧牛肉面、清汤牛肉面、香菇炖鸡面等的面臊；稀卤面臊就是面臊比较浓稠，一般都有勾芡这一过程，像打卤面、大蒜鳝鱼面等的面臊就属此列；干煵面臊就是指炒制的面臊，面臊一般都比较干爽，像杂酱面和担担面的面臊就是。

担担面的面臊非常有特色，人们习惯把它叫作“脆臊”，一听名字就知道好吃，制作起来其实也不麻烦：取动物腿肉剁成肉末，甜面酱用少许油解散；然后锅置火上，放少许油烧热，然后下肉末炒散，加料酒炒干水分，加盐、胡椒粉、味精调味，然后放入适量的甜面酱炒香，肉末呈现诱人的茶色，如果颜色较浅，可以加少许酱油，微微吐油就可以起锅放在一边了。

再来说说调味。担担面的定碗调料非常多：盐、味精、酱油、醋、辣椒油、香油、白糖、碎米芽菜、葱花和少许的鲜汤，甚至有人会放点儿花生碎和芝麻粉来增香。似乎看起来非常麻烦，但这正是四川厨师的高明和精妙。四川厨师高明，高在用味来刺激你的味蕾，用味来吸引你的食欲，叫你吃了就忘不掉；四川厨师的精妙，妙在可以把很多的调味原料组合在一起，让其和谐地统一，一味衬托另一味，一味更比一味好。

炒好面臊，放好调料，就可以开始煮面了。面条煮熟后，捞入已调味的碗中，撒上少许的肉末面臊就可以了。如今担担面已遍布各地，虽做法有些许不同，但因其味美受到各地人民的喜爱，已成为一种家常美食小吃。

41. 担担面的命名是源于它的：

A 售卖方式　　B 制作材料　　C 产品工艺　　D 发源地址

42. 根据文意，第二段的空白处最适合填入的词语是：

A 打闹　　B 尖叫　　C 吆喝　　D 耍宝

43. 浇头：

A 都带有汤水　　B 都需要勾芡　　C 起源于四川　　D 是面臊的别称

44. 关于担担面的面臊，下列哪项正确？

①属于干煵面臊

②需要事先炒制

③颜色比较清淡

④制作时使用茶叶

A ①③　　B ②④　　C ①④　　D ①②

45. 担担面的调味原料：

A 各不相同　　B 着重麻辣　　C 多用骨汤　　D 多而和谐

46. 担担面：

A 尚未走出四川　　B 做法统一严谨

C 属于家常美食　　D 拥有千年历史

47. 最适合做上文标题的是：

A 回味无穷的美食　　B 川味美食担担面

C 无辣不欢的四川菜　　D 担担面与它的历史故事

48—54.

战国时期，齐国有一个名叫淳于髡的人。他的口才很好，也很会说话。他常常用一些有趣的隐语，来规劝君主，使君主不但不生气，而且乐于接受。

齐国的齐威王本来是一个很有才智的君主，但他继位以后，沉迷酒色，不理国家大事，每日只知饮酒作乐，把一切政事都交给大臣去办理，自己则不闻不问。因此，政治混乱，官吏们贪污失职，再加上各国诸侯也都趁机来侵犯，使得齐国 ________ 灭亡的边缘。

齐国的爱国之士都很担忧，但因为畏惧齐威王，没有人敢出面劝谏。其实齐威王是一个很聪明的人，他很喜欢说些隐语来展现自己的智慧。虽然他不喜欢听别人的劝告，但如果劝告得法的话，他还是会接受的。淳于髡知道这点后，便想了一个计策，准备找个机会来劝告齐威王。有一天，淳于髡见到了齐威王，就对他说："大王，臣有一个谜语想请您猜一猜：某个国家的宫廷中住着一只大鸟，已经整整三年了。可是他既不振翅飞翔，也不发声鸣叫，只是毫无目的地蜷伏着。大王，您猜这是一只什么鸟呢？”

齐威王是一个聪明人，一听就知道淳于髡是在讽刺自己像那只大鸟一样，身为一国之君却毫无作为，只知道享乐。他不再想做一个昏庸的君主，于是沉思片刻后便毅然决定要重新振作起来，做出一番轰轰烈烈的事业，因此他对淳于髡说：“你不知道，这只大鸟不飞则已，一飞冲天；不鸣则已，一鸣惊人。你慢慢等着瞧吧！”

从此齐威王不再沉迷于饮酒作乐，而开始整顿国政。首先他召见全国的官吏，对尽忠负责的给予奖励，对腐败无能的则加以惩罚。结果全国上下，很快就振作起来，到处充满蓬勃的朝气。另一方面，他也着手整顿军事，强大武力，提升国家的威望。各国诸侯听到这个消息以后都很震惊，不但不敢再来侵犯，甚至还把原先侵占的土地都归还给了齐国。

48. 淳于髡的特点是：

A 善于劝谏　　B 擅长歌舞　　C 打仗勇敢　　D 长于算计

49. 齐威王做了国君之后：

①不理朝政

②经常打猎

③大修宫殿楼阁

④喜欢饮酒取乐

A ①③　　B ②④　　C ①④　　D ②③

50. 根据文意，第二段的空白处最适合填入的词语是：

A 跨越　　B 涉足　　C 开创　　D 濒临

51. 齐威王喜欢什么样的劝告？

A 直接的　　B 委婉的　　C 猛烈的　　D 持续的

52. 淳于髡把大鸟比作：

A 小人　　B 敌人　　C 某大臣　　D 齐威王

53. 齐威王改革的措施不包括：

A 整顿军事　　B 把土地分给百姓

C 惩罚腐败的官员　　D 奖励尽职的官吏

54. 下列哪个成语可以概括本文的主要内容？

A 谋事在人，成事在天　　B 路见不平，拔刀相助

C 重赏之下，必有勇夫　　D 不鸣则已，一鸣惊人

55—61.

舞狮是中国优秀的民间艺术，至今已有一千多年的历史。狮舞在旧时称“太平乐”，而到了唐代时更得到广泛的发展。狮艺在当时已成为过年过节、行香走会中的必备节目。在一千多年的发展过程中，狮舞形成了南北两种表演风格。

北狮造型和真的狮子很像，狮头较为简单，全身披金黄色毛。舞狮者（一般二人舞一头）的裤子、鞋都会披上毛，未舞时看起来已经是 ________ 的狮子。狮头上有红结者为雄狮，有绿结者为雌狮。北狮表现灵活的动作，与南狮着重威猛不同。舞动则是以扑、跌、翻、滚、跳跃、擦痒等动作为主，表演较为接近杂耍。北狮一般是雌雄成对出现，由装扮成武士的主人引领。有时一对北狮会配一对小北狮，小狮戏弄大狮，大狮弄儿为乐，尽显天伦。

河北是北狮的发祥地。其中又以徐水的舞狮最为有名。徐水舞狮的活动时间主要在春节和春季寺庙法会期间，表演时由两人前后配合，前者双手执道具戴在头上扮演狮头，后者俯身双手抓住前者腰部，披上用牛毛缀成的狮皮饰盖扮演狮身，两人合作扮成一只大狮子，称太狮；另由一人头戴狮头面具，身披狮皮扮演小狮子，称少狮；手持绣球逗引狮子的人称为引狮郎，引狮郎与狮子默契配合，形成北方舞狮的一个重要特征。徐水舞狮的基本特征是外形夸张，狮头圆大，眼睛灵动，大嘴张合有度，既威武雄壮，又憨态可掬。

南狮又称醒狮，以广东等地的醒狮最具代表性，分为文狮、武狮和少狮三大类。醒狮是融武术、舞蹈、音乐等为一体的汉族民俗文化，由唐代宫廷狮子舞脱胎而来。五代十国之后，随着中原移民的南迁，舞狮文化传入广东地区。醒狮现流传于南方地区以及海外华人社区，被认为能驱邪避害，是吉祥瑞物，每逢节庆或有重大活动必有舞狮助兴，长盛不衰，世代相传。

南狮造型威猛，舞动时注重马步。南狮主要是靠舞者的动作表现出威猛的狮子形态，一般二人舞一头。南狮的狮头设计独特，不完全像真实的狮子头。南狮的狮头还有一只角，传闻以前会用铁制作，以应对舞狮时经常出现的武斗。传统上，南狮狮头有“刘备”“关羽”“张飞”之分。三种狮头，不仅颜色、装饰不同，而且舞法亦根据三人的性格而异。红色为关公狮，代表忠义、胜利，因关羽又被称为武财神，故关公狮又代表财富；黄色为刘备狮，代表泽被苍生、仁义及皇家贵气；黑色为张飞狮，代表霸气、勇猛，故一般张飞狮只有在比赛或者踢馆挑战时才用，一般喜庆之事还是红黄狮较为常见。

舞南狮时会配以大锣、大鼓、大钹等乐器，有时还会有一人扮作“大头佛”，手执葵扇带领。舞南狮之前通常还会举行“点睛”仪式。主礼嘉宾把朱砂涂在狮的眼睛及天庭上，寓意着赋予灵气及生命。

55. 唐代时舞狮：

A 开始叫作太平乐　　B 已有一千年历史

C 形成了两种风格　　D 是过节的必备节目

56. 北狮的：

A 狮头有角　　B 动作灵活　　C 颜色多变　　D 造型复杂

57. 根据文意，第二段的空白处最适合填入的词语是：

A 惟妙惟肖　　B 如假包换　　C 浑然天成　　D 有板有眼

58. 徐水舞狮有什么特征？

A 狮头扁小　　B 瘦小灵活　　C 有“大头佛”　　D 有“引狮郎”

59. 广东醒狮：

A 分为两种　　B 传自中原　　C 来自民间　　D 表演接近杂耍

60. 醒狮中的关公狮代表：

A 勇猛　　B 贵气　　C 财富　　D 凶悍

61. 关于南狮，下列哪两项正确？

①一般三人一组

②狮头非常逼真

③多有“点睛”仪式

④受海外华人欢迎

A ①③　　B ③④　　C ①④　　D ②③

62—68.

曾经，运载火箭是一次性航天工具。其第一级火箭在完成分离后会 ______ 到陆上无人区或空旷海域，不可重复使用。有人曾形容火箭使用的浪费程度，就和一架波音 747 客机仅完成一次单程飞行就报废一般。造价高昂的火箭如果摆脱“一次性”用品的角色，未来航天发射的成本有望大大降低。这就是人们历经失败仍然坚持尝试的原因，不过他们需要克服的难题不小。

运载火箭回收试验有两大难点：一是让火箭第一级在分离后垂直下降，其难度就像在暴风雨中让一根扫帚平稳地直立在手掌上；二是精准降落在未锚定且只有足球场大小的浮动平台上极其困难，且着陆的精度要求在 10 米以内。因此，回收火箭首先要解决火箭着陆的精度问题，要能够回收到预定地点。其次，火箭要以垂直的姿态降落，必须解决姿态控制问题，而越是竖长的物体，就越难以控制。此外，还要解决减速问题，必须是软着陆，又不用降落伞，所以只能用反向推力装置。而且，回收过程是一个变速过程，在这一过程中如何持续有效地解决以上几大问题，难度非常高。

就回收平台来说，在海上平台上回收火箭比陆地平台更难，因为陆地上的气象条件更好，回收面积也更大，平台更稳定。不过，在陆上降落意味着火箭在空中飞行距离可能更长，消耗的燃料更多。

火箭的回收只是火箭重复使用的第一步，接下来要验证火箭的发动机是否可以重复使用，还要进一步验证回收二级火箭的可行性。

火箭的重复使用对于发动机核心部件的性能和寿命提出了更高的要求。对于一次性使用的火箭来说，保证材料和相关设计在短时间内能够承受住压力是一个问题，确保长期使用的耐久性又是另外一个问题。美国航天飞机的主发动机燃烧室的压强高达 207 个大气压，工作温度约为 3300 摄氏度，其中一个小小的涡轮泵的功率是主战坦克发动机功率的 10 倍。

令人欣喜的是，火箭回收技术的发展已经取得了显著的进展，特别是在降低发射成本方面。例如，中国航天科技集团开发的用于运载火箭助推器和整流罩回收的系统，预计每年可节约十几亿元人民币的发射成本。此外，蓝箭航天的朱雀三号 VTVL-1 试验箭成功完成了十公里级垂直起降返回飞行试验，标志着中国商业航天在可重复使用运载火箭技术上取得重大突破。这些进展预示着未来卫星发射成本将大幅降低，发射频率将提高，从而推动商业航天产业的快速发展。

62. 根据文意，第一段的空白处最适合填入的词语是：

A 飘落　　B 降落　　C 堕落　　D 坠落

63. 第一段中用“仅完成一次单程飞行就报废一般”来说明：

A 波音客机质量太差　　B 波音公司财大气粗

C 运载火箭造价昂贵　　D 火箭使用极其浪费

64. 火箭回收的难点在于：

①降落姿态的控制

②降落过程的监测

③降落时间的设定

④降落地点的把握

A ①③　　B ③④　　C ①④　　D ②③

65. 反向推力装置是用来解决什么问题的？

A 减速　　B 加速　　C 匀速　　D 超速

66. 陆上回收平台的优势是：

A 消耗燃料少　　B 气象条件好

C 回收面积更精准　　D 可以使用降落伞

67. 第五段主要谈的是：

A 火箭的重复使用　　B 对发动机的高要求

C 航天飞机的工作温度　　D 建造材料的巨大进步

68. 关于火箭回收技术的发展，以下哪项描述是正确的？

A 火箭回收技术目前还处于试验阶段，尚未实现商业化应用。

B 火箭回收技术的发展不会降低卫星发射成本，也不会提高发射频率。

C 蓝箭航天的朱雀三号 VTVL-1 试验箭未能完成十公里级垂直起降返回飞行试验。

D 中国航天科技集团开发的火箭助推器和整流罩回收系统预计每年可节约大量的发射成本。

第二部分

第 69—73 题：下列语段的顺序已被打乱，请将它们重新排序，组成一篇逻辑连贯的文章。注意其中一个段落为干扰项，需排除；画线段落的位置已固定，无需排序。

A 该计划被称为厨师的秘密会议，但只有精英阶层享受到了升级后的餐点。头等舱和商务舱的乘客可以吃到像墨西哥辣椒烧烤排骨和烤西红柿茄子汤这类由顶级厨师设计的菜肴。

B 曾经，空中旅行是奢华的顶点。各个航空公司都以自己的食物和饮料的质量和数量自豪。比如美国环球航空公司，曾在从洛杉矶到巴黎的航线上提供最高级的鱼子酱、鲑鱼和 36 种不同的饮料。乘客还可以从一份豪华菜单中点餐，从复杂的橘汁鸭肉到简单的热狗和汉堡包应有尽有。这顿饭可以从飞机起飞一直吃到看到塞纳河上的日出。

C <u>到了经济快速发展的 21 世纪，航空公司开始努力让自己变得与众不同，要做到这一点，方法之一就是改善伙食。美国航空决心去除贴在航空食品上的“令人耻辱”的标签。1988 年，美国航空向著名厨师取经，请他们利用专业知识帮助改进工艺，提升该航空公司航线上的食品服务</u>。

D 今天有些航空还有点餐服务，比如新加坡航空，坐公务舱及以上舱位，就可以获得“点菜”服务，也就是说，他们的选择并非仅限于“鸡肉饭”或“牛肉面”，而是可以从色拉到主菜任意点选，选择多达十几种。当然，这样的服务必须最晚在起飞前一天通过网络或人工座席完成。除了食物可口之外，在头等舱，不少瓷器餐具都是名牌货，塑料材质基本是不会被端上餐桌的。公务舱及以上舱位一般都有餐布服务，食物容器底盘是不会直接接触小桌板的。

E 从你踏上飞机的那一刻起，机舱里面的环境首先开始影响你的嗅觉。接着，随着飞机的高度一路攀升，气压下降，机舱内的湿度也骤降。到了大约 3000 英尺高的时候，湿度低于 12%，比大部分沙漠还要干燥。

F　此后，越来越多的人开始空中旅行，航空公司开始削减食品预算了。从 20 世纪 60 年代到 80 年代，问题越来越严重。航空公司就像机器人一样用传送带运送食物。再加上石油危机和各国政府对航空公司管制的放松，进一步导致票价下降和竞争加剧，航空公司只能尽可能减少在客户身上的开支。于是，由于成本问题，美味佳肴从飞机餐中消失了。

G　到了 2013 年，厨师的秘密会议的影响已经消失，因为美国航空公司开始与全美航空公司合并。美国航空公司已经不再请名厨打造他们的菜单，转而由内部员工来为客人奉上食物。

	→		→	C	→		→		→	

第三部分

第 74—87 题：请回答下面的问题，注意答案控制在十个字以内。

74—80.

太阳光传递光和热，照到人身上，人会感到暖洋洋的，但从未有人感觉到太阳光有压力。实际上，太阳光是有压力的，因为光具有两重性，既是电磁波，又是粒子——光子。光线实际上是光子流，当光子流遇到物体阻挡时，光子就会撞到该物体上，就像空气分子撞到物体上一样，光子的动能就转化成对物体的压力。

不过，太阳光产生的压力非常小。不仅人感受不到，就连普通的仪器也测不出来。在地球附近，太阳光照射到一个平整、光亮、能完全反射光的表面时，产生的压力最大，100 万平方米平整光亮的面积上才受到 9 牛的压力，相当于一个 2 分硬币的重量。在地面上，由于重力、大气压力、空气阻力、摩擦力等力的存在，微乎其微的太阳光压力被淹没在这些宏观力的汪洋大海之中。

“山中无老虎，猴子称大王。”到了太空中，重力、大气压力、空气阻力、摩擦力等几乎完全消失，太阳光压的作用才开始显著。一些具有创新思维的人开始想到利用太阳光压来推动航天器在太空飞行。早在 20 世纪初，俄罗斯宇航理论先驱齐奥尔科夫斯基就提出过这一大胆的设想。以后，又有不少科学家进行过研究。然而，只有当科学技术发展到今天的水平，在有强大的火箭把航天器送入太空的条件下，利用太阳光作为航天推进力才有了实现的可能。

太阳光压的大小是与接受太阳照射的面积成正比的。受照面积越大，产生的压力越大。为了获得一定的压力，必须有足够大的受照面积，从而引出了太阳帆的概念。太阳帆是一种面积很大，表面平整、光滑、无斑点和皱纹的薄膜，一般由聚酯或聚酰亚胺等高分子材料制成，表面镀铝或银，使其具有全反射的特性。

一块面积为 5×10^5 平方米的太阳帆，在太阳光正射下可获得大约 100 毫牛的力，用它推动 100 千克的物体，可产生 1 毫米 / 二次方秒的加速度。这个加速度极其微小，只有地面重力加速度的一万分之一。

俗话说："涓涓细流汇成大海，块块碎土堆成高山。"速度是加速度与时间的乘积，尽管加速度非常小，只要时间足够长，最终能达到一定的速度。理论上，即使航天器的加速度只有 1 毫米 / 二次方秒，那么，一天后，速度达到 86.4 米 / 秒；一个月后达到 2592 米 / 秒；130 天后，就可超过第二宇宙速度，达到 11.23 千米 / 秒；一年后可达到 31.54 千米 / 秒，足以飞出太阳系。由此可见，加速度不在大而在时间长，时间长则灵。

74. 太阳光为什么有压力？

____

75. 人们感受不到太阳光压力的原因是什么？

____

76. 地面上，太阳光的压力与什么相当？

____

77. 科学家认为太阳光压有什么作用？

____

78. 太阳光压的大小与什么成正相关？

____

79. 太阳帆为什么具有全反射性？

____

80. 航天器具备什么样的速度就可以飞出太阳系？

____

81—87.

塑料问世后，即被人们广泛地应用到了几乎所有的领域。但是，在塑料应用极大地促进工农业生产发展，丰富和改善人们物质文化生活的同时，也带来严重的"白色污染"问题。塑料不会自行"腐烂"，如果塑料薄膜长期存在于田间，不仅妨碍耕作，而且破坏土壤的水肥及微生物平衡，对农作物生长造成不利影响。发达国家对使用后的塑料曾采用过掩埋、焚烧和回收利用等方法进行处理，但都存在这样那样的不足。为此，从 20 世纪 70 年代开始，中外许多科学家为解决"白色污染"问题，纷纷投身于研制"绿色塑料"——可降解塑料。

所谓“绿色塑料”，并不是指绿颜色的塑料，而是指能够自行降解和再利用，不会污染环境的塑料。具体地说，就是指在一定使用期限内具有与普通塑料制品同样的功效，而在完成一定的功效后能迅速自行降解，与自然环境同化的一类聚合物。因为它对保护环境具有重大意义，所以被称为“绿色塑料”。

“绿色塑料”的品种很多，这里只介绍光降解型塑料、天然高分子型塑料、微生物高分子型塑料和转基因型塑料四种。

光降解型塑料是在聚合物中添加少量光敏剂生产出来的塑料。我国科学家从 20 世纪 80 年代就开始了对光降解型塑料的研制。中国科学院上海有机化学研究所和长春应用化学研究所研制的光敏剂及其光降解聚乙烯地膜，早在 1995 年就通过了技术鉴定，并在推广中证明这一技术已经成熟。光降解聚乙烯地膜在光照下，可分解成 4×4 平方厘米的碎片，即使以后不再分解、长期存在于土壤中，也不会给土壤的物理化学性能造成影响，不会破坏土壤养分。

天然高分子型塑料是利用纤维素、木质素等天然物质，用化学方法制成的塑料。比如，日本工业技术研究院利用农作物下脚料，如豆秸等制成的可降解农用地膜就是其中的一种。这种天然高分子塑料地膜具有极好的透明度和伸展性，埋在土中只需数日，即可被微生物分解为二氧化碳和水，不会污染环境。

微生物高分子型塑料是由一种叫真核产碱性细菌先在葡萄糖溶液中生产出生化聚酯，再经进一步加工生产出的生物塑料。德国哥廷根大学的微生物学家通过对一种细菌的特定基因隔离，使植物细胞内部生成聚酯，再利用这种聚酯制成植物型生化塑料。这种塑料在细菌作用下也可分解成水和二氧化碳，不但不污染环境，而且还可作为肥料回馈大自然。

转基因型塑料是由美国密歇根州立大学的教授索姆维尔等人研制的。他们利用生物工程技术，从一种叫作营养佳良产碱杆菌的土壤细菌中分离出生产塑料的基因，然后把这一基因转移到一种遗传结构墒单的油菜籽属植物中，培育出一种适宜种植的名叫多羟丁酸的塑料植物。这种植物的叶、秆、根都能长出多羟丁酸颗粒塑料，用这种颗粒制成的塑料可以完全被降解。受索姆维尔研究的启发，美国密歇根大学的生物学家则干脆将这种塑料基因直接植入土豆和玉米之中，在人工控制下生长出不含有害成分的生物塑料。不久，人们就可以像种庄稼那样大面积种植和收获塑料了。

目前，可降解型塑料大多还处在研究或试产阶段，距大规模推广使用还有一段时间，但科学家卓有成效的研究已经为人们展现出光明的前景。我们坚信，随着研究的加速进展，绿色环保塑料的新时代一定会很快到来。

81. 塑料的广泛应用造成了什么问题？

____

82.“绿色塑料”又叫作什么塑料？

____

83. 在光照下，光降解聚乙烯地膜会发生什么变化？

____

84. 天然高分子型塑料最终可以被分解成什么？

____

85. 除了无污染之外，微生物高分子型塑料还有什么作用？

____

86. 转基因型塑料可通过什么生产出来？

____

87. 画线词语“卓有成效”是什么意思？

____

三、写作

第一部分

第 88 题：请对图表进行描述与分析，写一篇 200 字左右的文章，限时 15 分钟。

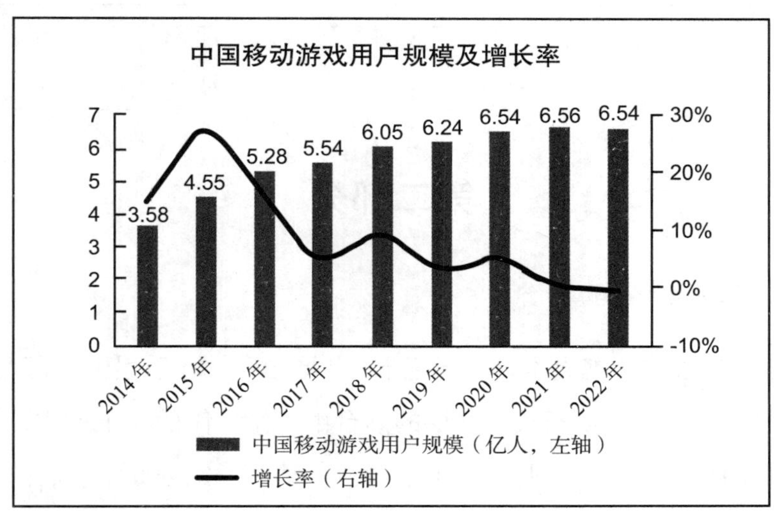

88.

第二部分

第 89 题：话题作文，限时 40 分钟。

89. 老子在《道德经》中说："合抱之木，生于毫末；九层之台，起于累土；千里之行，始于足下。"意思是说合抱的大树由细小的幼苗长成，九层的高台由一筐一筐的泥土堆成，千里远的行程须从脚下开始。你是否赞同从小事出发、坚持不懈的观点？请写一篇 600 字左右的文章，谈谈你对这句话的认识并论证你的观点。

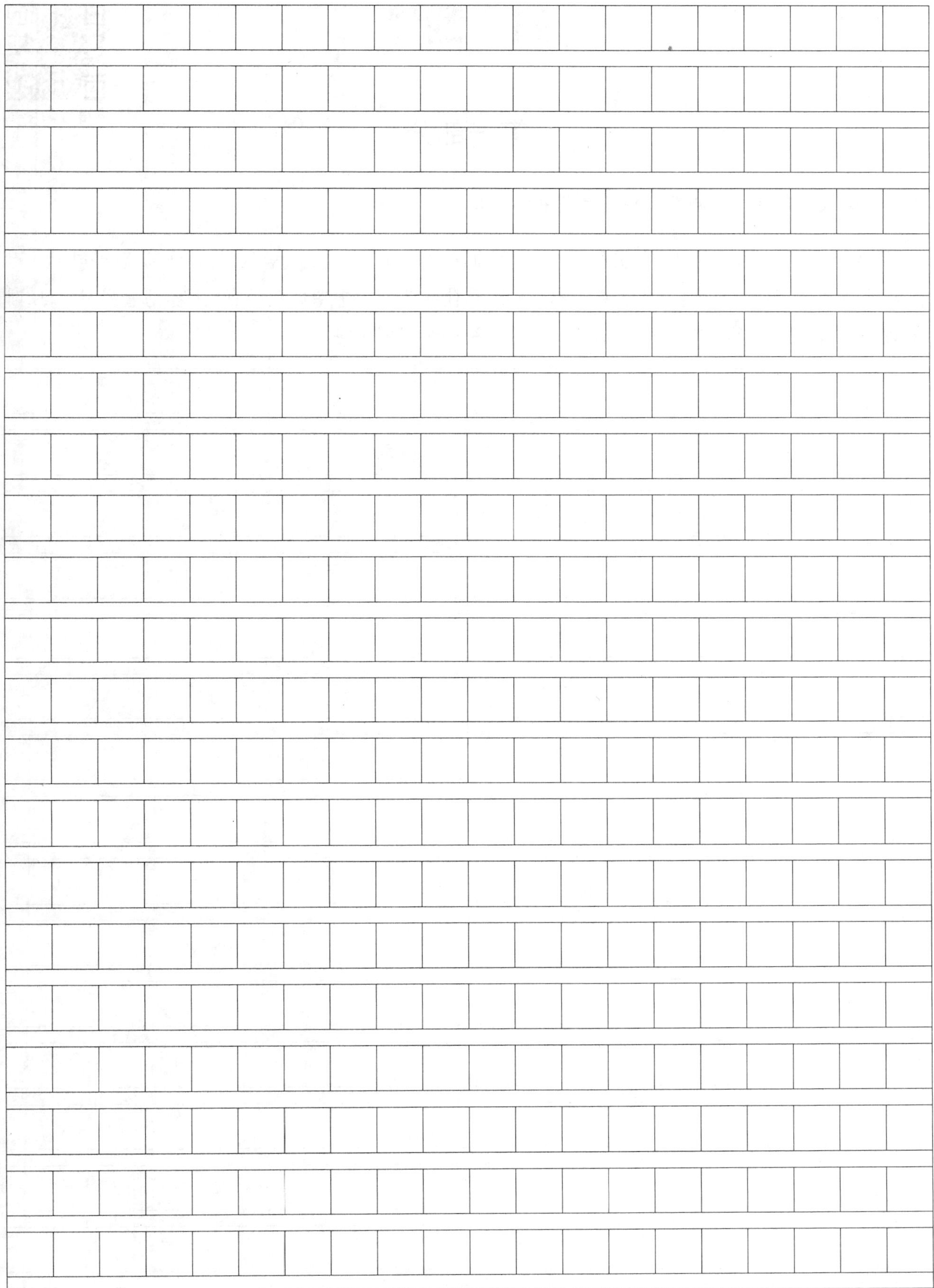

四、翻译

多语种翻译题

第一部分

第 90—91 题：请将下列两篇材料译写成中文，限时 35 分钟。

90. 헬스클럽과 체육관이 도시 곳곳에서 빠르게 증가하고 있다. 사람들은 몸매를 관리하고, 건강을 유지하기 위해 운동을 점점 더 중요하게 생각한다. 특히 현대인들은 일상 생활에서 스트레스 해소와 건강한 삶을 추구하기 위해 꾸준한 운동을 선택한다.

91. 중국은 최근 몇 년 동안 신재생 에너지 자동차 분야에서 빠른 발전을 이루었다. 이러한 발전은 환경 문제와 지속 가능한 발전에 대한 중국 국민들의 관심이 증가함에 따라 이루어졌다.

신재생 에너지 자동차는 도시의 대기 질 개선과 탄소 배출량 감소를 위한 중요한 수단으로 간주된다. 많은 중국 도시에서는 신규 신재생 에너지 차량 구매자에게 장려금과 기타 혜택을 제공하여 신에너지 자동차의 보급을 촉진하고 있다.

또한 중국의 자동차 제조업체들도 전 세계적으로 신재생 에너지 차량의 선두 주자로 나섰다. 그들의 연구 및 개발 능력은 국제 시장에서도 높게 평가받고 있다.

결국, 중국의 신재생 에너지 자동차 산업은 환경 보호와 지속 가능한 발전에 대한 국민들의 의식 변화를 반영하며, 이를 통해 더 나은 미래를 위한 중요한 발걸음을 내딛고 있다.

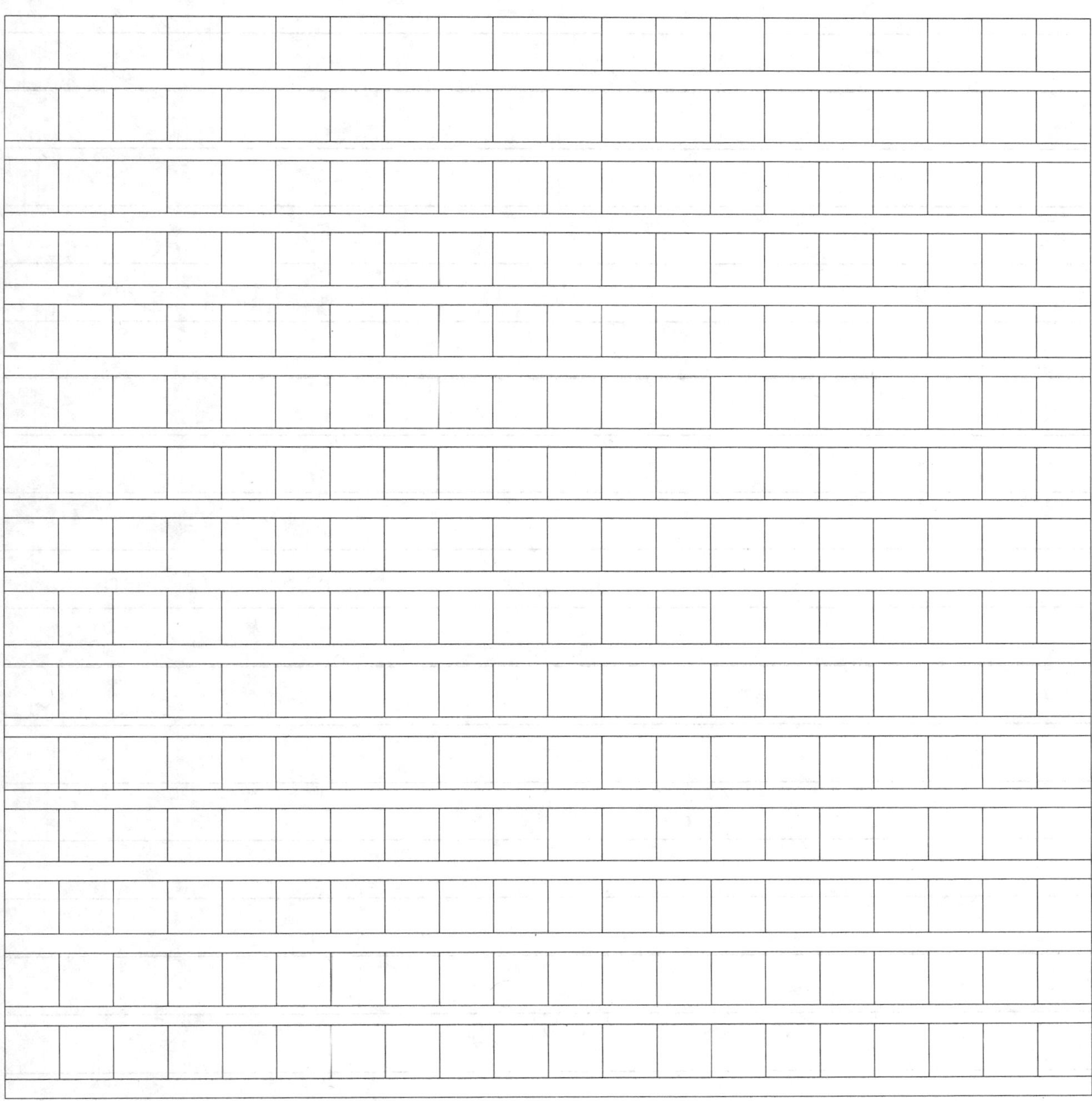

第二部分

第 92—93 题：口译。

92. 바쁜 일상에서, 배달 음식 주문 서비스는 큰 인기를 얻고 있다. 스마트폰 앱을 통해 다양한 음식을 쉽게 주문할 수 있으며, 집이나 사무실로 빠르게 배송받는다. 이 서비스는 편리함과 다양성으로 많은 사람들의 사랑을 받는다.（2 分钟）

草稿区（不计分）

93. 중국은 세계에서 가장 다양한 음식 문화를 자랑한다 . 그 가운데 채식주의는 고대부터 중국 사람들 사이에서 자리 잡아왔다 . 전통적인 중국 음식에서는 다양한 채소 , 버섯 , 두부 등을 활용하여 맛있고 영양가 있는 요리를 만들어왔다 .

최근에는 건강에 대한 관심이 증가함에 따라 , 채식주의는 중국 젊은 세대 사이에서도 인기를 얻고 있다 . 많은 레스토랑과 식당에서는 다양한 채식 메뉴를 제공하여 소비자의 다양한 선택을 충족시킨다 .

뿐만 아니라 , 중국의 길거리 음식 문화에서도 많은 채식 스낵이 인기를 끌고 있다 . 중국의 채식 문화는 현대와 전통 사이에서 지속적으로 발전하고 있다 .

（2 分钟）

草稿区（不计分）

五、口语

第一部分

第 94 题：应用读说。

主题：关于 2023 年度公司年会安排的通知

各部门：

随着春节的临近，我们即将迎来充满希望的 2024 年。为总结 2023 年的成就，展望未来的发展，共同绘制新的宏伟蓝图，公司决定于 2024 年 2 月初举办 2023 年度公司年会。现将具体安排及要求通知如下：

一、年会时间

日期：2024 年 2 月 2 日（星期五）

二、年会地点

年会的具体地点将后续通知，请大家保持关注。

三、乘车安排

乘车时间：2024 年 2 月 2 日 13:30

集合地点：香格里拉大酒店 3 楼宴会厅

车辆安排：公司将为杭州地区的员工统一安排大巴车接送。请各部门于 2024 年 1 月 25 日前完成乘车人员统计，并将信息提交至行政中心。

四、年会议程

年会包括总结表彰大会和迎春晚宴两部分。

五、会议纪律

1. 着装要求

（1）表彰大会环节：参会人员需穿着现行工作服，男士着西服、戴领带；女士着西服。

（2）晚宴环节：可自由选择着装。

2. 准时参会

（1）请所有参会人员于 2024 年 2 月 2 日 16:00 前到达会议现场。16:00—16:30 为会议签到时间。

（2）会议结束后，请有序进入晚宴现场。17:30—18:00 为晚宴签到时间，签到后请至指定位置入座。

六、其他要求

1. 节目选报

各部门需准备 2 个节目，请有序组织排练，并跟进节目进展。

2. 用餐要求

（1）迎春晚宴定于 18:00 开始，请参会人员于 18:00 前到指定桌次入座，不得随意更换用餐桌次。

（2）每桌设桌长一名，负责维护本桌秩序，并协助组织晚宴活动。

特此通知。

总裁办公室

2023 年 11 月 10 日

94. 你作为部门经理：

（1）向大家说明活动通知和注意事项。

（2）说一些激励的话。

第二部分

第 95—97 题：听材料回答问题。

95.（30 秒）

草稿区（不计分）

96.（30 秒）

草稿区（不计分）

97.（2 分钟）

草稿区（不计分）

第三部分

第 98 题：观点表达。

98.（3 分钟）

草稿区（不计分）

听力材料和口试材料

全真模拟题 1

听力材料

大家好！欢迎参加HSK（七—九级）考试。

大家好！欢迎参加HSK（七—九级）考试。

大家好！欢迎参加HSK（七—九级）考试。

HSK（七—九级）听力考试分三部分，共 40 题。每题听一遍。请大家注意，听力考试现在开始。

第一部分

第1—10题：请根据听到的内容，判断下列句子是否符合原文。符合原文的请画"√"，不符合的请画"×"。

现在开始第1到5题：

有一条南北走向的山谷，它的西坡长满松、柏、柘、女贞等杂树，而东坡却只有雪松。这一奇异的景观始终是个谜，谁也不知道谜底是什么。

1983年的冬天，大雪纷飞，有两个旅行者来到了这个山谷。他们支起帐篷，望着漫天飞舞的大雪，惊奇地发现，由于特殊的风向，山谷东坡的雪总比西坡的雪来得大，不一会儿满枝的雪松上就积了厚厚的一层雪。当雪积到一定程度时，雪松那富有弹性的枝丫就开始向下弯曲，于是积雪便从枝丫上滑落，待压力减轻，刚弯下去的树枝又立即反弹回来，雪松依旧保持着苍翠挺拔的身姿。就这样，雪反复地下，雪松反复地弯；雪反复地落，雪松反复地弹……不论雪下得多大，雪松始终完好无损。

谜底终于被揭开了：东坡雪大，因为其他的树没有雪松这个本领，树枝都被积雪压断了，渐渐地丧失了生机；西坡雪小，树上少量的积雪根本就压不断树枝，所以松、柏、柘、女贞之类的树种，都存活了下来。

帐篷中的旅行者为自己的这一发现感到高兴。一位说："我得到了一个启示，对于外界的压力，可以通过正面抗争去战胜它。但有时也需要像雪松那样先弯曲一下，做出适当的让步，以求反弹的机会。"

请判断第1到5题。

现在开始第6到10题：

在中国传统观念里，燕窝被认为是滋补圣品。对燕窝的科学分析表明，燕窝的蛋白质含量约为50%，碳水化合物含量约为30%，其余为水分和矿物质等。燕窝的蛋白质含量看上去不低，却敌不过常见的豆腐皮。从营养学角度看，同等质量燕窝所含有的蛋白质，甚至比不上一枚鸡蛋。

有人会说，许多明星都说护肤养颜的秘诀是吃燕窝。但是，影视、广告中的明星们，他们肌肤所呈现的状态多是靠化妆和影视后期加工，而非依赖吃燕窝之类的食品。常吃燕窝的人之所以成为燕窝的拥趸，不外乎以下原因：燕窝价格并不便宜，能消费得起燕窝的人，必然用得起各类护肤品和化妆品，面对阳光暴晒的概率也会更低。要知道，阳光中的紫外线是导致皮肤老化的主要原因之一。更重要的是，由心理上的认同感带来的“安慰剂效应”，让吃燕窝的人“坚信”自己皮肤光洁有弹性，这才是燕窝真正的功效。

燕窝的售卖者还会提供繁复多样的信息，如燕窝的分类和鉴别方法、燕窝的熬炖方法等，这一切都为燕窝增添了神秘色彩，像是一门博大精深的学问。这样的“知识体系”让吃燕窝的人笃信自己的选择和研究，并加重对燕窝的迷信和膜拜。

请判断第6到10题。

第二部分

第11—22题：请选出或填上正确答案。

现在开始第11到16题：

女：各位观众好，欢迎来到未来大讲堂，今天我们邀请到的是京东商城的创始人兼总裁刘强东。刘总您好，您之前说“价格战就算再打80年，京东也一定会打下去”，您为什么会这样说？

男：这涉及我们的商业理念。很多公司认为，想赚更多的钱，就要打造属于自己的品牌，同样的东西，加上自己的品牌，就能卖得更贵，这样就能不断提升毛利率。这就是把品牌所有者和零售平台混为一谈了。品牌所有者追求的是品牌溢价；而做一个零售平台，就应该服务比别人好，价格还要比别人便宜，但服务比别人好绝对不能成为涨价的理由。我们的商业逻辑不是要靠涨价、提高毛利率获利，而是要通过降低成本获利。

女：那京东商城是如何做到降低成本的呢？

男：电子商务成本的比拼主要是物流成本的比拼。电子商务的成本主要包括人力成本、房租成本、物流成本、市场费用、研发成本。这些成本中，其他都有平均的市场价格，只有物流成本是唯一可以降的，而且降下来也不会影响公司的健康度。这个成本，我们降到行业的32%到40%之间，大概一个包裹的成本在6.7到8元之间。现在京东每天至少处理4万个包裹，一个包裹的价格降低几块钱，这个数字就相当可观了。

女：今天大家已经看到了投资物流的价值。在当初您决定要创建物流系统的时候，同行们都不看好。是什么理由让您决定坚持要做物流系统的呢？

男：物流并不是非常低级、简单的体力劳动，它的知识性、技术性非常强，时间门槛很高。大家都说顺丰快递的服务很好，顺丰现在14万名员工。如果给你一千亿，你能在一年时间内打造一个顺丰吗？绝对不可能。因为要招聘这14万名员工，对他们进行培训，保证最好的服务体验，一年时间谁也做不到。所以做物流最大的门槛不是资金的门槛，而是时间的门槛。

女：能否请您说说，完善的物流系统还给京东带来了哪些好处？

男：它让我们提高了运转效率。现在国内的零售企业和其他电子商务平台平均的库存周转率大约在40到60天之间。去年一年，京东在全国新开了12个仓储物流中心，扩展了80多个城市的物流网络。我们的库存，包括所有品牌商品在内，运转周期缩短至大约30天。而电子产品的平均周转期更是缩短至15到18天。和传统的零售企业及其他电子商务平台相比，我们的库存周转率大约提升了一倍多。这意味着我可以在缩短30天账期的情况下，与供货商协商维持相同的价格。

11. 品牌的所有者追求的是什么？

12. 京东商城是通过什么方法盈利的？

13. 京东商城降低了哪方面的成本？

14. 最初京东决定创建物流系统时，同行们怎么认为？

15. 做物流系统的难点是什么？

16. 京东电子产品的平均周转率大约是多长时间？

现在开始第17到22题：

女：大家好，今天我们有幸请到了舞台诗剧《只此青绿》的服装总设计师阳东霖。今年很多人都在评价《只此青绿》的服装太美了，在你看来，服装背后究竟是什么打动了这些观众？

男：我觉得这样的轰动背后折射出两点，第一点是戏剧艺术的魅力在慢慢地走近大众。以前，真正能花钱走进剧场的年轻观众很少。但近些年来，20—30岁之间的观众占了60%。这是一个长达十多年的市场培养，十年前在上大学的这个群体接触到了一些舞台戏剧艺术，十年后他们有了消费能力，开始愿意为戏剧买单，这是戏剧的普及。第二是年轻人对于中国传统文化认同越来越深。很多国风品牌受到年轻人的追捧，像汉服市场的持续火爆等。这样的产业发展折射出来的是国民对传统文化的认知达到了一个空前的高度。那么《只此青绿》结合了戏剧艺术，结合了中国传统文化，我觉得这是它成功的前提。

女：我看到你有说过，为了《只此青绿》的创作，你带着团队去了好几次故宫博物院，原因是什么？

男：在做影视剧时需要相对传统一些，服饰要尽量精确地再现历史，不能去误导观众。但舞台戏剧的魅力在于它能够给人一个很大的想象、思考空间。更多舞台艺术的题材，讲故事的同时也在抒情。就比如青绿舞段，它未必一定是宋代的某一个人，但它代表的是我对宋代的一个感受，我对于宋代《千里江山图》这幅画的一种感受。

女：《只此青绿》中运用到了多种“绿”，包括石青与石绿制造了层峦叠嶂的视觉效果，几乎达到了《千里江山图》画中的颜色，这些绿色经历了哪些选取过程？

男：颜色的提取，我们用的就是石青和石绿，它是中国青绿山水画惯用的两种颜料，但因为石青、石绿也分头青、一青、二青，不同的颜色，所以我们在染色的时候很难把握。它不像翠绿或朱砂红，颜色很好控制，石青、石绿这样的颜色，你会发现蓝里面又泛绿，绿里面又透青，是有层次的。也许你在舞台上看到的就是两个色块，但通过镜头就呈现出了色彩的变化，它是立体的。通过面料配合，你会发现镜头特写时，面料本身就像丘壑一样，有各种各样的褶皱。这样的褶皱透过人眼时，就可以看到不同颜色的呈现。这是在经验上不断尝试的结果，光是面料我们就试了数十种，选取了各种各样的面料去染颜色。因为同样的颜色，不同的面料染出来，它的感受是完全不一样的，着色度有多少，面料克数是多少，含棉量有多少，能上多饱满的颜色，都需要去琢磨和研究。

17. 近些年观看戏剧演出的观众，哪个年龄段的比例最高？

18. 《只此青绿》服装获得成功基于哪两个原因？

19. 做影视剧的服装有什么要求？

20. 设计师带团队去博物馆参观时更注重哪个方面？

21. 服饰中绿色的选取难度在于什么？

22. 服饰中绿色的立体呈现还需要什么的配合？

第三部分

第23—40题：请选出或填上正确答案。

现在开始第23到28题：

如果你去北京吃糕点，当地人常会推荐三禾稻香村（下文简称“稻香村”），鲜花玫瑰饼、自来红、自来白、萨其马……稻香村是京式美食的代表。作为有着一百多年历史的糕点老字号，稻香村如今已成为中国最大的传统糕点食品企业。

稻香村经营的是南方糕点，过去北京人把这样的店称为南货店。稻香村最初坐落在前门外观音寺，也就是现在的大栅栏西街东口北侧，掌柜的是江苏南京人郭玉生，他率领几个伙计，租了几间门脸房，经过一番整修和准备，挂出了“稻香村”的招牌。开张之日就门庭若市，给吃惯了北方风味食品的北京人带来了更加精细的南点。

民国时期，作家鲁迅、冰心，京剧名角谭富英等常到北京稻香村购物。一次，冰心来到店里，买了一些熟食和南点，店伙计包好算账时，冰心才发现身上没有带钱。伙计跑上二楼请出了掌柜的。老掌柜一见是熟人，满脸笑意，忙说："东西您先拿去吃，下次来，一块儿算就行了!"多年之后，冰心老人回忆起此事，对稻香村诚信的生意经仍赞不绝口。

北京稻香村能取得今天惊人的发展速度，并不是只靠过去"老字号"的积累坐吃山空，而是与时俱进，持续不断地创新。北京稻香村有自己的研发部，以前是研发什么，生产销售什么，但是现在整个顺序完全倒过来了，要看消费者需要什么，只要顾客有需要，他们就愿意恢复和创新。从流行的肉松饼到燕麦巧克力，北京稻香村始终跟随着顾客的需求对产品加以研发、创新。

现在，北京稻香村连锁店门前，每天都有众多等待美食的顾客排队，这已成为北京商业区中的一道热闹的风景。

23. 稻香村的糕点属于什么风格？

24. "开张之日就门庭若市"指的是什么？

25. 冰心去稻香村购物时遇到了什么问题？

26. 说话人举冰心购物的例子，是为了说明什么？

27. 北京稻香村为什么再一次得到了快速发展？

28. 稻香村研发部的核心理念是什么？

现在开始第29到34题：

时下，"平台"一词成了人们书面用语中的热词，日渐流行开来。"信息平台""交易平台""技术平台""政务平台"等举不胜举。

其实，"平台"一词并非新造词，古已有之。唐李白诗《梁园吟》："天长水阔厌远涉，访古始及平台间。"杜甫诗《玉台观》之二："浩劫因王造，平台访古游。"这里的"平台"指的是供休息、眺望等用的露天台榭。这种用法现今也有，如"记者现场看到，经过修复，绿荫中的苏州河亲水平台重新焕发出了风采"。但这并非本文要说明的时下流行的"平台"。

时下流行的"平台"是什么意思呢？

20世纪90年代，电脑与人们工作生活的联系越来越密切。许多电脑中的专业术语在人们的日常用语中也频频出现，如"菜单""互联网""点击"等。"平台"原先也是电脑中的专业术语，如"系统平台"，意思是电脑里为应用软件提供基础、让软件运行的系统环境。由于电脑的普及与广泛运用，普普通通的"平台"摇身一变成为人们热衷的新词，一个与高新信息技术相关的时髦词语，例如，"构筑这一数字化的多彩生活平台，需要一种强有力的介质来实现和高科技生活接入的方式，那就是网络接入和支持平台。"

如今，"平台"的运用范围日益宽泛，扩展到电脑领域以外的许多行业。同时它的意义也从"电脑操作系统"扩大到"一切虚拟的为某项工作提供支持的系统或层面"。比如，在物流业，"上海构建国际物流运输平台"；在科技界，"西门子运用新技术平台为手机用户开发了多种无线服务"；在工商界，"共建企业电子商务智能平台"；在卫生、教育界，"国内外中医药共建平台”“为孩子们提供学习平台”。电脑的普及促使“平台”在许多领域中流行。由于它简洁又形象，渐渐成了书面语中的热词。

29.“平台”在古代是用来做什么的？

30. 平台作为电脑专业术语最开始指的是什么？

31. 为什么“平台”变成了时下的热词？

32. 在当今时代，“平台”的词义指的是什么？

33.“平台”这个词的特点是什么？

34. 这篇文章主要谈的是什么？

现在开始第35到40题：

关于宣纸的起源，民间一直流传着一个传说。东汉时期，发明造纸技术的蔡伦离世后，其弟子孔丹在皖南以造纸为业。他很想造出世上最好的纸，为师傅画像修谱，以表怀念之情，但年复一年难以如愿。一天，孔丹遇见一棵老的青檀树倒在溪边，由于终年日晒水洗，树皮已腐烂变白，露出一缕缕细长洁净的纤维。于是，孔丹把树皮取下来用于造纸，经过反复试验，终于造出一种质地绝妙的纸来，这便是后来有名的宣纸。宣纸中有一种名叫“四尺丹”的名贵品种，一直流传至今，就是为了纪念孔丹。

宣纸具有很强的弹性和韧性。将生宣揉成一团之后还可以展平，经过熨烫，依旧可以恢复原貌。如书法工艺中的拓片，当薄薄的宣纸贴在凹凸不平的碑文、器皿的表面时，任凭反复敲打，宣纸依然能够保持伸缩自如、裂而不断的完美状态。

到商店里购买宣纸时，把水滴在宣纸上，落在纸面上的水滴逐渐向四周扩散的就是生宣，而水滴落在纸面上没有立即扩散或不再扩散开的是熟宣，这是检验生宣与熟宣的简单方法。生宣具有较强的湿染性，使得书写时困难加大。因此，它可以锻炼书写者的耐心。

生宣除具备湿染性的特性之外，还具备较强的吸墨性。这种吸墨性与其内在的构造以及所用墨液有着不可分割的关系，这种极其细小的“墨颗粒”与宣纸内部纤维“管道结构”完美融合后留下了墨迹。

待墨迹晾干后，把晾干字迹后的生宣纸泡在清水里，即使泡上半天，着墨的生宣纸也不会发生跑墨现象，即墨汁不会因为水的浸泡而发生墨汁化开的问题，这种现象体现了宣纸的胶着性。即使用干燥的写过字的生宣纸擦湿手，手上通常也不会沾上墨迹。宣纸可谓“水走墨留”“寿纸千年”，至今人们依旧用宣纸作为书写和书画创作的专用纸。

35. 关于宣纸的起源，下面哪项正确？

36. 孔丹使用了什么作为宣纸的材料？

37. 拓印主要利用了宣纸的什么性能？

38. 生宣可以锻炼书写者的什么品质？

39. 宣纸成为书画创作的专用纸是由于什么原因？

40. 这篇文章主要谈的是什么？

听力考试现在结束。

口试材料

大家好，欢迎大家参加HSK（七—九级）口试。HSK（七—九级）口试，该口试包含口译和口语两部分，共7题。请大家注意，所有题目作答都要在听到“滴”声后开始。好，考试现在开始。

第92—93题是口译。请阅读试卷上的材料，并口头翻译成中文。每个材料你有1分钟的阅读时间，2分钟的口译时间。现在开始阅读第92题。

阅读时间结束，请在“滴”声后开始翻译第92题。

现在开始阅读第93题。

阅读时间结束，请在“滴”声后开始翻译第93题。

口译部分结束。

现在开始口语考试。

第94题，请阅读试卷上的材料，并根据要求作答。你有3分钟的准备时间，3分钟的作答时间。现在开始准备第94题。

准备时间结束，请在“滴”声后作答第94题。

第94题结束。

现在开始第95—97题。请听一段材料，材料听完后有三个问题，请在“滴”声后回答问题，现在请听材料。

大家下午好，欢迎大家来参加今天的培训。

首先，我来给大家讲一个故事。有一天，某公司的几位员工陪着他们的客户在丽江旅游。正当他们玩得高兴的时候，突然下起大雨来。眼看大家的衣服就要被淋湿，这时让人感动的场面出现了：这个公司的员工们纷纷脱下自己的西服，用手撑开，围成人伞，使他们的客户免受雨淋。

这个公司的员工迅速而默契地配合，是公司文化和精神的具体体现，他们的团队精神让人佩服。相信这就是该公司能够一直在行业中处于领先地位的原因。我们要跟同事、领导形成相互信任的关系，在工作过程中，大家要多沟通交流、互相帮助，完成我们共同的目标。

在团队中，大家既是对手又是伙伴，我们要避免恶性竞争，积极进行良性竞争。通过努力，我们可以创建一个积极互动的环境，实现个人和团队的双赢。谁能最终享受到胜利成果？是能始终跟着团队一起成长的人，对团队的前景始终看好的人，为了团队新的目标不断学习新东西的人。希望我们大家都能做这样的人。

95. 某公司的员工为了避免客人淋湿做了什么？

96. 为什么这个公司一直在行业中处于领先地位？

97. 你同意"在团队中，大家既是对手又是伙伴"这个观点吗？请谈谈你的理由。

第95—97题结束。

现在开始第98题。请听一段材料，材料听完后有一个问题。你有3分钟的准备时间，3分钟的回答时间。现在请听材料。

孟子是中国战国时期著名的思想家、政治家、教育家，也是孔子学说的继承者，儒家学派的重要代表人物。据说，孟子三岁丧父，孟母艰辛地将他抚养成人。他在《孟子》一书中说："故天将降大任于是人也，必先苦其心志，劳其筋骨，饿其体肤，空乏其身。"大意是说，上天要把重任降临在某个人身上，一定先要使他心意苦恼，筋骨劳累，忍饥挨饿，身体空虚乏力。这句话指出了磨难对个人成长的重要作用。

98.请结合听到的内容，谈谈你对"故天将降大任于是人也，必先苦其心志，劳其筋骨，饿其体肤，空乏其身"的认识。现在请开始准备第98题。

准备时间结束，请在"滴"声后开始回答。

好，考试现在结束。

全真模拟题 2

听力材料

大家好！欢迎参加HSK（七—九级）考试。

大家好！欢迎参加HSK（七—九级）考试。

大家好！欢迎参加HSK（七—九级）考试。

HSK（七—九级）听力考试分三部分，共 40 题。每题听一遍。请大家注意，听力考试现在开始。

第一部分

第1—10题：请根据听到的内容，判断下列句子是否符合原文。符合原文的请画“√”，不符合的请画“×”。

现在开始第1到5题：

清朝末年，上海有一家梨膏店，生意做得很大，店门口挂着“天知道”三个大字的牌匾。“天知道”梨膏店的兴起，竟与对面的水果店有着不解之缘。

光绪八年，水果店从山东运到上海五十箱梨。因为路途遥远，梨子经过颠簸，又淋了雨，运到上海就开始腐烂。对门有个小店，里面住着夫妻二人，他们正愁没有食物吃，见水果店扔掉了许多烂梨，就拾来削去皮，挖掉腐烂的地方后发现梨肉依然甜美。他们就把梨切成小块儿，以一个铜钱五块的价格出售，生意很是兴隆。后来，夫妻俩就专门到水果店购买烂梨。买得多了，这对夫妻就将梨削好放进大缸用糖腌起来，这样更好吃，一上市卖得更火了。后来夫妻俩到处买烂梨，削去皮放进锅里熬成梨汁，制成膏糖。春天没有梨吃，人们都想吃梨膏糖，一下子竟成了南方的名产。

第二年，一位朝廷的钦差大臣巡视上海，将梨膏糖带到北京献给慈禧太后。当时慈禧正患咳嗽，吃后觉得味道极佳，便传旨命夫妻俩进贡梨膏糖。从此，夫妻二人生意越做越大，正式开了梨膏店。

后来水果店老板知道了梨膏糖的秘密，他气不过，就在夜里找了一张纸，上书“天知道”三个字，贴在了梨膏店的大门上。第二天，这夫妻俩看到这三个字，男老板大笑起来，说：“我正想为我们的梨膏糖起个响亮的名号，既然连皇上和皇太后都吃过，叫‘天知道’正合适。我就用这三个字当招牌！”后来，水果店老板又在梨膏店墙上画了一只乌龟，还写了“不知羞耻”四个字。夫妻俩看到以后，男老板却说："我们就以乌龟为商标。梨膏糖能止咳、延年益寿，乌龟也是长寿的象征。"从此，这个商标就成了上海的驰名商标。

请判断第1到5题。

现在开始第6到10题：

王羲之，晋朝人，是中国历史上著名的书法家之一。他曾经做过右军将军，因此后人又尊称他为王右军。王羲之博采众长，自成一家，书法风格独树一帜，被后人誉为"书圣"。

王羲之的书法造诣，虽与他的天赋有关系，但更重要的还是他刻苦练习。他为了把字练好，无论休息还是走路，他心里总是想着字体的结构，揣摩着字的骨架和气韵，甚至不停地用手指在衣襟上书写，久而久之，连身上的衣服都磨破了。他曾经在池塘边练字，每次写完，就在池塘里洗涤笔砚，时间一久，整个池塘的水都被染成了墨色。由此可知，他在练习书法上所下功夫之深了。

王羲之从小就喜欢看鹅，时常逗鹅玩耍。成年以后，更喜欢养鹅。他觉得大白鹅浑身羽毛洁白，一尘不染，鹅掌鲜红，在绿水中轻快划动，好像一只小船，十分可爱。所以，他就在院子里专门修建了两个水池子，一个用来刷洗笔砚，一个用来养鹅。王羲之几乎每天都在池边摆上书案，研墨练字或看书，当他写累了，手指酸疼了，就放下笔，走到鹅池边去看鹅，观察鹅的各种动作。经过一两年的观察和研究，他编制了一套以鹅掌划水动作为主，融合大鹅行走、亮翅、觅食等独特姿态的"鹅掌操"。王羲之运用这套"鹅掌操"活动身躯四肢，既增强了体力，又促进了习练书法的功力，使自己的晚年生活更加健康充实。

请判断第6到10题。

第二部分

第11—22题：请选出或填上正确答案。

现在开始第11到16题：

女：各位听众好，夏日炎炎，但仍有很多市民坚持体育锻炼。家住朝阳区的邵女士告诉记者，抱着"夏天出汗量大，健身可以更快速减脂"的想法坚持跑步。然而，上周傍晚跑步时，她出现了想呕吐、目眩等症状，甚至一度晕厥，幸好在同事的帮助下，通过冷敷才逐渐缓解。韩老师，对这种锻炼理念，您怎么看呢？

男：在高温天气下进行体育运动，确实容易产生各种意外损伤和病症。做好防护措施，控制好运动量，及时补充水分，做到科学健身才能有效规避运动伤害。

女：具体来说，高温情况下运动容易引发哪些病症呢？

男：最常见的是中暑。在高温环境下，身体如果无法有效散热，可能导致体温升高过快，出现头痛、恶心、呕吐和意识暂时丧失等症状。比中暑更严重的是热痉挛和热射病。热痉挛是指因高强度运动或体力耗尽而引起的肌肉痛性痉挛。而热射病则是一种严重的急症，表现为高热和意识障碍，严重时甚至可能造成死亡。此外，高温下运动对循环系统、消化系统、泌尿系统都会造成一定影响。例如，大量出汗和氯化物的丧失可能导致胃液酸度降低，引发消化不良。高温下运动还可能使小肠的运动减慢，引发其他胃肠道疾病。

女：很多健身爱好者更倾向于选择在室内使用各类健身器材进行锻炼，这样能避免您说的这些情况发生？

男：室外温度较高，人们运动时更警惕身体发生的变化，但在室内运动时往往容易忽视。室内健身要注意温度和湿度，一般建议将空调温度设置在22—24摄氏度之间，并保持适当湿度，以提供一个舒适的运动环境。如果室内温度过低，运动结束突然进入室外高温环境，可能会引发感冒、痢疾等疾病。在没有空调的室内，应确保室内有良好的空气流通，可以通过开窗或使用风扇来增加空气流动。

女：面对高温天气和体育锻炼之间的矛盾，我们是否有更科学合理的健身方法和指导，既能达到健身效果，又能有效规避高温所带来的运动风险呢？

男：是的，需要特别注意以下几个方面：在运动过程中要定期休息，适当调整运动强度，避免过度劳累；应选择透气性好、吸汗快干的运动服装和鞋袜，以便身体能够更好地散热和排汗；高温天气下运动要充分补水，尤其是补充盐分和电解质；运动后应避免立即大量饮用冰饮料或洗凉水澡等。

11. 邵女士采用了哪种方法来缓解她的症状？
12. 高温天气下如何才能有效避免运动伤害？
13. 高温下运动可能会引发的最严重的病症是什么？
14. 室内运动时，我们要特别注意哪些事项？
15. 这段对话主要谈及了哪两方面的矛盾？
16. 为了使身体更好地散热和排汗，我们可以做什么？

现在开始第17到22题：

女：大家好，今天我们的嘉宾是海派画家汪家芳，近些年，汪老师一直在探索用中国画独特的视觉形式，为上海创作时代的“大画”，开拓中国画城市表达的新境界。汪老师，您能先给我们介绍一下什么是“大画”吗？

男：真正的“大画”并不是指纸张的大小，而是要有内容，有故事，讲述一个时代的故事或历史故事。它能够通过画面清晰地讲述一个问题，传达一个思想。这就是我心中的“大画”。

女：据说您的“大画”创作始于2018年，您受到委托为中国首届进口博览会接待外宾时的大厅创作一幅背景画。

男：是的，我希望通过这幅画，让观赏者感受到上海的城市韵味和城市精神。因此，我选择了上海最有烟火气的，最贴近市民的地方——石库门。这幅画名为《上海》，是以石库门为主线，远景是繁华的陆家嘴金融中心，展现了上海的城市发展历程。上海标志性的梧桐树，被秋天的金黄渲染，映衬出这里是上海的时代强音。

女：您的画可以称为时代“大画”，之所以精彩，是因为根基于脚下厚厚的泥土，心间深深的情感。您将对上海最深沉的爱付诸笔端，浸没在诗情画意之中，用与时俱进的精品力作，不断开拓艺术的新境界。作为一名海派画家，您的作品继承着海派艺术的风范，吸纳了民间艺术样式，借鉴了西洋画技，追求雅俗共赏，又具有新海派艺术的气象。您后来又画了《浦东》？

男：这是我为庆祝浦东开发开放30周年创作的一幅画作，宽9米，高4.5米。展现浦东的一个难题是如何用中国画来表现现代化的高楼大厦，这在传统作品中无从借鉴，于是我吸收了西方油画的表现手法，希望在形式上实现传统技法与现代艺术形式的融合。除了绘画，我也会把海派的理念应用于陶瓷艺术创作上。

女：这些画作从类型上看都属于中国山水画？

男：是的，我自幼喜爱绘画，并在华东师范大学艺术系本硕连读七年，其间跟随画家苏春生老师专攻中国山水画。在山水画的世界里，我不断探寻其精神内涵。我尊重古人对山水的敬畏，尤其敬仰徐霞客，他用一生时间游历名山大川，留下对后世影响深远的《徐霞客游记》。艺术之路同样需要积累与游历，所以我用10年时间重走徐霞客的足迹，创作了百幅画作，记录沿途的大好河山，思考山水之中的时代精神。

17. “海派”一词可能是根据什么来命名的？

18. 汪家芳认为“大画”最核心的要素是什么？

19. 汪家芳希望通过《上海》这幅画来传达上海哪方面的特征？

20. 汪家芳怎样解决了《浦东》创作中的难题？

21. 徐霞客给了汪家芳什么启示？

22. 关于汪家芳，下面哪种说法是正确的？

第三部分

第23—40题：请选出或填上正确答案。

现在开始第23到28题：

唾液可以传递人类最珍贵的信息，从唾液中几乎可以安全地识别一个人的基因序列。唾液为孕产妇和婴幼儿的健康检查提供了非常有效的信息。从孕妇唾液中可以发现警示早产迹象的激素异常。唾液还可以告诉年轻夫妇他们的宝宝为何大哭不止。

唾液是消化系统不可或缺的帮手，它是食物消化的催化剂。唾液中的淀粉酶能将食物中的少量淀粉分解成麦芽糖，淀粉类食物在口中咀嚼次数越多，我们就会觉得越香甜就是这个原因。

唾液能够帮助身体抵抗细菌的侵犯。唾液中含有大量的蛋白质，这种蛋白质对保持口腔组织的健康至关重要。但经常吸烟饮酒的人唾液中蛋白质的含量会降低。当烟雾与唾液接触后，唾液便会发生变化，降低其抵抗香烟中毒素的能力。几年前，科学家进行的一项研究发现，癌细胞在与唾液和烟雾的混合物接触后，污染后的唾液可能成为癌细胞生长的温床。

随着研究的深入，唾液在人类疾病的检测、预防和治疗中的作用变得更加重要。人们关注的不仅是唾液中可能发现的癌细胞，还有唾液的快速检测能力——仅仅20分钟，即可判断一个人是否患有糖尿病。这种检测设备一旦投入使用，相关疾病的预防工作就将变得更加简单。因为它可以让医生在很短的时间内就掌握患者的信息。

研究证明，唾液是你宝贵的信息库，是反映你健康状况的一扇窗。随着研究的深入，它会带给我们更多的惊喜。

23. 孕妇的唾液可以警示什么情况？
24. 文章中所指的“消化系统不可或缺的帮手”是什么？
25. 唾液能帮助身体抵抗什么的侵害？
26. 唾液中蛋白质含量低，可能的原因是什么？
27. 文章提到的“检测设备”的优点是什么？
28. 下列哪项最适合作为文章的标题？

现在开始第29到34题：

让我们来看看水果与果汁有什么区别。

水果的主要成分是水，其次含量较多的是糖和膳食纤维，还有一些矿物质、维生素和多酚。通常，水果中的多酚和多酚氧化酶是不会碰面的，但在榨汁时，细胞破裂，它们就会“狭路相逢”了。也就是说，把水果榨成汁，大家看重的抗氧化剂会有相当大的损失。

水果中的膳食纤维往往是不溶的，口感不好，榨汁后也就被去除了。但水果中的矿物质大多跟纤维成分在一起，于是它们也就跟着果汁残渣一起被丢弃了。

损失了膳食纤维、矿物质和维生素，主要留下了糖——相当于糖被浓缩了。好喝的果汁，糖含量往往在10%以上——虽然这是“纯天然的糖”，但还是会影响健康。

比较好的做法是不给婴儿喝果汁。6个月之后，开始给婴儿添加辅食，不过孩子的主要营养还是来自母乳或者配方奶。这个阶段，让孩子尝试新食物对将来接受多样化食物至关重要。然而果汁的引入只会强化婴儿对糖的偏好，从而影响对其他健康食物的接受。周岁之后，孩子可以像大人一样从常规饮食中获得各种营养，此时果汁作为一种饮料，既无毒也无害，但其营养缺陷主要是高糖，其他营养成分相对较少。因此，我们建议限制孩子喝果汁的量。

关键不在于“是否喝果汁”，而在于“喝什么”更有益于健康。人体每天需要一定量的水，果汁也是补充水分的一种方式。但是否选择喝果汁，主要取决于你的“替代品”是什么。例如，如果不喝果汁而改喝纯水或者牛奶，就是相当健康的选择；如果不喝果汁，而改喝市场上的其他饮料，如碳酸饮料、乳酸菌饮料、椰子汁等，这些饮料商业概念炒作很厉害，实际上未必有益健康，可能比喝果汁还要糟糕。

29. 文章中提到“狭路相逢”的是哪两种成分？

30. 水果榨汁后会发生什么变化？

31. 喝果汁对婴儿有什么影响？

32. 周岁之后的孩子可以从哪里获取营养？

33. 是否喝果汁取决于什么？

34. 这篇文章主要谈了什么内容？

现在开始第35到40题：

在飞机航行中，飞行员能睡觉吗？答案是能。

起飞与降落两个阶段，是飞行员最忙的时候。以起飞阶段来说，飞机可能因为爬升太快而导致速度降低，也可能因为爬升角度过小导致爬升太慢，这不仅影响航程，还会给地面造成很大噪声。在这一阶段，机长需要让飞机保持最有利的速度，副驾驶则监控各种仪表数据，并对飞机状态进行调整。

等飞机到了巡航高度，也就是你可以暂时松开安全带，并等待乘务员送来飞机餐的这段时间，飞机的升力和重力相等，飞行速度也不变。如果没有意外情况的话，飞行的事儿就可以交给电脑操作了。所以在巡航状态下，两名飞行员同时睡着，不一定会出现事故。但出于安全考虑，至少应有一名飞行员保持警觉，监控飞行状态，确保飞机飞行过程中始终有飞行员是清醒的。毕竟一旦有意外情况，比如天气突变、飞行员误操作、机上出现安全事件等，飞行员的作用是自动驾驶系统无法替代的。

对于飞行员，尤其是执行长距离航班的飞行员来说，不仅从技术角度可以睡，从安全角度来说，也很有必要睡一会儿。

飞行员疲劳驾驶的后果非常严重。调查显示：在商业航班事故中，75%的事故涉及人为差错，其中机组疲劳占15%—20%。

在国内，为了预防和缓解飞行员疲劳、避免飞行事故，有这样一些建议：加强机组团队沟通、嚼口香糖、喝咖啡或茶，以及在飞行安全有保障的前提下小睡一会儿。长距离飞行往往需要扩编飞行机组，也就是说，有两个或两个以上的飞行员小组轮流开飞机，被换下来的一组飞行员可以安心补觉。另外，扩编机组中负责着陆阶段操纵飞机的飞行员，必须在飞行任务的后半段时间里，至少连续休息两小时。

35. 起飞阶段，机长主要负责什么？
36. 电脑在什么高度能够操控飞机？
37. 文章列举了天气突变等意外情况，是为了论证什么？
38 文章是从哪两个角度来谈飞行员睡觉问题的？
39 商业航班的飞行事故中，飞行员疲劳驾驶引发的事故比例是多少？
40. 为应对飞行员疲劳，长距离飞行会采取什么措施？

听力考试现在结束。

口试材料

大家好，欢迎大家参加HSK（七—九级）口试。HSK（七—九级）口试，该口试包含口译和口语两部分，共7题。请大家注意，所有题目作答都要在听到“滴”声后开始。好，考试现在开始。

第92—93题是口译。请阅读试卷上的材料，并口头翻译成中文。每个材料你有1分钟的阅读时间，2分钟的口译时间。现在开始阅读第92题。

阅读时间结束，请在“滴”声后开始翻译第92题。

现在开始阅读第93题。

阅读时间结束，请在“滴”声后开始翻译第93题。

口译部分结束。

现在开始口语考试。

第94题，请阅读试卷上的材料，并根据要求作答。你有3分钟的准备时间，3分钟的作答时间。现在开始准备第94题。

准备时间结束，请在“滴”声后作答第94题。

第94题结束。

现在开始第95—97题。请听一段材料，材料听完后有三个问题，请在“滴”声后回答问题，现在请听材料。

春秋时期，晋国的晋献公想要扩大自己的实力和地盘，便以邻近的虢国经常侵犯晋国边境为由，要派兵消灭虢国。可是在晋国和虢国之间隔着一个虞国，讨伐虢国必须经过虞地。

“怎样才能顺利通过虞国呢？”晋献公问手下的大臣。大夫荀息说：“虞国国君是个目光短浅、贪图小利的人，只要我们送他价值连城的美玉和宝马，他不会不答应借道的。”晋献公一听，心中有些不舍。荀息看出了晋献公的心思，就说：“虞虢两国是唇齿相依的近邻，虢国灭了，虞国也不能独存，您的美玉宝马不过是暂时寄存虞公那里罢了。”晋献公采纳了荀息的计策。

虞国国君见到这两样珍贵的礼物，顿时大喜过望，听到荀息提出借道虞国的请求时，他当时就满口答应了。虞国大夫宫之奇听说后，急忙阻止道：“不行，不行。虞国和虢国是唇齿相依的近邻，我们两个小国相互依存，有事可以彼此帮助。万一虢国被灭了，我们虞国也就难保了。俗话说，‘唇亡齿寒’，没有嘴唇，牙齿也保不住啊！借道给晋国是万万不可的。”虞公说：“晋国乃大国，现在特意送来美玉宝马和咱们交朋友，难道咱们借条道路让他们走走都不行吗？”宫之奇连声叹气，知道虞国离灭亡的日子不远了，于是就带着一家老小离开了虞国。

果然，晋国军队借道虞国，消灭了虢国，随后又将亲自迎接晋军的虞公抓住，灭了虞国。

95. 晋献公为什么想要派兵灭了虢国?

96. 宫之奇为什么阻止虞国国君把路借给晋国?

97. 请结合“唇亡齿寒”这个成语谈一谈为什么领导者在做决策时需要有长远的眼光?

第95—97题结束。

现在开始第98题。请听一段材料，材料听完后有一个问题。你有3分钟的准备时间，3分钟的回答时间。现在请听材料。

屠呦呦，生于浙江宁波，是中国的药物化学家。1972年，她从青蒿中提取出了青蒿素，有效治疗了数百万疟疾患者。2015年，她因此成为首位获得诺贝尔生理学或医学奖的中国科学家。她曾经表示：“真实的科研是为了人类，而非荣誉。”

98.请结合听到的内容，谈谈你对“真实的科研是为了人类，而非荣誉”的认识。现在请开始准备第98题。

准备时间结束，请在“滴”声后开始回答。

好，考试现在结束。

全真模拟题 3

听力材料

大家好！欢迎参加HSK（七—九级）考试。

大家好！欢迎参加HSK（七—九级）考试。

大家好！欢迎参加HSK（七—九级）考试。

HSK（七—九级）听力考试分三部分，共 40 题。每题听一遍。请大家注意，听力考试现在开始。

第一部分

第1—10题：请根据听到的内容，判断下列句子是否符合原文。符合原文的请画“√”，不符合的请画“×”。

现在开始第1到5题：

韩信出身贫寒，父母早逝，他每天靠讨饭度日。

有一天，韩信在河边碰到一个专门给别人洗衣服的老婆婆。老婆婆见他饿得骨瘦如柴，面无血色，便把自己的饭分一些给他吃。一连几天，这位老婆婆都给韩信饭吃，韩信十分感激，便对老婆婆说：“您这样照顾我，将来我一定要好好报答您。”老婆婆说：“我不要你报答。只希望你努力自立啊！”韩信满脸羞愧。从此以后，他认真读兵书，练习武艺，决心做个有用的人。

乡里有一个恶霸，在街上大声羞辱韩信说：“看你整天舞枪弄棒，像是个有胆量的人。你敢拿剑刺我吗?要是不敢，你就从我胯下爬过去吧！” 周围看热闹的人都哈哈大笑起来。韩信心想：“如果我拿剑刺他，岂不犯了杀人罪？日后还有什么前途？不如忍受眼前之辱，不逞一时之勇为好。”于是，他趴在地上，从那个恶霸胯下爬了过去。

后来，韩信投奔汉王刘邦门下，受到重用，他率领汉军东征西讨，终于打败了最强大的对手项羽，协助刘邦建立了汉朝。

韩信被封为楚王，回到故乡，他派人找到了那个给他饭吃的老婆婆，并赠送她一千两黄金。他找到了那个曾经侮辱过他的恶霸，恶霸吓得直打哆嗦，韩信笑着说：“你不必害怕，过去的事就算了。”又对左右的将士说：“这个人虽然羞辱过我，但也激励了我上进，就让他做个中尉吧！”

请判断第1到5题。

现在开始第6到10题：

秦腔是中国汉族最古老的戏剧之一，其历史可追溯至秦朝。秦腔主要流行于陕西、甘肃一带，这个地区在古时属于秦国，因此该地区的戏曲被称为“秦腔”。因为早期秦腔演出时，常用枣木梆子敲击伴奏，故又被称为“梆子腔”。秦腔成形后，传播到全国各地，因其成熟、完整的表演体系，对各地的剧种产生了不同程度的影响，并直接催生了一系列梆子腔戏，成为梆子腔剧种的鼻祖。

秦腔唱腔包括“板路”和“彩腔”两部分，每部分均有欢音和苦音之分。苦音腔最能代表秦腔特色，深沉哀婉、慷慨激昂，适合表现悲愤、怀念、凄哀的感情。欢音腔则欢乐明快，刚健有力，擅长表现喜悦和明朗的感情。

秦腔的表演技艺非常丰富，身段和特技应有尽有，一些神话戏的表演技艺尤其奇特而多姿。如演《黄河阵》，要用五种法宝道具，如量天尺、翻天印等，可施放长串焰火。这些技巧的运用是为了烘托舞台气氛，增强戏剧效果。秦腔的演出是以唱、念、做、打为中心的综合表演。每个表演手段都必须始终体现歌舞化、程式化、戏剧化、节奏化的特性，演员在舞台上的动作，加上配乐，可以让观众有身临其境之感。

请判断第6到10题。

第二部分

第11—22题：请选出或填上正确答案。

现在开始第11到16题：

女：您好，今天我们一起来聊一聊国家非物质文化遗产——侗族木构建筑营造技艺。侗族木构建筑营造技艺始于魏唐时期的干栏建筑，据说已有一千多年的历史了。它和一般的木结构建筑是不是不太一样？

男：侗族村寨的建筑有一些最基本的构件：鼓楼、萨堂（祖母祠）、戏台、民居、禾晾、禾仓、寨门、凉亭、风雨桥，以及鼓楼前的歌坪。这十大件实际上已构成了一个完整的侗族村寨聚落，成为社区中的一个建筑群，其中最重要的当然是鼓楼和风雨桥。侗族鼓楼源于古代的“罗汉楼”，其设计灵感源于杉树的形态。鼓楼皆以优质杉木凿榫衔接，顶梁柱拔地而起直达顶层，采用杠杆原理，层层支撑而上。风雨桥是廊桥的一种，它是集桥、廊、亭三者为一体的桥梁建筑。还有大家熟悉的吊脚楼，也属于干栏式建筑，正屋建在实地上，厢房除一边靠在实地和正房相连外，其余三边皆悬空，靠柱子支撑，因此称为“吊脚楼”。

女：侗族木构建筑，无论是结构复杂的鼓楼、风雨桥，还是结构较为简易的凉亭、吊脚楼，其造型都独具特色。在设计上，侗族木构建筑有哪些特点呢？

男：侗族木构建筑依山傍水，式样美观，技艺精巧，体现了侗族工匠们高超的建筑工艺水平和精神追求。在设计上，注意运用直线、斜线、曲线、折线进行多重组合构图，构建了比例协调、均衡对称、规整完美的建筑造型艺术，充溢着朴实自然的美感。不仅造型美观，而且工艺堪称一绝——整座建筑凿榫打眼、穿梁接拱、立柱连枋，不用一颗铁钉，全以榫卯连接，结构牢固，结合缜密，具有极高的工艺价值。

女：这样看来，侗族木构建筑不仅具有工艺价值，而且很实用。

男：确实如此，它具有鲜明的审美功能，其设计、结构、制作都体现了侗族的民族信仰、精神追求和审美情趣。同时，它还具有明显的实用功能，例如：吊脚楼经济适用，通风良好，光线充足，冬暖夏凉；而鼓楼则成为寨民讲款议事、娱乐休闲的中心；风雨桥不仅可以方便群众过河，还能遮风挡雨。目前保存最好、规模最大的风雨桥是程阳八寨中的程阳永济桥。

11. 侗族村寨的建筑中最重要的是什么？

12. 鼓楼的灵感源自什么？

13. 侗族木构建筑有什么特点？

14. 侗族木构建筑工艺为什么堪称一绝？

15. 修建程阳永济桥的目的最有可能是什么？

16. 根据上文，下列哪项正确？

现在开始第17到22题：

女：王老师，你知道吗？从天而降的片片雪花不仅给人们带来欢乐，同时也可以提供无须额外投入的清洁能源。根据推算，10万吨雪的融化所需能耗相当于制冰所需能耗的等量，相当于1.2万吨石油的能耗。我们是否可以想象一下，如果利用雪花进行存雪制冷，节约的燃油将会十分可观。

男：是的，无能耗的“雪能源”正在北半球北方市民生活中扮演越来越重要的角色。入冬以后，人们将降雪随时积存起来，集中保管在专用的雪库里，来年夏天，将其送入各户以达到制冷的目的。来自大自然的雪，反过来又开始为保护生态做贡献。

女：我曾看过一个报道，某市最近出现了一座以存雪为制冷剂的6层空调住宅楼，虽然一个夏天的用雪量不小，但该市每年的降雪量很大，一个冬天郊外的积雪可厚达2米。一间雪库可积存100 吨雪，足以满足夏天需求。那么雪除了制冷以外，还有什么作用呢？

男：雪还可以用于空气净化。雪的晶粒结构非常复杂，即使攥成雪团，其内部的微孔仍可保持足够的空间，含有甲醛等有害物质的空气经过时，这些化学成分会被吸附，若将空气流量调整至适当程度，可滤除90%以上的甲醛等有害成分。另外，雪水经过蒸发后会重新凝结，形成冰状水，这是一种超软水，其中钾、钠等矿物质的含量较低，具有很强的渗透力。因此，对人体有着奇妙的保健作用，对治疗红眼病、皮肤烫伤、冻伤都有效果，尤其对于轻症患者，每三四个小时涂洗一次，不需其他药物，四五天即可痊愈。常用超软水洗澡可以增强皮肤的抵抗力，促进血液循环，有助于减少疾病。

女：超软水真是一种神奇的水。

男：据说清纯的超软水还是一种美妙的天然饮料。研究表明，雪水中所含酶化合物比普通水多，因此当今医学界普遍认为，每天饮用1到2杯雪水，可以显著降低血中胆固醇含量，有助于防治动脉硬化症。医学专家还提醒，随着年龄的增长，体内冰结构水会日益减少，加速人的衰老。因此，上了年纪的人饮用超软水更有好处，有助于延年益寿。

17. “雪能源”的好处是什么？

18. 文中提到的“6层空调住宅楼”有什么特点？

19. 雪为什么可以净化空气？

20. 关于超软水，下列哪项正确？

21. 专家认为使用超软水洗澡对皮肤有什么作用？

22. 两位说话人主要介绍了什么？

第三部分

第23—40题：请选出或填上正确答案。

现在开始第23到28题：

随着天气越来越热，溺水事故也进入高发期。最近，网络平台上经常出现民众对溺水者进行急救的视频。在这些视频中，溺水者被倒挂在救人者的背上，救人者通过奔跑、抖动身体等方式，试图帮助溺水者排出体内的水。这种被称为“倒挂排水”的方法受到不少人的追捧。

对此，国家高级拓展培训师、中国探险协会探险领队李崇表示，“倒挂排水法”不可取。因为倒挂排出的是进入胃部和食道中的水，而对于溺水者来说，最致命的是吸入肺部的水。

专家指出，如果肺部吸入了大量的水，留给肺泡进行氧气交换的空间就会减少。时间一长，会导致人体血液中氧气不足，大脑受损，进而导致呼吸和心跳停止。“倒挂排水法”不仅无法排出肺内的水，还可能将胃中的食物弄进气管，增加呼吸道阻塞的风险。

抢救心搏骤停患者的最佳时间为4分钟，在正常室温下，心搏骤停超过4分钟脑细胞就会出现不可逆转的损害，如果时间超过10分钟，即使病人被抢救过来，也可能出现脑死亡。“千万不要因为使用错误的急救方式而错失急救的黄金期。”李崇强调。

李崇表示，应针对不同情况的溺水者，采取相应的急救措施。首先要迅速判断溺水者是否出现呼吸、心跳停止。如果溺水者有呼吸和心跳，那么在拨打120等待专业急救人员的同时，应先清理溺水者口腔中的异物，并让其保持侧卧姿势并做好保暖。如果溺水者已经没有呼吸和心跳，那么在清理其口腔异物后，应立即进行人工呼吸和心肺复苏。

23. 民众可能在哪种情况下使用“倒挂排水法”？

24. 倒挂排出的是什么部位的水？

25. 肺里吸入大量的水会导致什么后果？

26. 抢救心搏骤停者的黄金时间是多少？

27. 对于溺水者，专家表示应该怎么做？

28. 针对有呼吸和心跳的溺水者，首先要做什么？

现在开始第29到34题：

从热带雨林到寒带针叶林，从潮湿的海滩到干燥的高山，兰花的踪迹随处可见。兰花的种子十分细小，很多比人的头发丝还细。种子的外种皮内部还有许多充满空气的腔室，这进一步减轻了种子的重量。凭借轻巧的身躯，种子一离开果荚就能随风飘荡到远离母株的地方。种子的外围包裹了一层致密的细胞，这可以防止水分快速渗透。因此，种子还可以通过水流、黏附在动物皮毛上等方式“走”到更远的地方。

兰花为了生存，使出浑身解数，真可谓“足智多谋”。它们大多生长在岩壁、树干或贫瘠的土壤上，这样可以减少与其他植物竞争，为自身的发展争取更大的空间。

绝大多数兰花是典型的虫媒花，它们的花粉被打包成块状，不便于传粉者取食。兰花家族中有三分之一的成员更是不折不扣的“铁公鸡”。有的兰花将自己装扮得像有花蜜的花朵，如果蜜蜂不辨真假而钻进花中寻找蜜源，就只能乖乖地为兰花传粉了；有的兰花还会发出长距离传播的香甜气味，色香俱全，吸引蜜蜂和蝴蝶主动上门充当“信使”；有的兰花将自己伪装成雌性昆虫，当雄性昆虫试图与这些伪装的“雌虫”交配时，传粉过程便开始了。高超的“骗术”，使兰花在享受传粉服务的同时，却不为传粉者提供任何回报。

还有一些兰花，即使没有昆虫传粉，也能正常开花、结果并繁殖后代。例如，缘毛鸟足兰的子房中的胚珠可以直接发育成种子。这些兰花可以在缺少传粉者的情况下顺利繁殖，并且可以把那些吸引昆虫的“成本”节省下来，将更多的资源投入到种子生产中去，实现资源的高效利用。

当然，我们还可以列举更多的例子来证明兰花的智慧。同时，我们是否也能从兰花在广阔世界悠然自得、长久生存的能力中获得些许启示呢？

29. 兰花种子的特点是什么？

30. 兰花的种子可以借助下列什么方式传播？

31. 兰花“足智多谋”是为了什么？

32. 把兰花比喻为“铁公鸡”指的是什么？

33. 关于兰花的繁殖方式，下列哪项正确？

34. 下列哪一项最适合做本文标题？

现在开始第35到40题：

有个远房亲戚特别喜欢绘画，他参加了许多培训，每月都要画大量的作品，也试图参加各种官方或民间组织的画展，但十多年过去，也没能成为知名画家。他向我倾诉了自己的苦恼，并埋怨某些掌握美术话语权的人缺乏辨识力，看不起草根画家。我对他说："一个人爱好绘画是好事，但爱好绘画不一定要当画家啊，做画家实在太辛苦了，远不如赏画观书来得快乐。"我之所以给他泼冷水是有原因的。这位亲戚曾几次寄画给我，其画作笔触呆滞，色彩平庸，缺乏想象力，没有个人特色，而且旁边配的诗也显得牵强，缺乏意境。以这样的水平想在艺术创作领域取得成功，恐怕很难。

漫画家白晓东说过："不要浪费时间去敲一堵墙。"这句话非常正确。墙是一种封闭的障碍，里面的人出不来，即使你从春天敲到冬天，也不太可能有人为你凿开一个门洞。聪明的人一旦发现自己面对的是一堵墙，转身就会绕开。

不觉想起鲁迅的事来。鲁迅的人生成就无须赘述，至今很少有人能超越他所达到的综合性高度。然而，众所周知，鲁迅最初是学医的，他当时的医学成绩如何呢？有一份资料显示：解剖学59.3分、组织学 73.7分、生理学 65分、伦理学 83分、德语 60分、物理 60分、化学 60分，平均65.5分，在全班142名同学中排名第68名。这样的成绩自然不算差，但也称不上出色，尤其是专业核心课程的成绩明显偏低。鲁迅是懂得"不要浪费时间去敲一堵墙"的，他敲了一阵之后，意识到医学可能不适合自己，立即去敲"文学之门"了，而这"门"也真的给了他应有的尊重和荣誉。

一个人偶尔误将墙当作门来敲也并无大碍，毕竟人生在世，谁不会走点弯路呢。关键是，敲了一段时间后，如果墙没有任何反应，你就需要仔细看看，确定它是否真的是一扇门。如果是门，则继续敲，敲到打开为止；如果不是门，就应立即转向，并用心分辨墙与门的区别，避免再走入歧路。

35. 亲戚为什么口出怨言？

36. "泼冷水"一词在文中针对哪种情况？

37. 面对一堵墙，漫画家白晓东最可能会怎样做？

38. 鲁迅先生成功敲了一扇什么门？

39. "不要浪费时间去敲一堵墙"的意思与下列哪个成语相似？

40. 上文主要想告诉我们什么？

听力考试现在结束。

口试材料

大家好，欢迎大家参加HSK（七—九级）口试。HSK（七—九）级口试，该口试包含口译和口语两部分，共7题。请大家注意，所有题目作答都要在听到“滴”声后开始。好，考试现在开始。

第92—93题是口译。请阅读试卷上的材料，并口头翻译成中文。每个材料你有1分钟的阅读时间，2分钟的口译时间。现在开始阅读第92题。

阅读时间结束，请在“滴”声后开始翻译第92题。

现在开始阅读第93题。

阅读时间结束，请在“滴”声后开始翻译第93题。

口译部分结束。

现在开始口语考试。

第94题，请阅读试卷上的材料，并根据要求作答。你有3分钟的准备时间，3分钟的作答时间。现在开始准备第94题。

准备时间结束，请在“滴”声后作答第94题。

第94题结束。

现在开始第95—97题。请听一段材料，材料听完后有三个问题，请在“滴”声后回答问题，现在请听材料。

高铁，顾名思义，就是高速铁路。高铁的时速达到了每小时350公里。时速350公里是什么概念呢？我们用一个对比来说明。高铁出现以前，从北京到广州全程两千多公里，坐当时最快的火车需要40多个小时，将近两天。京广高铁通车以后，现在只需要7小时38分钟即可到达。从40个小时到7个多小时，时间大大缩短，真正实现了朝发夕至。

2008年8月1日，中国第一条时速350公里的高速铁路——京津高铁开通。截至2022年6月20日，中国已经有近3200公里高铁线路，包括京沪高铁（北京到上海）、京津城际（北京到天津）、成渝高铁（成都到重庆）等。

高铁在中国的版图上，沿着八条南北纵线和八条东西横线延展，并以此为主线，发展成网状，从而连接起更多的中小城市。对于中国这样一个人口众多、流动频繁的国家来说，高铁具有重大意义。它让人们的生活和工作方式发生了实质性的变化，可以说，中国大地正在迅速地被高铁连接成“一日生活圈”。目前，从北京到天津、上海到杭州等也已经实现了30分钟通勤直达，甚至比开车在同一个城市跨区上班都要快。

95. 京广高铁通车后，从北京到广州要多长时间？

96. 高铁为什么对于人口众多的中国来说意义重大？

97. 结合所听到的内容，谈谈你如何看待技术进步对于现代社会生活和工作方式的影响。

第95—97题结束。

现在开始第98题。请听一段材料，材料听完后有一个问题。你有3分钟的准备时间，3分钟的回答时间。现在请听材料。

林徽因是中国历史上第一位女建筑学家。在动荡的历史时期，她和丈夫谢绝了去国外工作的建议，因为她认为，祖国正在危难中，不能离开。即使在病中，她依然投身到建筑事业中，为中国古建筑的勘测和保护工作做出了巨大的贡献。

98.请结合听到的内容，谈谈你对承担社会责任的认识。现在请开始准备第98题。

准备时间结束，请在“滴”声后开始回答。

好，考试现在结束。

全真模拟题 4

听力材料

大家好！欢迎参加HSK（七—九级）考试。

大家好！欢迎参加HSK（七—九级）考试。

大家好！欢迎参加HSK（七—九级）考试。

HSK（七—九级）听力考试分三部分，共 40 题。每题听一遍。请大家注意，听力考试现在开始。

第一部分

第1—10题：请根据听到的内容，判断下列句子是否符合原文。符合原文的请画“√”，不符合的请画“×”。

现在开始第1到5题：

普洱茶由其产地云南省普洱而得名，具有甘、顺、滑、醇厚、陈香的品质特点。

普洱茶又分生茶和熟茶，主要可以从外形、口感、汤色及制作工艺等几个方面来鉴别：

首先，外形区别。生普洱茶也称青饼，其茶饼中茶叶颜色以青绿、墨绿为主。熟普洱茶也称熟饼，其茶饼中茶叶颜色为黑或红褐色，有些芽茶则是暗金色。

其次，口感的区别。生茶口感强烈，茶气足，茶汤清香，苦而带涩。好的生茶是苦能回甘，涩能生津。如果苦涩味一直不散，这种生茶品质可能不佳，或可能不是普洱茶。熟茶则浓稠甘甜，几乎不苦涩。

再次，汤色的区别。生茶呈青黄色或金黄色，较透亮。熟茶呈栗红色或暗红色，微透亮。

最后，制作工艺的区别。生茶是鲜叶采摘后经杀青、揉捻、晒干等步骤制成的，即生散茶，或叫晒青毛茶。把晒青毛茶由高温蒸后，放入固定模具定型再晒干后，成为紧压茶品，也就成了生饼，或各类型的砖沱。而熟茶是在生散茶的基础上，进行人工快速催熟发酵、洒水渥堆等工序。

生普洱茶富含茶多酚，性属清凉，有清热解毒、消暑减肥、生津止渴、消食通便等功效。熟茶有暖胃、减肥、降脂、防止动脉硬化、降血压血糖等功效。

请判断第1到5题。

现在开始第6到10题：

四川评书是四川省传统曲艺剧种之一，流行于四川各地及云南、贵州部分地区，醒木、折扇、茶碗、汗巾是常见的演出道具。醒木用作吸引听众的注意力，营造气氛，折扇用作模拟物体，增强表演效果。

四川评书源于唐代的“说话”及明代的“评话”，盛于清代。早期的四川评书，是在市井搭棚设台，台上放置一个写着“评书”两字的方形灯笼，说书人手扬折扇、脚开弓步，讲述将帅交锋的故事，给人以震撼之感。

四川评书接地气，表演多样化、说法艺术化、故事纲目化是它的主要特点。从类型上讲，四川评书有“清棚”和“雷棚”之分。清棚以讲述烟粉、传奇之类的风情故事为主，重在文说，讲究谈吐风雅，以情动人。主要由文人从事说书，没有固定程式，偏重文采，讲究“声、才、辩、博”的基本功，强调“抑扬顿挫，口齿利落”“博览广闻，信手拈来”。雷棚则以讲述历史和金戈铁马的战争故事为主，重在武讲，讲究模拟形容。金鼓号炮、马嘶虎啸等场景，都通过艺人之口来表达，使听众如临其境。雷棚艺人中也有人擅长讲朴刀杆棒之类的武侠书。

四川评书中的代表人物之一是李伯清，他在传统评书的基础上进行了创新，发展出一种新的说书形式——散打评书，其说书形式不拘一格，内容丰富多彩，常以摆龙门阵、吹牛皮等方式博人一笑。

请判断第6到10题。

第二部分

第11—22题：请选出或填上正确答案。

现在开始第11到16题：

女：各位观众大家好，今天我们请来的是上海大学讲师、三星堆3号祭祀坑发掘负责人徐斐宏老师。徐老师，我看您手上拿着的是个铲子吗？

男：是的，这是上海大学参与三星堆考古发掘的纪念手铲，我和同事、学生们一起，参与了三星堆3号祭祀坑的发掘。发掘过程中令我们印象最深的是发现了青铜顶尊跪坐人像，我们最初在坑中分别发现了铜尊和铜人的手部，随后确认了二者属于同一件器物，进而通过研究，推测铜尊很可能来自长江中游，而铜人是长江上游的物品。

女：听说，这座青铜顶尊跪坐人像和8号坑的巨型青铜神兽完成了拼合。

男：是的，拼合后有1.5米高，文物实现了跨坑合体，让前所未见的重器得以完整展现。这件文物不仅体现了古蜀人对中原青铜文明的吸收与改造，也诠释了中华文脉开放包容、交流交融的特点。

女：不断揭开文物神秘面纱的过程，真的很令人神往。

男：真实的考古工作跟小说中那种惊险刺激的“寻宝”截然不同，大部分时候都是枯燥的。在祭祀坑里发掘时，因为怕损伤文物，我们每天都要在只有14平方米的坑里，趴着工作8小时以上。在我看来，这样的发掘姿势仿佛是对中华文明的顶礼膜拜。

女：一代又一代的考古人，就是这样，虔诚地贴近历史，努力地还原历史。比如至今已从事敦煌文物事业60年的樊锦诗院长。听说她是您的师姐？

男：是的，她已经80多岁了，尽管她年事已高，但她仍在为敦煌莫高窟的保护贡献力量。她经常勉励我们，要为中华优秀传统文化的传承与发展贡献力量。在我博士后期间，我承担了武昌隋唐墓的整理与报告编撰工作，这份资料积压了60多年。20世纪80年代，这项工作曾由我导师的导师、学界泰斗宿白先生牵头整理，当时因为种种限制，报告没有出版。2018年年底，我主动请缨，带领同事们利用新方法、新技术，重新整理了这批材料，最终在2021年年底出版了考古报告《武昌隋唐墓》。

11. 男的手里的手铲是什么？
12. 青铜顶尊跪坐人像和8号坑的哪件物品完成了拼合？
13. 跨坑合体有什么意义？
14. 男的认为考古工作是什么样的？
15. 樊锦诗院长的勉励侧重于哪方面？
16. 关于《武昌隋唐墓》，下列哪项正确？

现在开始第17到22题：

男：夏医生，孩子胖胖的是好事吗？

女：当然不是，儿童肥胖比消瘦会引发更多疾病和危害，肥胖的儿童骨龄超前的风险更高，而骨龄超前可能导致孩子长不高，并且孩子成年后患慢性疾病的风险也会增加。同时，胖孩子还可能会被歧视，产生自卑等心理障碍。

男：近年来，随着多省份将身体质量指数纳入体育成绩，家长们开始关注孩子的身高与体重情况。有的家长看到孩子胖就觉得孩子是吃得太好了，想要给孩子减肥，这种做法对吗？

女：事实上，这里面也存在许多误区需要厘清。胖小孩不是吃得太好，恰恰是吃得太不好，从广义来看，孩子超重肥胖、过于消瘦、微量营养素缺乏都属于营养不良。肥胖主要分为没有疾病因素的单纯性肥胖和有疾病因素的继发性肥胖，继发性肥胖是由垂体功能失调、甲状腺功能减退或者药物等多种原因引起的；而单纯性肥胖是由遗传因素和环境因素相互作用导致的，环境因素包括膳食不平衡、缺乏运动、睡眠不足、情感忽视，等等。我们统计过，在门诊遇到的肥胖儿童中，有95%都是单纯性肥胖，总能量摄入过多、饮食结构不合理是导致儿童超重肥胖的重要原因。

男：那是不是可以说，儿童营养不均衡大多是因为家庭的饮食结构不合理 。

女：是的，儿童减重离不开父母的督促。正确判断孩子是否超重肥胖，是帮助孩子达到科学营养饮食、保持健康体重的第一步。儿童肥胖的判定应参照科学依据，在判断时至少要考虑三方面的因素：腰围与身高的比值、身体质量指数、体脂率。

男：那对于超重肥胖的儿童来说，减肥是不是要跟成人一样"管住嘴"？

女：这是又一个常见误区，单纯依靠节食来减重是非常不科学的。有减重需求的孩子首先需要改变进食习惯，把吃饭的速度放慢。在日常饮食中，应注意主食粗细搭配，粗粮可以占到主食摄入量的1/3；荤素搭配，肉类尽量选择优质高蛋白，每餐多吃蔬菜；可以将酸奶、坚果、豆类、可生吃的蔬菜、水果等作为孩子的零食，但需注意每天吃零食的次数不超过3次，量也不宜过多；尽量不吃高油、高糖、高热量的食物。同时，科学减重绝对不是一蹴而就的事情，应遵循递减法则来改善饮食结构。另外，长跑、游泳、跳绳、踢球等中强度有氧运动，对控制儿童肥胖非常有益。

17. 家长们为什么开始关注孩子的身高与体重了？
18. 没有疾病因素的肥胖叫什么？
19. 关于胖小孩，下列哪项正确？
20. 判断肥胖的条件之一是什么？
21. 减肥的第一步是做什么？
22. 这段对话主要谈的是什么？

第三部分

第23—40题：请选出或填上正确答案。

现在开始第23到28题：

你有没有过这样的经历，盯着一个字看久了，这个字好像变得越来越扭曲，到最后甚至感觉都不认识这个字了？

其实，这一现象在心理学上被称为"语义饱和"，即盯着一个字久了，我们的大脑便只关注它的字形，从而忽视了它的语义，产生了短暂的陌生感。通常来说，这个过程只会持续几十秒，当你闭上眼睛或者转头看看其他事物，这种感觉就会消失了。

那么，这个现象是如何产生的呢？看到一个字时，我们的眼睛先输入了字形的图案信息，然后传送给大脑；大脑接收到这个图案信息后开始运转，在它的知识仓库里找到和这个字形相关联的意义，然后把它们联系起来。

在这个过程中，主要负责接收和处理信息的是我们大脑中的神经元，神经元通过突触传递视觉信号。大脑的视觉处理区域对这些信号进行解析和比对，找到正确的语义，我们也就理解了这个字的含义。但如果你长时间盯着一个字看，就等同于短时间内反复进行这样的过程，神经元感到疲倦，它们就会选择偷懒，直至最后罢工。

任何一个词都可能成为我们体验"语义饱和"的牺牲品。但也有例外，例如大碗宽面（biáng biáng面）的"𰻞"字，不论我们盯多久，它也很难在我们脑海里变得陌生或失去意义。这样一个字形结构复杂而且乍看很是陌生的字，会使我们的大脑进行数据对比时更专注，也就无法在短时间内偷懒。相反，能让我们产生语义饱和感觉的字，都是一些字形简单的字。没错，其实不用看多久，我就会觉得"韭"是仙人掌或者两座高楼、"击"是插在深坑里的电线杆、"义"是一个高举双臂的小人儿了。有些结构稍微复杂的字会在长久注视下开始分裂，由一个熟知的字变成两个字。如"的"字，盯久了就会分出"白"与"勺"了。

23. 什么是"语义饱和"？
24. 产生"语义饱和"后可以怎么做？
25. 眼睛反复输入字形信息后，神经元会有什么反应？
26. 下列哪个字不容易产生"语义饱和"现象？
27. "含义"的"义"字看久了可能会变成什么样？
28. 这篇文章主要谈的是什么？

现在开始第29到34题：

目前对冰川的研究主要集中在变化过程、机理和未来变化预估等方面，但是，在应对冰川消融的工程措施方面，相关研究相对较少。

冰川消融主要发生在夏季，方式有冰面消融、冰内消融和冰下消融。以冰面消融为主，太阳直接辐射和近地层大气湍流交换是引起冰川消融的主要热源。所以有关学者研究发现在冰面直接实施人工降雪不仅能直接增加雪物质，也能增大表面的反照率，或者在冰面阻挡太阳辐射和冰面的热交换也能够有效地减缓冰川消融。

奥地利的冰川滑雪场就是利用人造雪维持雪道的。研究估算，相比于没有人工管理的雪面，人造雪贡献了20 厘米厚的雪。

值得一提的是瑞士针对减缓冰川消融的研究已有所尝试，科学家将白色的羊毛毯覆盖在瑞士的两座冰川上，利用羊毛毯遮挡和反射太阳辐射来达到缓解冰川消融的目的。

中国科学院研究团队应用人工措施减缓达古冰川消融的试验中，就是采用在冰面覆盖光热阻隔物，从而阻挡太阳辐射和冰面的热交换。

研究团队给冰川盖的"被子"，是一种隔热和反光材料，主要是涤纶、腈纶、锦纶等高分子聚合物的合成纤维，具有良好的防水和保温作用。这种材料具有防紫外线、耐寒冻、抗化学腐蚀和抗生物破坏能力，同时对太阳光具有较强的反照、辐射衰减能力和低导热能力。

在冰川表面铺设隔热和反光材料，可以减少太阳直接辐射和近地层大气湍流交换对于冰川的影响，增大冰川表面的反照率。试验效果显著，在两个月内减缓了接近一米的消融量，大大减缓了冰川在全球变暖背景条件下的变化。从试验成本和人力来说，需求不高，完全可以大规模推广使用。从环境保护的角度来看，试验材料可以回收利用，既可以节约成本，又不会对周围环境产生影响。

29. 下列哪种措施可以有效减缓冰川融化？
30. 科学家给瑞士的两座冰川盖上了什么？
31. 减缓达古冰川消融的试验原理是什么？
32. 关于给冰川“盖被子”，下列哪项正确？
33. 文中所谈到的试验材料，具有什么优势？
34. 这篇文章主要讨论了什么内容？

现在开始第35到40题：

仿生建筑的类型十分丰富，有些仿生建筑不仅拥有与生物相仿的优美外形，而且还像自然界的生物一样拥有无与伦比的生命力和创造力，大大缩短了人与自然的距离。

向日葵从发芽到花盘盛开这一段时间，其叶子和花盘会一直追随着太阳的位置以获得最充足的阳光。向日葵式的仿生建筑也能够随着太阳的方向进行旋转，太阳落山以后，控制程序会让房屋自动恢复初始位置。其旋转的动力全都来自自身的“光合作用”，即由屋顶的太阳能光电板和小型的太阳能电动机提供动力，十分节能。加上其外表面安装了大量的太阳能光电板，它每天生产的电能远远大于旋转所消耗的，于是住户便将多余的电能存入社区电网，冬天或者阴天时再拿出取用，剩余的还能卖钱。“向日葵建筑”中还拥有众多“葵花籽”，例如客厅电灯、浴室加热器等，它们的能量都来自屋顶的太阳能光电板。阳光下，“向日葵”就像璀璨的宝石一样闪闪发光，周围植物的影子由玻璃透到室内去，光影纵横，仿佛置身于树荫之下；黑夜里，“葵花籽”们熠熠生辉，五彩斑斓，十分动人。

仙人掌一般生长在干旱的沙漠里，每次降雨，仙人掌都会竭尽全力吸收、储存水分。城市“仙人掌建筑”也是如此，住户们将各种植物种植在自己大面积的户外阳台上，整个建筑就像一座小型的光合作用工厂，能够吸收城市中的有害气体，并且释放新鲜的氧气，缓解城市的热岛效应，为住户提供清新、幽雅的居住环境。

花梗是马蹄莲的中轴部分，除了作为结构主体，还作为整株植物的主要能量传送带，可以将水分、养分及时地在根、花、果实之间运输。“马蹄莲建筑”的塔楼作为整支“马蹄莲”的花梗，在其底部设有集热棚，利用温室效应加热空气，将热量通过中心烟囱的内部气流，源源不断输送给整座建筑。此外，塔楼主体的外表面并不平整，像折过的纸张一样，这样能够保证经过气流的最大化，从而最大限度地利用风能。而且，为了提高顶部风力发电机组的效率，“花”被设计成双弧形截面，将风速提高到环境风速的4倍之多。风儿吹过，“马蹄莲建筑”迎风招展，散发着蓬勃的生机。

35. 为什么有的仿生建筑以“向日葵”命名？
36. 关于“仙人掌建筑”，下列哪项正确？
37. 马蹄莲的花梗类似于“马蹄莲建筑”的什么部分？
38. “花”被设计成双弧形截面的目的是什么？
39. 哪种建筑能缓解城市的热岛效应？
40. 下列哪个标题更适合这篇文章？

听力考试现在结束。

口试材料

大家好，欢迎大家参加HSK（七—九级）口试。HSK（七—九级）口试，该口试包含口译和口语两部分，共7题。请大家注意，所有题目作答都要在听到“滴”声后开始。好，考试现在开始。

第92—93题是口译。请阅读试卷上的材料，并口头翻译成中文。每个材料你有1分钟的阅读时间，2分钟的口译时间。现在开始阅读第92题。

阅读时间结束，请在“滴”声后开始翻译第92题。

现在开始阅读第93题。

阅读时间结束，请在“滴”声后开始翻译第93题。

口译部分结束。

现在开始口语考试。

第94题，请阅读试卷上的材料，并根据要求作答。你有3分钟的准备时间，3分钟的作答时间。现在开始准备第94题。

准备时间结束，请在“滴”声后作答第94题。

第94题结束。

现在开始第95—97题。请听一段材料，材料听完后有三个问题，请在“滴”声后回答问题，现在请听材料。

海尔的故事要从1984年开始讲起。这一年，张瑞敏，也就是海尔后来的掌门人，来到了山东省青岛市一家濒临破产的工厂。这家工厂就是青岛电冰箱厂，当时的冰箱厂亏损147万元，产品滞销，人心涣散，可以说是处于生死存亡的关头。张瑞敏厂长收到用户来信，得知海尔冰箱存在质量问题。他带人检查之后，从仓库里的400多台冰箱里找出了76台不合格的，然后把全厂员工召集到一起。他当场宣布，要把这些不合格产品全部砸掉，而且，不合格冰箱由谁生产就由谁亲自砸毁。当时有人提出，这些冰箱大多是外观划伤，不会对使用造成影响。可以把这些残次品作为福利，低价卖给自己的员工。而张瑞敏却说："我要是今天允许把这76台冰箱卖出去，就等于允许明天大家再生产760台、7600台这样的不合格冰箱。"要知道，当时中国还是物资奇缺的年代，海尔冰箱的市场售价是八百元左右，而当时一个工人的平均工资大约是每月四十元。也就是说，普通工人想要买下这样一台冰箱，至少要不吃不喝存两年钱。张瑞敏"砸冰箱"，砸醒了全厂工人的质量意识，也向市场宣布，海尔要用质量赢得市场。质量为先的意识让海尔在1988年获得了冰箱行业的第一枚金牌，并且在之后的发展中获得各种奖项，公司在国内的发展越来越好。

95. 用户投诉海尔的冰箱存在什么问题？
96. 张瑞敏为什么要砸冰箱？
97. 你认同"质量为先"的产品意识吗？请谈谈你的理由。

第95—97题结束。

现在开始第98题。请听一段材料，材料听完后有一个问题。你有3分钟的准备时间，3分钟的回答时间。现在请听材料。

王阳明是明朝时期著名的哲学家、政治家，也是汉字文化圈中最重要的儒家学者之一。他提出了"知行合一"的思想，强调心即是理，行为是检验一个人思想正确与否的标准。他认为，知识如果不转化为实践，则毫无价值。

98. 请结合听到的内容，谈谈你对"知行合一"的认识。现在请开始准备第98题。
准备时间结束，请在"滴"声后开始回答。

好，考试现在结束。

全真模拟题 5

听力材料

大家好！欢迎参加HSK（七一九级）考试。

大家好！欢迎参加HSK（七一九级）考试。

大家好！欢迎参加HSK（七一九级）考试。

HSK（七一九级）听力考试分三部分，共 40 题。每题听一遍。请大家注意，听力考试现在开始。

第一部分

第1—10题：请根据听到的内容，判断下列句子是否符合原文。符合原文的请画“√”，不符合的请画“×”。

现在开始第1到5题：

一位动物行为学家曾做过这样的实验：他将鹅蛋分为两组，一组由母鹅孵化，一组由孵化箱孵化。结果是由孵化箱孵化出来的小鹅把他当成了妈妈。如果把两组小鹅放在同一个箱子下面，提起箱子时，一组小鹅跑向母鹅，另一组则跑向动物学家。很显然，这种现象是小鹅出生时就接触母鹅和动物学家形成的印象导致的。动物学家把这种现象叫“印痕行为”。印痕行为是动物的一种特殊学习方式，只需一次或数次经验，就能形成印痕，对动物行为产生长远的影响。

印痕行为大都发生在动物的幼年时期，某些动物的某些本领也只有在印痕时期才能学到。例如，许多鸟类如果在出生后几个月内被剥夺了学习飞翔的机会，那么它们以后就很难学会飞翔。据估计，这可能是因为在生命的早期，神经系统处于一种特殊的状态，只有这一时期才能接受这类刺激。

印痕行为虽然发生在早期，但也会对晚期的行为产生一定的影响，尤其是繁殖行为。有一次，动物学家被他饲养的八哥当成了求爱的对象，八哥不断地向他嘴里塞食物。这可能是一些从小由饲养员养大的动物成年后难以成功繁殖的原因之一。在四川大熊猫人工繁殖基地，为了避免出生的熊猫宝宝对人产生印痕，饲养员都穿上特制的“熊猫服”工作。

请判断第1到5题。

现在开始第6到10题：

孟子自幼丧父，母亲一个人抚养他生活。他们居住在城北的乡下，附近有一块墓地。墓地旁边，每天都有送葬的人在忙忙碌碌。死者的亲人披麻戴孝，吹鼓手吹吹打打，非常喧闹。年幼的孟子，模仿性很强，他看到这些情景，也学着他们的样子，一会儿模仿孝子贤孙，一会儿模仿吹鼓手的举止。他和邻居的孩子玩耍时，也经常模仿出殡、送葬时的情景。孟母看到儿子这些模仿行为，她觉得这个环境实在不利于孩子的成长，就决定搬家。

不久，孟母把家搬到城里。孟子居住的这条街十分热闹，有卖杂货的，有做陶器的，还有榨油的油坊，商贩们高声叫卖，好不热闹。西边邻居是打铁的，东边邻居是杀猪的。孟子对商人的叫卖声最感兴趣，他又模仿着吆喝声，和邻居的孩子们做起了游戏。孟母又决定搬家。

这次她搬到城东的学宫对面。学宫是国家兴办的教育机构，聚集着许多既有学问又懂礼仪的读书人。学宫里书声琅琅，把孟子吸引住了。他时常跑到学宫门前张望，有时还看到老师带领学生们演习周礼。周礼，是周朝的一套祭祀、朝拜、往来的礼节仪式。在这种气氛的熏陶下，孟子也和邻居的孩子们模仿着演习周礼。不久，孟子就进入这所学宫学习礼乐、射御、术数等。孟母非常高兴，就决定定居下来了。

请判断第6到10题。

第二部分

第11—22题：请选出或填上正确答案。

现在开始第11到16题：

女：大家好，今天我们的嘉宾是南航旗下珠海翔翼航空技术有限公司总经理周易之先生。近日，“南航—腾讯”航空安全与仿真研究实验室成立，并正式发布了我国首个完全自主研发的全动飞行模拟机视景系统。周先生，请您跟大家介绍一下这个系统吧。

男：这套视景系统包含虚像显示系统以及超写实视景引擎、智能化视景建模两个国产工业级软件，实现了国产自主研发视景系统关键技术的突破，我国成为全球少数能独立自主研发完整视景系统的国家。

女：这套系统主要是用来做什么的呢？

男：在我国，每位民航飞行员在其职业生涯内要经受1000个小时以上的模拟训练，以提升应对极端天气情况或突发飞行状况的能力。而他们进行飞行训练的地方，就是可以模拟真实飞行情况的全动飞行模拟机。全动飞行模拟机通常由模拟座舱、运动系统、视景系统、计算机系统及教员控制台五大部分组成。训练场景与真实环境越接近，飞行员的训练效果就越好。所以能够模拟飞机座舱外环境的视景系统是模拟机的关键部分。

女：以往有这种视景系统吗？

男：以往都是向国外购买，不仅成本较高，且仍未解决建模效率低、飞行体验不真实、训练场景不够丰富等问题。这次发布的新一代视景系统，半天就能重建1000平方公里城市，三天就能“造”一个机场，与传统视景系统相比，该系统的数字资产制作效率提升了10倍以上，多边形生成与渲染能力提升了380倍，使我国全动飞行模拟机在全球范围内率先实现代际升级，且可模拟出不同天气和数百种极端情况。

女：相信你们在研究过程中一定遇到过各种各样的“拦路虎”。

男：对，有很多。例如，每重建一座城市和机场，不仅涉及大量的建筑、植被等资产重建，还需要重建精细化的机场地景，资产量相当庞大。最终，我们通过自研的12K多通道融合算法完成了视景系统搭载飞行模拟机使用的最后一环，实现了多张4K高清画面在多块显示屏上的毫秒级无缝拼接。

女：还有哪些突破性的技术呢？

男：模拟机中的超高分辨率画面需要运用高精度多投影仪融合校准技术。为突破此技术，双方团队在实验室搭建了一个由多台投影仪组成的测试环境，经过反复试错、研究、探讨、再试错，团队开发出了一套完整的融合校准技术解决方案。

11. 全动飞行模拟机视景系统对中国来说有什么里程碑意义？
12. 民航飞行员为什么要进行模拟训练？
13. 与传统视景系统相比，新一代视景系统的优点是什么？
14. “拦路虎”在对话中指什么？
15. 视景系统搭载飞行模拟机使用的最后一环是通过什么完成的？
16. 模拟机中的超高分辨率画面需要运用到什么技术？

现在开始第17到22题：

女：今天我们有幸请到了中国美术家协会会员，中国艺术研究院终身研究员、博士生导师范曾先生。范先生，您好。文学泰斗钱锺书先生曾这样评价您的画：“画品居上之上，化人现身外身。” 意思是说您的画是上上品，有仙气，具体形象里还有神采在外。您在艺术上深厚的造诣来自哪里？

男：我的祖辈们以诗文著称，是当地有名的诗文世家。我的爸爸是上海美院毕业的，因此除了诗文以外，他还从小教我画画，蜡笔画、铅笔画，还用粉笔在墙上画，从小培养了我这样的兴趣。我高考考入南开大学历史系，后又转入中央美术学院美术史系，因美术史系解散又转入中国画系。人生有很多偶然性，当时中央美术学院的师资队伍名家云集，人物画家蒋兆和、写意画家李苦禅、山水画家李可染、小写意画家郭味蕖，这些当时都是极负盛名的大师。这些人的笔墨和造型对我都有深远的影响。

女：您特别喜欢画道家学派创始人老子？

男：我画的老子，反映了我理解的老子。在中国哲学里感到一切都是过程，一切都瞬息变化，一切不会停留。我画《老子出关》的时候这些思想就在脑海里浮动。因此我画的老子有很多虚无缥缈的地方。除了画老子，我也画庄子，画尼采，画爱因斯坦。我喜欢在东西方不同的哲学观里看到人类的共性，也从不同的绘画方法中汲取养分。

女：听说您下笔非常快？

男：对，我作画向来不打草稿，画笔像在三维空间里回荡，用书写的笔法和简括的线条就能快速勾勒出人物形象。比如画科学家爱因斯坦，我从他左边的眼珠开始画，画完左边眼珠画右边眼珠。两个眼睛的距离当然一点都不能差。然后画鼻子，两个口角，鼻唇沟要画出来。这需要高度的写实技巧和白描的功底，因为毛笔是不能改的。

女：您曾在日本、意大利等国举办个展，您的艺术感染力跨越国界，承载着浓厚的中华文明。联合国教科文组织也聘请您担任"多元文化特别顾问"。

男：我希望向世界展示中国书画的线条及诗意之美，让来自不同文明的观众感受到中国水墨艺术的魅力。

17. 钱锺书先生的评价是指男的的画妙在什么地方？

18. 男的最初对画画的兴趣源自哪里？

19. 中央美术学院的老师对男的产生了什么影响？

20. 关于《老子出关》，下列哪项正确？

21. 男的画爱因斯坦，需要什么技巧？

22. 男的希望向世界展示中国书画的什么方面？

第三部分

第23—40题：请选出或填上正确答案。

现在开始第23到28题：

挑花是刺绣的一种针法，即在棉布或麻布的经纬线上用彩色的线挑出许多很小的十字，构成各种图案。一般挑在枕头、桌布、服装等上面，作为装饰。

挑花多为实用品，民间挑花的品种主要有门帘、帐帘、床沿、被面、荷包、头巾、手巾、枕巾、鞋、帽、肚兜、褡裢、花带等，多取生动活泼的自然景物和吉祥图案为题材，如凤穿牡丹、双龙戏珠、年年有余、鲤鱼跳龙门、麒麟送子、鸳鸯戏荷、喜结良缘、福寿三多等。根据绣品装饰部位的不同要求，绣制团花、角花、折枝花和边条花等纹样。

各地域、各民族因风尚习俗不同，挑花各具特色。四川茂汶挑花素雅古朴，图案及针法多变化，装饰性强；湖南挑花喜在深蓝黑的土布上挑绣五彩缤纷的吉祥纹样，格调明快热烈，秀丽丰满；安徽合肥和望江挑花多采用铺花和纤花针法，严谨细致，以工整见长；北京挑花多表现名胜古迹和古代建筑；温州和上海的挑花则以花卉和几何图案为主。现代挑花在传统技艺基础上不断创新，提高了艺术表现力。

挑花的手法多种多样，包括单面挑、双面挑；素色挑花、彩色丝线挑花；在同一产品上也有挑、绣补等各种工艺。挑花的图案有山水人物、花鸟虫鱼。黄梅挑花的图案有团花、边花、填花、角花和花边之别。各纹样造型迥然不同，取材广泛，构思精巧，如团花就有福寿双全、龙凤呈祥等；边花有二龙戏珠、八仙过海等；填花则有斑鸠石榴、龙舟竞渡等；角花则无一定格式，多以柏叶、莲花为主体，组成三角形图案置于四角；边花多以二方连接为主，大多用作挑花头巾的花边。

23. 挑花属于什么传统工艺的针法？
24. 民间挑花多以什么为题材？
25. 不同的纹样是根据什么来绣制的？
26. 下列哪种挑花多以表现古代建筑为主？
27. 组成三角形图案置于四角的是哪种图案？
28. 根据上文内容，下列哪项正确？

现在开始第29到34题：

印度尼西亚的苏门答腊岛上，生长着茂密的咖啡树，几百年以来，岛上的居民都靠采集咖啡豆来谋生。

但近年来，有一种被称作棕榈猫的动物开始在岛上繁衍生息。棕榈猫喜食咖啡果，而且它们比人类更善于爬树，往往在人们还没有开始采摘时，那些最熟最红的咖啡果就已经成了这些棕榈猫的美餐。

由于棕榈猫的争夺，人们能采集到的咖啡果数量大幅减少。为此，岛上的居民非常痛恨这个竞争对手，开始大肆攻击和捕杀它们。饥饿加上人类的捕杀，使棕榈猫的数量大量减少，人们终于达到了独占咖啡果的目的。

咖啡果长在高大的咖啡树上。人们采集时必须爬上去，这是一项非常辛苦的工作。一天，一个懒惰不想爬树的人突然发现，棕榈猫的排泄物中有很多未消化的咖啡豆！原来，棕榈猫只喜欢吃甜美的咖啡果实，但果实里的咖啡豆却因无法消化而被排出体外。于是，这个人偷偷地收集这些排泄物中的咖啡豆，并将其卖给了一位咖啡的商人。商人在品尝这些咖啡时，惊奇万分，因为这种咖啡不但具备糖浆般的黏稠，而且还有巧克力般的浓厚，入口后香醇润滑，妙不可言。他放下杯子，马上找到卖咖啡的人，询问这些咖啡的来源。

当得知真相后，咖啡商不由感叹大自然的神奇，人为的发酵咖啡方法只能发酵出普通的咖啡，而棕榈猫的消化系统竟然对咖啡豆产生特殊的发酵作用，使得经过其消化的咖啡豆口感变得非常独特。

于是人们开始背着筐苦苦寻找着棕榈猫的排泄物。他们每天都期待着能有大量的棕榈猫来吃咖啡果，然后排泄出更多香味诱人的“棕榈猫咖啡豆”。但可笑的是，岛上棕榈猫的数量已经不多了，而棕榈猫的数量直接制约了“棕榈猫咖啡豆”的产量，这让人们后悔不已。

29. 岛民讨厌棕榈猫的原因是什么？
30. 棕榈猫咖啡最初是怎样被发现的？
31. 棕榈猫咖啡的口感为什么很独特？
32. 是什么制约了“棕榈猫咖啡豆”的产量？
33. 岛民对棕榈猫的态度发生了怎样的变化？
34. 上文主要想告诉我们什么？

现在开始第35到40题：

武陵源风景名胜区位于湖南省西北部，由张家界市的张家界国家森林公园、慈利县的索溪峪自然保护区和桑植县的天子山自然保护区组合而成，后又发现了杨家界新景区。方圆369平方公里，奇山异峰3000多座，其中海拔在千米以上的有243座。

由于武陵源地处石英砂岩与石灰岩的接合部，景区北部大片石灰岩喀斯特地貌，经亿万年的河流变迁和侵蚀溶解，形成了无数的溶洞、落水洞、天窗、群泉。武陵源风景名胜区森林覆盖率达67%。生长有野生动物400多种、木本植物850多种。

武陵源风景名胜区属亚热带山原型季风性湿润气候。境内年均降水量1380—1450毫米，各月降水分布不均，集中在4—7月，降水日达49天，约占全年降水日数的32%。强降水集中期为5—7月，降水量达650毫米，占全年总量的46%。12—1月降水少，约56毫米，仅占全年总量的4%。降雪主要集中在当年12月至次年2月。霜冻最早年份从11月开始，最晚年份至次年3月结束。以1月最多，12月和2月次之。

云雾是武陵源风景名胜区最多见的气象奇观，有云雾、云海、云涛、云瀑和云彩五种形态。

张家界国家森林公园是武陵源风景名胜区的重要组成部分，面积达130平方公里，是中国首个国家森林公园，它位于武陵山中。张家界地貌奇特，有石峰2000多座，形态各异，树木茂盛，森林覆盖率达95%，以黄狮寨、砂刀沟、金鞭岩、金鞭溪等最为著名。

35. 下列哪项不属于武陵源风景名胜区？
36. 武陵源风景名胜区的特点是什么？
37. 武陵源风景区降水量最多的是哪一个时间段？
38. 哪一气象奇观在武陵源风景名胜区最多见？
39. 关于张家界国家森林公园，下列哪项正确？
40. 根据上文可以知道什么？

听力考试现在结束。

口试材料

大家好，欢迎大家参加HSK（七—九级）口试。HSK（七—九级）口试，该口试包含口译和口语两部分，共7题。请大家注意，所有题目作答都要在听到“滴”声后开始。好，考试现在开始。

第92—93题是口译。请阅读试卷上的材料，并口头翻译成中文。每个材料你有1分钟的阅读时间，2分钟的口译时间。现在开始阅读第92题。

阅读时间结束，请在“滴”声后开始翻译第92题。

现在开始阅读第93题。

阅读时间结束，请在“滴”声后开始翻译第93题。

口译部分结束。

现在开始口语考试。

第94题，请阅读试卷上的材料，并根据要求作答。你有3分钟的准备时间，3分钟的作答时间。现在开始准备第94题。

准备时间结束，请在“滴”声后作答第94题。

第94题结束。

现在开始第95—97题。请听一段材料，材料听完后有三个问题，请在“滴”声后回答问题，现在请听材料。

春秋战国时期的琴师伯牙，琴艺高超但鲜有人懂。一次，他奉命去楚国，中途遇风浪停泊汉阳江口。风平后，伯牙被明月所感，抚琴自娱。当琴声缥缈之间，伯牙发现岸边站着一个樵夫，正是钟子期。钟子期被伯牙的琴声吸引，静静聆听。

伯牙的琴声非常特别，他用弹琴表达自己的内心情感。当琴声雄壮高亢时，代表着“高山”的雄伟气势，钟子期听后，马上领悟并说：“这琴声，表达了高山的雄伟气势。”接着，当伯牙变换手法，琴声变得清新流畅，如同山间溪水潺潺，这代表了“流水”。钟子期再次准确辨识出：“这后弹的琴声，表达的是无尽的流水。”

两人之间的这次交流，使伯牙非常惊喜。于是，伯牙邀请钟子期上船交谈，两人像知音一样，谈得十分投机，约定第二年中秋再相会。

到了第二年中秋，伯牙按时赴约，但钟子期未现身。一老人告知伯牙，钟子期已过世，但曾留言希望能听到伯牙的琴声。伯牙悲痛，为钟子期弹起《高山流水》。之后，他损坏了自己的琴，悲叹失去了唯一的知音，再无人能听懂他的琴声。

95. 伯牙为什么非常惊喜？

96. 第二年中秋，伯牙为什么又来到汉阳江口？

97. 你认为在现代社会，找到知音是一件困难的事情吗？请给出你的理由。

第95—97题结束。

现在开始第98题。请听一段材料，材料听完后有一个问题。你有3分钟的准备时间，3分钟的回答时间。现在请听材料。

黄伟芬，被称作“航天员女教头”，是中国首位女性航天员系统总指挥。30年来，黄伟芬已8次把自己选拔培训的航天员送上太空。在她的带领下，中国成功地进行了一系列载人航天任务，进一步稳固了中国在国际航天领域的地位。黄伟芬表示：“航天的挑战与风险永远伴随，但正是这些困难与未知驱使我们不断前进。”

98.请结合听到的内容，谈谈你对航天事业的看法及人类探索未知的精神。现在请开始准备第98题。

准备时间结束，请在“滴”声后开始回答。

好，考试现在结束。

参考答案

全真模拟题 1

一、听力

第一部分

1. × 2. √ 3. √ 4. × 5. √
6. × 7. × 8. × 9. √ 10. √

第二部分

11. D 12. B 13. C 14. A
15. 时间的门槛
16. A 17. B 18. 戏剧艺术和中国传统文化
19. 精确地再现历史
20. C 21. A 22. A

第三部分

23. A 24. B 25. A 26. C 27. 与时俱进/创新
28. D 29. D 30. C 31. C 32. D
33. 简洁又形象 34. B 35. A 36. A
37. D 38. 耐心 39. D 40. C

二、阅读

第一部分

41. D 42. A 43. C 44. A 45. D
46. C 47. B 48. B 49. D 50. C
51. B 52. B 53. A 54. B 55. A
56. D 57. C 58. D 59. D 60. A
61. D 62. B 63. A 64. B 65. A
66. D 67. B 68. C

第二部分

69. F　　70. A　　71. C　　72. G　　73. D

第三部分

74. 传报信息。
75. 西周。
76. 盛极一时。
77. 表示军情紧急。
78. 3000多只。
79. 官府的紧急公文。
80. 中国邮驿的发展史。
81. 《神农本草经》。
82. 化妆品、保健品。
83. 五代。
84. 山东菏泽。
85. 形态和生态习性。
86. 繁荣兴旺、富贵吉祥。
87. 数量多。

三、写 作

88. 参考答案：

这些数据展现了用户在更换手机时选择品牌的主要考虑因素。首先，高达65%的用户因为“一直在用这个品牌”而再次选择了相同品牌，显示出品牌忠诚度在手机选购中扮演着非常关键的角色。其次，35%的用户因为“品牌是国产的”而选择，这反映了国产手机品牌正不断壮大，同时显示出消费者对本土品牌的支持与信赖。接着，33%的用户觉得选定品牌的“大众口碑好”，说明消费者评价与市场口碑仍然是影响手机购买决策的重要因素。

相对较低的12%的用户选择品牌是因为“别人推荐过”，显示出虽然朋友和家人的建议有一定的影响，但相对其他因素，推荐的影响力较小。最后，有8%的用户因“喜欢其某个款式”而选择该品牌，这部分用户更注重手机的外观设计或特定功能。

总体来说，品牌忠诚度、国产认同度和大众口碑是决定用户选择手机品牌的前三大因素。

89. 参考答案：

身为一名国际留学生，我对孔子在《论语》中所述的“三人行，必有我师焉”深有体会。这句话不仅指引了我的学习方向，也在很大程度上塑造了我的人生态度。

首先，这句古老的智慧教导我，无论身处何地、与谁共事，都有学习的机会。这种深刻的教诲在我的留学生活中尤为重要。每个人，无论来自哪个国家，都有自己的知识、经验和观点，这些都可能成为我学习的源泉。身处国外，我周围的人来自世界各地，拥有不同的文化背景和生活经历，这些差异使我有机会接触到更丰富、更多元的知识和视野。此外，这句话也鼓励我以开放的心态对待不同的声音和观点，这对我适应新环境、理解不同文化具有重要作用。

其次，“择其善者而从之，其不善者而改之”是对自我反思和自我提升的倡导。当我在他人身上看到优点，我会尝试吸取并运用到自己的生活和学习中。同时，我也会在他人的缺点中看到自我改进的空间，这种反思使我能够持续自我提升，而不是满足于现状。这种自我修正的意识在我面临困难，遇到挑战时尤其重要，因为它让我意识到我可以通过努力和学习，改变自己，进而改变我所面对的情况。

然而，这并不意味着我应该盲目地模仿他人，或者对他人的缺点进行无情的批判。相反，我应该有独立思考的能力，了解哪些是我应该学习的，哪些是我应该避免的。这就要求我对自己有足够的了解，明白我所追求的是什么，我所坚持的是什么。只有这样，我才能在这个纷繁复杂的世界中，保持自我而不迷失。

总的来说，我坚信“三人行，必有我师焉”这一古老的智慧在今天依然有着重要的价值。它教我怎样去学习，怎样去生活，怎样去成长。这是一种敬畏知识、尊重他人、反思自我、永不止步的人生态度，我将带着这种态度，继续我的留学生涯，努力成为一个更好的人。

四、翻译

90. 参考答案：

中国的传统艺术，例如书法和陶瓷，对现代文化产生了巨大影响。这些艺术形式虽然历经岁月的变迁与发展，但其本质未曾改变。许多现代艺术家创作融合传统与现代的作品，通过这些作品将中国的历史与文化传承至现代。

91. 参考答案：

中国的高速铁路代表着该国的技术进步和国民生活的便利性。它被视为展示中国实现现代化与发展速度的重要指标。

许多中国人现在可以乘坐这种高速铁路，在短时间内长途旅行。在传统的节日或假期，无数人利用高速铁路回乡或前往旅游目的地。

此外，中国的高速铁路还为其他国家提供了技术转移的机会，促进了中国与其他国家之间的经济和文化交流。这使得中国在全球铁路技术领域中被视为领导者。

总之，中国的高速铁路象征着该国的创新发展和全球领导地位，并已成为中国公民便捷高效的交通工具。

92. 参考答案：

我设想了一下人工智能完全融入的未来生活的一天。早上醒来，人工智能会自动为我准备我最喜欢的咖啡。上班路上，自动驾驶汽车会安全地把我送到目的地。在工作中，人工智能会辅助我处理事务，并帮我高效管理时间。晚上，人工智能会为我推荐健康的饮食，并在睡前告诉我明天的日程安排。

93. 参考答案：

当面对压力时，以下建议将会有所帮助。

首先，要意识到自己的想法和情绪。由于压力会对我们的身心产生影响，因此了解我们自己的感受和想法是很重要的。

其次，保持健康的生活习惯。规律的运动、健康的饮食习惯和充足的睡眠对于管理压力非常有帮助。

第三，要适当休息。通过短暂的休息或假期来缓解压力并补充能量是很好的选择。

第四，与积极的人相处。他们的态度和行为往往会影响我们的态度和行为，并有助于减轻压力。

最后，寻求专业人士的帮助。与心理学家或咨询师进行咨询对于管理压力可能非常有用。

五、口语

94. 参考答案：

王美丽，我今天在公司网站上看到一个很适合你的职位——产品营销经理。这个职位的主要职责包括销售管理、市场分析和预测、团队管理以及紧急情况的处理等。岗位要求至少本科学历，两年以上团队管理经验，并且具备优秀的营销策划和执行能力。

我真心觉得这个职位非常符合你的专业背景和经验，而且我知道你一直想在这样的领域工作。地址在北京市海淀区，如果你有兴趣的话，我可以给你人事部门的联系方式，也可以帮你推荐或者联系人事部门安排面试。

95. 参考答案：

这个公司的员工们纷纷脱下自己的西服，用手撑开，围成人伞，使他们的客户免受雨淋。

96. 参考答案：

公司员工的团结精神是这个公司一直在行业中处于领先地位的原因。

97. 参考答案：

我同意这个观点。

首先，在团队或社交环境中，人们常常同时存在竞争和合作的关系。每个人都有自己的目标和利益，因此可能会在某些方面成为对手，争夺资源和机会。然而，他们也可以在共同的目标下成为合作伙伴，实现共同利益。

其次，人际关系中的利益冲突是常见的现象。每个人都有自己的需求和利益，当这些需求和利益发生冲突时，人们可能会发展出竞争的关系。然而，同样的冲突也可能为双方提供合作的机会，通过协商和合作解决分歧，从而建立更紧密的友好关系。

另外，每个人都有独特的个性、经验和技能。这些差异可能导致人们在某些方面产生分歧，因为他们的观点和方法不同。然而，这些差异也可以为团队带来互补的优势，通过相互学习和合作，使团队更具创造力和多样性。

最后，人际关系往往是复杂多变的。人们的情感、态度和互动方式受到各种因素的影响，如文化背景、个人经历、情绪状态等。因此，在人际关系中，人们可能同时扮演对手和伙伴的角色，动态的关系可以随着时间和情境的变化而变化。

总之，认识到人际关系中的对手和伙伴关系的存在，可以帮助我们更好地理解人与人之间的互动及其相互影响，有助于我们在处理冲突、促进合作和建立健康的人际关系时表现得更加灵活和富有同理心。

98. 参考答案：

“故天将降大任于是人也，必先苦其心志，劳其筋骨，饿其体肤，空乏其身”，这句话深刻地揭示了成长与困苦之间的紧密联系。我认为这句话传递出几个重要的观点和启示：

首先，这句话表达了成长与困难之间的因果关系。当天命注定要赋予某人重任时，不会轻易给予，而是通过使其经历磨难和挑战来培养其能力和意志力。困难和挫折是成长的必经之路，它们能够锻炼人的意志和毅力，促使我们不断超越自我。

其次，这句话强调了困苦对个人发展的重要作用。面对困境和挑战，人们需要付出更多的努力和奋斗才能克服困难。正是通过经历艰苦的环境，人们才能够深刻理解生活的本质，培养坚强的意志和应对逆境的能力，从而更好地应对未来的挑战。

此外，这句话也提醒我们在追求成功和接受重任的过程中，必须保持谦逊和务实的态度。经历苦心志、劳筋骨、饿体肤、空乏身的过程，会使我们更加珍惜机会和成果，同时也让我们懂得珍视身心的健康，注重平衡和内心的满足感。

总之，这句话启示我们在人生的道路上，应当勇敢面对困难和挑战，用积极的心态去应对磨难，从中汲取经验和智慧，不断成长，实现自身价值。磨难并非拦路的绊脚石，而是我们成长和成功的必经之路。只有在磨难中锻炼和超越自己，我们才能够承担更大的责任，并取得更大的成就。

全真模拟题 2

一、听 力

第一部分

1. √	2. ×	3. ×	4. ×	5. √
6. ×	7. √	8. ×	9. √	10. ×

第二部分

11. A　12. D　13. C　14. 温度和湿度
15. 高温天气和体育锻炼　16. B　17. B　18. C
19. 城市韵味/城市精神　20. D　21. B　22. C

第三部分

23. B　24. C　25. 细菌　26. A　27. C
28. B　29. D　30. B　31. D　32. 常规饮食
33. C　34. C　35. C　36. A
37. B　38. 技术和安全　39. C　40. A

二、阅 读

第一部分

41. B	42. C	43. C	44. A	45. C
46. D	47. A	48. C	49. B	50. B
51. A	52. D	53. C	54. A	55. D
56. B	57. B	58. B	59. A	60. C
61. D	62. D	63. A	64. C	65. C
66. B	67. D	68. C		

第二部分

69. G	70. D	71. B	72. C	73. E

第三部分

74. 鳄鱼。
75. 势力相等。
76. 数量多。
77. 被天敌吃掉。
78. 树叶上。
79. 保持卵的湿润。
80. 智慧和创新。
81. 安徽省。
82. 最初用花灯照明。
83. 大禹的妻子/女娇。
84. 举足轻重的地位。
85. 折扇、方巾。
86. 滑稽。
87. 小花场。

三、写 作

88. 参考答案：

这两组数据展示了在线旅游用户的性别和学历分布特征。

首先，从性别分布来看，男性和女性在在线旅游中的参与度相近，男性略多，占比52.8%，女性占比47.2%。这意味着在线旅游平台和服务对于两性都具有较高的吸引力，但男性用户占比稍高。

从学历分析来看，大部分在线旅游的活跃用户都受过高等教育。本科学历用户占比最高，达到43.3%，再到大专的23.2%，这两个层次的用户合计超过65%。相比之下，研究生用户则较少，仅占5.8%。高中、高职及中专技校用户占比为9.2%，初中及以下用户占比18.6%，这显示出即使在受教育程度较低的群体中，在线旅游也有一定的市场。

综合来看，在线旅游用户中，受过高等教育的群体占主导地位，这可能与这部分群体的收入水平、互联网使用频率及旅游消费习惯有关。同时，男女用户分布均衡，表明在线旅游业务需要针对两性都提供合适的服务与产品。

89. 参考答案：

孟子曾说过：‘穷则独善其身，达则兼善天下。”我完全赞同，并且觉得这对我自身和对我所处的社会有着深远的影响。

第一，“穷则独善其身”，这表明了在困难或者贫穷的环境下，我们应该首先善待并提升自己，确保自身的品格、道德、能力不受环境的影响。这个道理我深有体会，学习汉语的过程中，尤其是刚开始的时候，我常常面临各种挫折和困难。但我坚信，只有首先提升自己，无论是语言能力还是心理素质，才能逐步克服这些困难。因此，我一直在努力学习，不断自我提升，让自己在面对困难时依然保持乐观和坚韧。

第二，“达则兼善天下”，这个道理告诫我们，在得到成功或者权力后，应该用它来造福社会，而不仅仅是自己。在我看来，这就是一种社会责任感的体现。当我有能力的时候，我应该尽可能地帮助他人，让我所在的社区，甚至整个社会受益。学习汉语使我有机会接触到更多的人，了解他们的需求和困难，这使我有机会去帮助他们，同时也让我更深地理解了这个道理的重要性。

然而，我认为，“穷则独善其身，达则兼善天下”并不是两种相互排斥的状态，而是一个连续的过程。在任何时候，我们都应该保持对自我提升的追求，同时，我们也应该时刻准备着去帮助他人，去做一些有益于社会的事情。这样，我们就能在自我提升的同时，也使周围的世界变得更好。

总的来说，我深深地赞同孟子的这个观点，并且我认为它不仅仅是个人道德修养的一种指导原则，更是一种对于社会责任的深刻理解。无论我们处在什么样的环境中，都应该持续地提升自己，同时也不忘记对社会的贡献。我相信，只有这样，我们才能真正实现个人和社会的和谐发展。

四、翻译

90. 参考答案：

中国传统音乐对现代流行音乐产生了巨大的影响。当传统乐器与现代乐器相融合，古代的旋律与现代的节奏相结合时，就诞生了中国音乐的独特魅力。许多中国音乐家通过这种融合，创作出了在世界舞台上引人注目的音乐作品。

91. 参考答案：

在中国，“极端简化”或“极端简约主义”这一概念正逐渐受到欢迎。它意味着减少生活中不必要的物品和想法，只专注于重要的事情。

特别是，在现代中国城市中，随着生活节奏的加快和信息量的增加，人们越来越倾向于寻求内心的平静。许多年轻一代采纳了极端简约主义的原则，努力提升生活质量。

这一趋势也影响了中国的时尚和设计领域。简单而精致的设计受到青睐，这种趋势在各种商品中都可以看到。

极端简约主义在中国已成为一种新的生活方式的一部分，为人们的生活带来了更大的满足感和舒适感。

92. 参考答案：

上海正崛起为时尚与设计的中心地。这座城市提供了现代建筑与古典建筑相融合的独特景观。每年，这里都会举办各种时装秀和展览会，吸引全球设计师前来展示他们的作品。上海的时尚与设计已成为中国现代文化的核心。

93. 参考答案：

中国的城市因为共享单车热潮而经历了巨大的变化。共享单车为人们提供了便利的出行方式，并为缓解交通拥堵问题做出了巨大贡献。

许多中国人，尤其是年轻一代，在日常生活中，包括上下班，都使用共享单车。这种服务与智能手机应用程序相结合，使用户能够轻松找到并使用自行车。

然而，由于共享单车的普及，一些城市也出现了停车和回收问题。为了解决这些问题，中国多个城市已经制定了相关法规和指导方针。

总体来看，共享单车对中国城市的交通文化产生了革命性的变化，从而实现了更加环保和高效的城市生活。

五、口语

94. 参考答案：

老板，关于我们即将在香格里拉酒店举办的新员工入职团建活动，我已经与酒店方沟通了所有的安排，并得到了详细的报价。

- 商务套房：我们预订了10间商务套房，每个套房都包括早餐。总价为3490元。
- 宴会厅：适合20人的商务风格宴会厅，价格为1888元。
- 茶歇：西式糕点，为20人准备，总价780元。
- 花艺装饰：现代风格的百合和玫瑰，共4束，总价为276元。
- 其他装饰材料：包括舞台、打印机、投影仪、灯光、音响、背景板等，总价为899元。

总体费用为7333元。所有的安排均符合我们的要求和预算。请您审核，也请您告知是否有其他要求或需要更改。

95. 参考答案：

晋国的晋献公想要扩充自己的实力和地盘。

96. 参考答案：

因为虞国和虢国是相互依存的国家，有事可以互相帮助，万一虢国被灭了，虞国也就难保了。

97. 参考答案：

“唇亡齿寒”这个成语形象地描述了物体之间的相互依存关系。嘴唇若失去了，牙齿会感到寒冷，因为缺乏了嘴唇的保护。这不仅是对具体物体的描述，更是对事物间相互关系的深入揭示。

对于领导者而言，做决策不仅仅是考虑当前的情况和短期利益，更重要的是要有长远的眼光，考虑到决策可能带来的连锁反应和长期影响。以上述故事中的虞国国君为例，他在短暂利益面前迅速答应了晋国的请求，但未考虑到一旦虢国被攻占，虞国作为与虢国相互依存的国家也会面临被攻打的命运。

从这个角度看，领导者在做决策时应当站在更高的角度，全面考察各种可能的后果，而不仅是眼前的收益。只有这样，才能确保决策是明智和深远的，真正保障团体、组织或国家的长远利益。因此，“唇亡齿寒”不仅告诉我们物体间的依存关系，更告诫我们在决策时要有远见，避免盲目地为了短期的利益而损害了长期的发展。

98. 参考答案：

屠呦呦女士的贡献对世界医学领域产生了深远的影响。面对如此宏大的成就，她仍能淡然处之，坚守内心的初衷，这让我深受启发。对于她所说的“真实的科研是为了人类，而非荣誉”，我深以为然。

在我看来，科研的本质不仅在于追求答案或解决难题，更在于其对人类的实际益处。像青蒿素这样的发现，其背后并不是简单的实验和数据，而是对无数疟疾患者的希望和救赎。这样的发现才是科研的真正意义。

荣誉和名誉固然重要，它们是对科研工作者努力的一种认可。但如果我们将其视为科研的唯一目的，就容易陷入功利误区，甚至可能迷失初衷。正如屠呦呦所言，真正的科研应出于对人类的关心和责任，是为了解决实际问题，为人类带来福祉。

总之，屠呦呦的话提醒了我，无论在哪个领域，我们都应该始终坚守初心，为人类做出真正有意义的贡献，而不是仅仅追求名利和荣誉。

全真模拟题 3

一、听 力

第一部分

1. ×	2. ×	3. ×	4. √	5. √
6. √	7. √	8. ×	9. √	10. √

第二部分

11. D	12. A	13. C	14. D	15. 方便渡河
16. A	17. C	18. C	19. B	20. D
21. 增强皮肤的抵抗力		22. D		

第三部分

23. B	24. 胃部和食道		25. C	26. B
27. D	28. A	29. B	30. A	31. 生存
32. C	33. B	34. A	35. C	36. D
37. B	38. 文学	39. A	40. D	

二、阅 读

第一部分

41. A	42. B	43. D	44. B	45. D
46. A	47. C	48. B	49. A	50. D
51. C	52. C	53. D	54. D	55. A
56. D	57. C	58. A	59. B	60. B
61. A	62. A	63. B	64. A	65. B
66. D	67. A	68. B		

第二部分

69. F	70. D	71. G	72. A	73. B

第三部分

74. 1864米。
75. 轩辕黄帝。
76. 迎客松。
77. 黄山怪石。
78. 11月到次年5月。
79. 紫云峰下。
80. 黄山四绝。
81. 被动防御/装死。
82. 足和触角。
83. 小石头。
84. 没有办法。
85. 承压能力。
86. 一块。
87. 150牛顿。

三、写 作

88. 参考答案：

这些数据展示了从2019年至2023年间中国汽车及新能源汽车的销量情况。

从数据中可以看出，整体汽车销量在这五年中呈现出逐年增长的趋势。2019年，汽车总销量为2576.9万辆，而到了2023年，这一数字增加到了3009.4万辆，反映了汽车市场的持续扩大。

特别值得注意的是新能源汽车销量的显著增长。2019年，新能源汽车销量仅为120.6万辆，而到2023年时已激增至949.5万辆。这种快速增长显示出新能源汽车市场的迅猛发展。

此外，新能源汽车销量在汽车总销量中所占的比例也在显著提升。2019年新能源汽车仅占总销量的4.7%，而到了2023年，这一比例上升至31.5%。这表明新能源汽车正在逐渐成为主流，而传统燃油车的市场份额正在减少。这一趋势预示着未来汽车市场可能会更多地向新能源技术倾斜。

89. 参考答案：

作为一名汉语学习者，我深受中国古代文化的熏陶。《穀梁传》中的一句："人之所以为人者，言也，人而不能言，何以为人？言之所以为言者，信也。言而不信，何以为言？"这引起了我对诚信重要性的深思。

在我理解中，"言之所以为言者，信也"，强调的是言行一致、信守承诺的重要性。人的言语是我们思想、情感和意愿的直接表达。如果我们的言行不一，那我们的言语就会失去其真实意义，变得空洞和无力。在人际交往中，我们常常通过言语来传达我们的意愿，做出承诺，这不仅是表达自己，也是与他人建立关系的重要方式。如果我们不能信守承诺，我们的言语就会失去可信度，而这对我们的人际关系会产生深远的影响。

作为一名外国学生，我在学习中深深体会到了这个道理的重要性。学习语言不仅仅是学习一种表达方式，更是学习一种文化，一种价值观。在学习汉语的过程中，我需要做出承诺，比如按时完成作业，参加考试，这些承诺不仅仅是对老师的承诺，更是对自己的承诺。如果我不能信守承诺，我就会失去学习的动力和方向，而我的学习也就会失去意义。

在更广泛的社会生活中，诚信同样重要。无论是在商业活动中，还是在日常生活中，我们都需要信守承诺，保持诚信。如果我们不能做到这一点，我们就会失去他人的信任，而这会对我们的社会关系，甚至我们的社会地位产生严重的影响。这就是为什么我们常说，诚信是做人的基本原则，是社会的基石。

总的来说，我完全赞同《穀梁传》中的这个观点。在我看来，言行一致，信守承诺，是我们作为人类的基本责任，是我们的言语有意义的基础。只有我们做到这一点，我们的言语才能真正发挥其应有的作用，而我们的人际关系也才能得到真正地加强。我相信，诚信是我们个人和社会发展的重要基础，是我们赢得他人尊重和信任的重要途径。

四、翻译

90. 参考答案：

徒步旅行是近距离感受自然的好方法。许多人选择远离城市的喧嚣，到森林或山中漫步。这样走着，享受着清新的空气和美丽的风景。

91. 参考答案：

在中国的传统文化中，“礼尚往来”是基于相互尊重和体谅的人际关系的重要理念。

例如，在中国，表达祝贺或哀悼时，有送小礼物的习惯。收到礼物的人在以后有机会时以同样的心意回应，这是一种礼貌。这样的行为有助于加深彼此的关系并建立信任。

此外，在中国的家人或朋友之间，这种“礼尚往来”的文化也根深蒂固。在生日派对或特殊活动中，人们通过此来表达感激和爱意。

总之，“礼尚往来”是中国社会中维持人际关系更加深厚的核心原则之一。

92. 参考答案：

我的宠物是我生活中最幸福的部分之一。它们不断给我带来欢乐和爱，在我艰难的时刻给予我安慰。它们真挚的表情和行动让我欢笑，让我的每一天都充满阳光。此外，它们还教会了我责任感和体贴，这对我的人际关系也有很大的帮助。我的宠物不仅仅是宠物，它们是我珍贵的家人和朋友。

93. 参考答案：

对于年轻人来说，职业规划是他们为未来迈出的重要一步。从小，他们就被鼓励追求自己的梦想，并在家人或老师的指导下规划未来。

如今，在中国，高等教育被视为更加重要，获得学士或硕士学位已成为许多职业的必备条件。因此，中国的年轻人正在投入大量的时间和精力来为大学入学做准备。

另一方面，中国年轻人梦想在人生的各个领域取得成功，并正在探索各种职业。他们追求作为企业家、艺术家、科学家、教育工作者等的职业生涯，并努力最大限度地发挥自己的热情和能力。

总之，职业规划对于中国的年轻一代来说是承担自己未来责任、建立成功职业生涯的必经过程。通过这一过程，他们可以最大限度地发挥自己的潜力，并对社会做出积极贡献。

五、口 语

94. 参考答案：

各位建筑专业的同学，我想向大家介绍一个很好的机会，2023第七届全国大学生建筑设计大赛。

竞赛主题是“协同”。它着眼于城市与乡村人居环境的组成要素，通过城市设计、建筑设计等方面，提出空间、实体和功能间的创造性协同模式。

奖项非常丰厚，包括一等奖5000元，二等奖3000元，三等奖1000元，并都有获奖证书；还有若干优秀奖。

大家可以在大赛官网上在线报名，报名时间从2023年3月25日到4月25日。本科生和研究生都可以参赛，可以个人或团队（不超过3人）参赛。

设计要求包括图纸的规范表达、设计的实用与美观、新技术和新材料的运用等。

我真心希望大家积极参与这次比赛，这不仅是一个展示才能的舞台，还是一个学习和成长的机会。这个比赛能让你们与全国的优秀学生互动交流，提升自己的综合能力和专业素养。希望大家踊跃报名，努力争取好成绩！

95. 参考答案：

7小时38分钟。

96. 参考答案：

因为它让人们的生活和工作方式发生了实质性的变化，可以说，中国大地正在迅速地被高铁连接成“一日生活圈”。

97. 参考答案：

技术进步，尤其是高铁这种交通革命，对现代社会的生活和工作方式产生了深远的影响。这些影响不仅局限于单纯的时间节省，还涉及人们的心态、选择和整个国家的经济发展。

首先，从时间上看，高铁显著缩短了旅行时间。人们可以在一天内往返于两地，实现“朝发夕至”。例如，北京至广州只需要7个多小时就可抵达。这为商务人员、学者、旅客和普通民众提供了更大的便利性，使得更远距离的出行成为可能。

其次，高铁的出现和快速发展，改变了人们对距离和空间的认知。以往被认为是远程的城市现在因为高铁的贯通变得近在咫尺。这种快速的连接性使得中国的很多中小城市有了更多的发展机会，也促进了人口的流动和资源的分配。

此外，这种便捷的交通网络也影响了人们的工作和生活方式。例如，一些人可能选择住在一个城市，但每天通勤到另一个城市工作，高铁使得这种通勤模式成为可能。这种变化可能进一步促进房地产、服务业和其他相关产业的发展。

经济上，高铁不仅推动了旅游业的繁荣，还刺激了相关的产业链，如高铁建设、维护、服务等产业的兴起。中小城市之间的连接也带来了商业和人才的流动，进一步拉近了城市间的经济差距。

最后，这种技术进步也带来了心态上的变化。人们开始更加重视时间效率，也更加注重与远方的联系。同时，高铁也为人们提供了更多的选择，无论是工作、学习还是休闲。

综上所述，技术的进步，特别是高铁技术，为现代社会带来了方方面面的变革，不仅仅是交通的便捷，更多的是对人们生活和工作方式的影响。

98. 参考答案：

林徽因女士的事迹深深地触动了我，让我重新审视了承担社会责任的重要性。

在动荡的历史时期，林徽因选择留在祖国，是因为她深深理解到个人的责任和使命。作为第一位女建筑学家，她本可以选择去国外寻求更为稳定和舒适的工作环境，但她选择了留下，投身于自己热爱的建筑事业，并为保护中国古建筑做出了巨大贡献。她的这种精神让我深感敬佩。

从林徽因的事例中，我认识到社会责任不仅是一种义务，更是一种对自己、对社会、对国家的忠诚和热爱的体现。每一个人都是社会的一部分，我们的成长、成功与社会息息相关。因此，我们不能仅仅关注自己的利益，而应该时刻思考如何回馈社会，为社会的进步和发展做出贡献。

在现今社会，承担社会责任不仅限于那些伟大的事业，每个人在日常工作和生活中都可以为社会做出贡献。无论是关心弱势群体，还是参与环保活动，甚至是在工作中追求卓越，都是承担社会责任的体现。

总的来说，林徽因的故事让我深刻理解了承担社会责任的重要性。这种责任感将引导我在未来的生活和工作中，不仅要追求自己的梦想和目标，也要时刻关注社会的需求，用自己的实际行动为社会的进步做出贡献。

全真模拟题 4

一、听 力

第一部分

1. × 2. × 3. × 4. √ 5. √
6. √ 7. × 8. √ 9. × 10. ×

第二部分

11. A 12. 青铜神兽 13. B 14. 枯燥辛苦的
15. D 16. C 17. D 18. 单纯性肥胖
19. C 20. B 21. C 22. A

第三部分

23. C 24. A 25. D 26. D
27. 高举双臂的小人儿 28. C 29. A 30. 羊毛毯
31. D 32. C 33. D 34. C 35. C
36. B 37. 主体/中轴 38. D 39. B
40. C

二、阅 读

第一部分

41. A 42. B 43. C 44. D 45. B
46. D 47. B 48. A 49. D 50. C
51. D 52. C 53. A 54. B 55. A
56. C 57. C 58. D 59. A 60. B
61. D 62. B 63. B 64. A 65. A
66. C 67. A 68. B

第二部分

69. D 70. B 71. A 72. C 73. E

第三部分

74. 宜宾酿酒历史悠久。
75. 明代。
76. 改进了配方。
77. 眼睛看不过来。
78. 打开陶罐。
79. 巴拿马金奖。
80. 从古使用至今。
81. 新年。
82. 李光庭。
83. 斗方。
84. 很多，不止一种。
85. 拙朴。
86. 辟邪除灾。
87. 年画内涵丰富。

三、写作

88. 参考答案：

这组数据展示了消费者被餐饮“老字号”所吸引的主要原因。

首先，品牌的知名度和信誉是最大的吸引因素，有62%的人因此关注或消费“老字号”。这表明，对于“老字号”来说，其长久积累的品牌形象和声誉仍是其最主要的竞争力。其次，49%的人认为“老字号”的产品实力有保障，这显示了消费者对经历过时间考验的品牌在产品质量上的信任。此外，产品创新（例如口味、样式、包装等）也是一大吸引点，吸引了42%的消费者。同时，产品的独特性吸引了40%的消费者，说明消费者不仅追求产品的新鲜感，也很重视传统文化的传承。品牌故事对27%的消费者有吸引力，展现了品牌背后的故事和文化对于消费者的吸引力。而跨界合作则相对较低，只有12%的人因此产生兴趣。

综合看来，“老字号”的品牌形象、产品质量和独特的文化传承是其主要的吸引力，而产品的创新和品牌故事也是不可忽视的因素。

89. 参考答案：

我对“居安思危，思则有备，有备无患”这句话有深刻的理解和认同。这句话提醒我们，无论是个人还是社会，都要有远见，预见可能的危机，并提前做好准备，这样才能避免或减轻危机的影响。

第一，从个人的角度来看，“居安思危”的道理是显而易见的。我们的生活中充满了不确定性，我们无法预知未来会发生什么，但是我们可以预见可能存在的风险，并提前做好准备。比如，我在学习中文的过程中，就会预见可能存在的困难，如语法复杂、词汇较多等，所以我会提前做好准备，如多读多写，以应对可能出现的问题。

第二，从社会的角度来看，“居安思危”的道理同样适用。无论是社会还是国家，都需要有远见，预见可能的危机，并提前做好准备。比如在经济领域，一个国家不能仅仅满足于当前的经济繁荣，而且要预见可能的经济危机，并提前做好应对措施。这样，即使发生经济危机，也能尽可能地减轻其影响。

然而，我认为，“居安思危”并不是要我们时刻惶恐不安，而是要我们有预见性，有准备心态。这就需要我们具有广阔的知识视野，对事物有深入的理解和分析，同时也需要我们有积极的心态，对未来充满信心。只有这样，我们才能在面对危机时，有足够的智慧和勇气。

总的来说，我赞同“居安思危”的观点，我认为这是一种智慧的体现，是我们在面对生活的不确定性时，可以持有的一种积极态度。无论是在学习上，还是在生活中，我都会持有这种态度，预见可能存在的问题，并提前做好准备。我相信，只有这样，我们才能更好地应对生活中的挑战，达成我们的目标。

四、翻译

90. 参考答案：

中国的茶文化有着数千年的历史。饮茶不仅仅是为了享受饮料本身，更蕴含了深远的意义。从传统的茶叶制作方法到茶饮中所蕴含的哲学，这些都体现了中国深厚的文化遗产。在现代化的中国城市中，也很容易发现这种传统茶文化的痕迹和影响。

91. 参考答案：

中国传统的“养生”或“保护健康”的概念已被重视了数个世纪。这意味着维持身心的平衡，寻找预防疾病的方法。

许多中国人习惯于早上在公园练习太极拳来养生。此外，他们也重视因时制宜，根据不同季节摄入适宜的食物来维持健康。

最近，年轻一代也开始对中国的传统养生方法产生兴趣。在数字化时代的压力和繁忙的日常生活中，人们认为与自然共处的时间变得尤为重要。

总的来说，“养生”是中国文化的核心部分，作为一种提高人类生活质量的方法，它一直在被传承着。

92. 参考答案：

周五晚上，北京的三里屯热闹非凡。年轻人们在各式各样的酒吧和俱乐部里享受夜晚。城市的灯光下，音乐、舞蹈和时尚融为一体。三里屯作为中国现代青年文化的代表性场所之一，是体验城市新文化潮流的好去处。

93. 参考答案：

播客目前正成为数字媒体的主要形式之一。

播客最大的优点之一就是其灵活性。人们可以在任何时间、任何地点收听播客，而且可以通过智能手机、平板电脑、电脑等多种设备访问。

此外，播客涵盖了学习、娱乐、新闻更新等多种主题，使人们可以轻松获取所需的信息。

进一步来说，播客有助于人们高效地利用时间，如在上下班、打扫、运动时都可以收听，从而最大限度地有效利用时间。

最后，播客是提供深度信息和知识的媒体，可以帮助人们更深入地理解特定主题并获得新的观点。

五、口语

94. 参考答案：

各位部门的同事，我现在向大家介绍我们公司安排的一系列海外业务培训。

（1）国际商务：培训将于7月1日至2日进行，2天，每天6课时，在3楼宴会厅。通过公开课的方式呈现，涉及国际产品商务报价、国际采购、产品供应和物流管理等内容。所有海外业务人员都需要参加。

（2）销售技巧：时间为7月15日至16日，2天，每天6课时，在4楼小会议室。我们会进行表达练习，讲解售前准备、销售人员形象、客户关系的建立与维持等。同样适用于所有海外业务人员。

（3）产品思维：时间是8月3日至4日，2天，每天6课时，在3楼会议室。采用公开课形式，内容包括把握客户需求、提升客户体验等。适用于海外业务开发人员。

（4）海外项目管理：时间在8月15日至18日，4天，每天6课时，在6楼大会议室。通过沙盘模拟来教授风险管理、合同管理等。适用于海外项目管理人员和技术人员。

请大家提前做好准备，并积极参与，把握这次学习提升的机会。

95. 参考答案：

用户投诉海尔的冰箱存在质量问题。

96. 参考答案：

海尔要用质量征服市场。

97. 参考答案：

我完全认同“质量为先”的产品意识。

首先，只有高质量的产品可以赢得消费者的信任，并在竞争日益激烈的市场中建立一个稳固的品牌形象。正如海尔的案例所示，坚持质量意识使其在竞争中立于不败之地。

其次，虽然短期内，牺牲质量可能会带来成本节约或更快的生产速度，但长远来看，质量问题会导致品牌信誉受损、顾客流失，甚至可能面临法律诉讼。在张瑞敏的例子中，他明白如果允许不合格的产品进入市场，那么这种低标准会变成一种常态，最终损害公司的声誉。

再次，高质量的产品不仅能满足顾客的基本需求，还能超出他们的期望。满意的顾客更有可能成为忠诚的重复购买者，并且他们还会通过口口相传为品牌进行推广。

最后，优质的产品减少了维修和退货的可能性，从而减少了售后支持的成本。相反，劣质的产品可能导致高额的售后维修费用和管理退货的成本。

总之，质量是企业的生命线，是其长久发展的基石。无论是对消费者、员工还是企业自身，都应坚守质量为先的原则。

98. 参考答案：

作为一名汉语学习者，我深刻意识到王阳明的“知行合一”思想在语言学习中的深远意义。学习一门新的语言，不仅仅是对语法、词汇的掌握，更重要的是如何将所学运用于实践中。

“知行合一”为我提供了一个非常明确的方向：学习汉语并不仅仅停留在书本和课堂上。当我了解到一个新的语法结构或词汇时，我会尽量在日常生活和交流中使用它，将所学的知识转化为实际的语言运用能力。正如王阳明所强调的，知识如果不能转化为实践，便是空洞无物。

此外，对于我这样的汉语学习者而言，真正的挑战在于跨越文化鸿沟，理解背后的文化和思维方式。王阳明的这一思想让我明白，学习语言不仅仅是学习说话，更是学习一种文化、一种思维方式。这需要我不断地实践，与母语为汉语的人交往，深入了解他们的生活和文化。

总的来说，王阳明的“知行合一”思想对我来说，是一个鼓励和指导，提醒我不仅仅要学会说，更要学会行，将所学的汉语知识真正地运用到生活中，感受其中的魅力和深度。

全真模拟题 5

一、听力

第一部分

1. √　2. ×　3. ×　4. √　5. √
6. ×　7. √　8. √　9. ×　10. ×

第二部分

11. 首个完全自研的系统　12. B　13. A
14. C　15. C　16. D　17. 有仙气/有神采
18. A　19. B　20. D　21. A
22. 线条及诗意之美

第三部分

23. 刺绣　24. A　25. D　26. B　27. C
28. A　29. C　30. B　31. C　32. 棕榈猫的数量
33. D　34. D　35. B　36. A　37. B
38. 云雾　39. B　40. C

二、阅读

第一部分

41. A　42. C　43. D　44. D　45. D
46. C　47. B　48. A　49. C　50. D
51. B　52. D　53. B　54. D　55. D
56. B　57. A　58. D　59. B　60. C
61. B　62. D　63. D　64. C　65. A
66. B　67. B　68. D

第二部分

69. B　70. F　71. A　72. G　73. D

第三部分

74. 光线也是光子流。
75. 压力太小。
76. 2分硬币的重量。
77. 可推动航天器。
78. 受照面积。
79. 表面镀了铝或银。
80. 31.54千米/秒。
81. 白色污染。
82. 可降解塑料。
83. 变成小碎片。
84. 二氧化碳和水。
85. 可变成肥料。
86. 庄稼/土豆和玉米。
87. 有突出的成绩或效果。

三、写 作

88. 参考答案：

这两组数据展示了从2014年至2022年中国移动游戏用户规模及其年增长率的变化。

首先，中国移动游戏用户规模从2014年的3.58亿人增长到2022年的6.54亿人。在这期间，2015年的4.55亿和2016年的5.28亿分别比前一年增长了27%和16%，显示了这两年移动游戏市场的快速扩张。但到2017年，用户规模增长放缓，仅增长5%，达到5.54亿。随后几年，尽管用户规模还在增加，但增长率逐渐减小，例如2019年只有3%。到2021年，用户数增长已停滞，说明市场已进入饱和状态。

结合用户规模和增长率，我们可以看到中国移动游戏市场在2014—2016年经历了一个高速增长期，而随后增长逐渐放缓，直至2021—2022年停滞不前。这可能是因为市场已接近饱和，大部分潜在用户都已经被吸纳进市场，同时也可能反映出移动游戏行业面临的挑战和竞争加剧。

89. 参考答案：

我作为一名对汉语和中国文化有浓厚兴趣的外国学习者，对《道德经》中的这段话深有感触。这段话讲述了一个道理，那就是大事往往从小事开始，长远的目标需要一步一步地努力实现。我坚决赞同这一观点，并在我的学习和生活中，我也一直坚守并实践着这一理念。

首先，从我的汉语学习经历来看，我深深感受到了这一道理的真实性。学习一门新的语言，就像是开始一场千里之行，需要从最基本的“足下”开始，比如学习汉字，学习语法，学习发音，然后逐渐积累，从简单的句子开始，再到复杂的文章，最后才能熟练掌握这门语言。在这个过程中，每一步的积累，每一次的努力，都像是《道德经》中提到的“累土”，虽然看似微不足道，但实际上却是构建“九层之台”的重要基石。

其次，我相信这个道理同样适用于人生的其他方面。在任何领域中，无论是科学研究、商业创新、艺术创作，还是健身锻炼，我们都需要从小事做起，逐步积累经验，培养能力，最终才能实现长远目标。因此，“千里之行，始于足下”这一观点，其实是我们在面对人生挑战时，需要拥有的一种积极态度。

然而，赞同这一观点并不意味着我们可以满足于做小事。相反，我们应该有远大的目标和理想，但在追求这些目标和理想的过程中，我们需要扎实的脚步，一步一步地前进，这就需要我们坚持不懈，从小事做起。

总的来说，我深深地赞同《道德经》中这一观点，并在我的学习和生活中得到了充分的实践。我相信，无论是学习还是生活，只有我们始于“足下”，逐步积累，坚持不懈，才能最终实现目标。这不仅是一种实际的态度，更是一种智慧的体现，是我们在追求人生目标时不可或缺的精神支柱。

四、翻译

90. 参考答案：

健身房和体育馆在城市各地迅速增加。人们越来越重视运动，以此来管理身材和保持健康。特别是现代人，为了缓解日常生活中的压力和追求健康生活，选择坚持运动。

91. 参考答案：

近年来，中国在新能源汽车领域取得了快速发展。这一发展得益于中国民众对环境问题和可持续发展的关注度日益提升。

新能源汽车被视为改善城市空气质量、减少碳排放的重要手段。中国许多城市都为购买新能源汽车的消费者提供奖励金和其他优惠政策，以促进新能源汽车的普及。

此外，中国的汽车制造商也在全球新能源汽车领域崭露头角，成为了领头羊。他们的研发能力在国际市场上也获得了高度评价。

总之，中国的新能源汽车产业不仅反映了民众对环境保护和可持续发展的意识转变，还为此迈出了走向更美好未来的重要一步。

92. 参考答案：

在忙碌的日常生活中，外卖订餐服务深受欢迎。通过智能手机应用程序，可以轻松订购各种美食，并快速送达到家或办公室。这项服务因其便利性和多样性受到许多人的喜爱。

93. 参考答案：

中国拥有世界上最丰富多样的饮食文化。其中，素食主义自古以来就在中国人中占据了一席之地。在传统的中国菜肴中，人们利用各种各样的蔬菜、蘑菇、豆腐等食材，制作出美味且营养丰富的佳肴。

近年来，随着人们对健康关注的增加，素食主义也在中国年轻一代中流行起来。许多餐厅和饭馆都提供多样化的素食菜单，以满足消费者的不同选择。

不仅如此，在中国的街头美食文化中，也有许多素食小吃备受欢迎。中国的素食文化在现代与传统之间不断发展和演变。

五、口语

94. 参考答案：

各位同事，春节即将来临，我来通知大家关于即将举行的2023年度公司年会的一些重要信息。

年会定于2024年2月2日（星期五）举行，具体地点我们后续会再通知大家，但请大家放心，公司会统一为杭州地区的员工安排大巴车接送，确保大家能够顺利到达。请大家在2024年1月25日前完成乘车人员的统计，并将信息提交给行政中心。

关于乘车安排，我们定在2月2日下午1点30分在香格里拉大酒店3楼宴会厅集合，然后统一前往年会现场。请大家务必准时到达，不要迟到。

年会的议程主要包括总结表彰大会和迎春晚宴两部分。在着装方面，表彰大会环节，请大家穿着现行工作服，男士着西服、戴领带，女士着西服；晚宴环节，大家可以自由选择着装。

此外，我想强调的是，请大家务必准时参会。签到时间定在下午4点到4点30分，会议结束后，我们会有序进入晚宴现场，晚宴签到时间是5点30分到6点，签到后请大家到指定位置入座。

另外，我们部门需要准备2个节目，请大家有序组织排练，并跟进节目的进展。晚宴时，每桌会设一名桌长，负责维护本桌的秩序，并协助组织晚宴活动。

此次年会是我们共同总结过去、展望未来的重要时刻。让我们以饱满的热情、团结的姿态共同迎接新的一年，共同创造新的辉煌！

感谢大家！

95. 参考答案：

钟子期听懂了伯牙琴声中想要表达的内容。

96. 参考答案：

来和钟子期相会。

97. 参考答案：

在现代社会，找到知音或许比古代更具挑战性，但也更具可能性。

首先，在社交媒体和互联网的时代，人们有机会接触到比以往任何时候都多的人，这为我们提供了更多的机会遇到那些与我们志趣相投的人。现代社会的多元性意味着每个人都可以找到与自己相似的群体。兴趣小组、线上社群等都为人们提供了一个平台，让他们可以找到共同的话题和兴趣。

但与此同时，过多的信息可能导致人们浅尝辄止，难以深入地了解他人。现代生活的快节奏使得人们在日常生活的交流中可能没有足够的时间和精力深入了解他人，只能形成浅层的社交。尽管有了更多的通信工具，但现代社会中的个体可能会感到更加孤独和隔离。过度依赖技术可能导致人与人之间的真实情感连接被淡化。

总的来说，现代社会虽然为人们提供了更多的机会去寻找知音，但同时也带来了更多的干扰和挑战。真正的知音需要相互的理解、尊重和深入地交流，这需要时间和努力去建立和维护。

98. 参考答案：

航天事业，对于人类来说，既是一次次超越自我的冒险，也是对未知宇宙的一种执着追求。黄伟芬的这句话，深刻揭示了航天人面对的种种困难与风险，以及他们在如此艰难的条件下，仍然坚持探索与前进的原因。

航天领域的挑战不仅仅是技术上的，更有情感、物理和精神上的压力。每一次发射都可能面临巨大的风险，每一个小小的失误都可能导致整个任务的失败。但正如黄伟芬所说，这些风险和挑战反而成了航天人的动力源泉，他们视之为激励，更加努力工作，不断寻求新的技术与方法，从而确保任务的成功。

对未知的渴望，是推动人类不断前行的原动力。从古至今，人们都试图解开宇宙的奥秘，从古代的星象学到现代的天文物理学，这种对未知的好奇心从未改变。航天事业正是这种探索精神的最佳体现。面对浩瀚宇宙，我们渺小如尘，但我们依然勇敢地冲破大气层，试图触摸星辰。

总的来说，航天事业不仅仅是技术和科学的挑战，更是对人类意志和探索精神的一次次考验。黄伟芬的话，为我们提供了一个独特的视角，让我们更加深入地理解这个领域的魅力与价值。

题解

全真模拟题 1

一、听 力

第一部分

1. × 原文：它的西坡长满松、柏、柘、女贞等杂树，而东坡却只有雪松。
2. √ 原文：由于特殊的风向，山谷东坡的雪总比西坡的雪来得大。
3. √ 原文：雪松那富有弹性的枝丫就开始向下弯曲……其他的树没有雪松这个本领，树枝都被积雪压断了。
4. × 原文：西坡雪小，树上少量的积雪根本就压不断树枝。
5. √ 原文：但有时也需要像雪松那样先弯曲一下，做出适当的让步，以求反弹的机会。
6. × 原文：燕窝的蛋白质含量看上去不低，却敌不过常见的豆腐皮。“敌不过”的意思是“不能和……比较”。
7. × 原文：影视、广告中的明星们，他们的肌肤所呈现的状态多是靠化妆和影视后期加工，而非依赖吃燕窝之类的食品。
8. × 原文：能消费得起燕窝的人，必然用得起各类护肤品和化妆品，面对阳光暴晒的概率也会更低。要知道，阳光中的紫外线是导致皮肤老化的主要原因之一。
9. √ 原文：由心理上的认同感带来的“安慰剂效应”，让吃燕窝的人“坚信”自己皮肤光洁有弹性，这才是燕窝真正的功效。
10. √ 原文：这样的“知识体系”让吃燕窝的人笃信自己的选择和研究，并加重对燕窝的迷信和膜拜。

第二部分

11. D 原文：品牌所有者追求的是品牌溢价。
12. B 原文：我们的商业逻辑不是要靠涨价、提高毛利率获利，而是要通过降低成本获利。
13. C 原文：只有物流成本是唯一可以降的，而且降下来也不会影响公司的健康度。
14. A 原文：在当初您决定要创建物流系统的时候，同行们都不看好。
15. 时间的门槛 原文：所以做物流最大的门槛不是资金的门槛，而是时间的门槛。
16. A 原文：而电子产品的平均周转期只有 15 到 18 天。
17. B 原文：但近些年来，20—30 岁之间的观众占了 60%。

18. 戏剧艺术和中国传统文化　原文：那么《只此青绿》结合了戏剧艺术，结合了中国传统文化，我觉得这是它成功的前提。
19. 精确地再现历史　原文：在做影视剧时需要相对传统一些，服饰要尽量精确地再现历史，不能去误导观众。
20. C 原文：更多舞台艺术的题材，讲故事的同时也在抒情。就比如青绿舞段，它未必一定是宋代的某一个人，但它代表的是我对宋代的一个感受，我对于宋代《千里江山图》这幅画的一种感受。
21. A 原文：石青、石绿这样的颜色，你会发现蓝里面又泛绿，绿里面又透青，是有层次的。
22. A 原文：通过面料配合，你会发现镜头特写时，面料本身就像丘壑一样，有各种各样的褶皱。

第三部分

23. A 原文：稻香村经营的是南方糕点，过去北京人把这样的店称为南货店。
24. B　　　“门庭若市”指的是门前像市场一样，形容来的人很多，非常热闹。
25. A 原文：店伙计包好算账时，冰心才发现身上没有带钱。
26. C 原文：多年之后，冰心老人回忆起此事，对稻香村诚信的生意经仍赞不绝口。
27. 与时俱进 / 创新　原文：北京稻香村能取得今天惊人的发展速度，并不是只靠过去“老字号”的积累坐吃山空，而是与时俱进，持续不断地创新。
28. D 原文：北京稻香村有自己的研发部，以前是研发什么，生产销售什么，但是现在整个顺序完全倒过来了，要看消费者需要什么，只要顾客有需要，他们就愿意恢复和创新。
29. D 原文：这里的“平台”指的是供休息、眺望等用的露天台榭。
30. C 原文：“平台”原先也是电脑中的专业术语，如“系统平台”，意思是电脑里为应用软件提供基础、让软件运行的系统环境。
31. C 原文：由于电脑的普及与广泛运用，普普通通的“平台”摇身一变成为人们热衷的新词。
32. D 原文：同时它的意义也从“电脑操作系统”扩大到“一切虚拟的为某项工作提供支持的系统或层面”。
33. 简洁又形象　原文：由于它简洁又形象，渐渐成了书面语中的热词。
34. B　　　这篇文章介绍了“平台”一词从古至今的发展历史。
35. A 原文：他很想造出世上最好的纸，为师傅画像修谱，以表怀念之情。
36. A 原文：孔丹把树皮取下来用于造纸，经过反复试验，终于造出一种质地绝妙的纸来。
37. D 原文：宣纸具有很强的弹性和韧性。
38. 耐心　原文：生宣具有较强的湿染性，使得书写时困难加大。因此，它可以锻炼书写者的耐心。
39. D 原文：待墨迹晾干后，把晾干字迹后的生宣纸泡在清水里，即使泡上半天，着墨的生宣纸也不会发生跑墨现象，即墨汁不会因为水的浸泡而发生墨汁化开的问题。
40. C　　　本文介绍了宣纸的弹性、韧性、湿染性、吸墨性、胶着性等。

二、阅 读

第一部分

41. D 原文：其门面房子是中国古典式的木结构建筑，1994 年翻建仍保持着古色古香的建筑风格。

42. A 原文：这种独特的口感与选料精细分不开。

43. C 原文：早在清代，六必居自产自销的酱菜就被选作宫廷御品。

44. A 原文：商人给自己的店铺起字号和人们为自己的孩子起名字，从古至今都是一样，图个吉利、叫得响。像店铺的字号以带“庆”“福”“顺”等字的居多。

45. D 原文：严嵩提笔写了“六心居”三个字，转念一想又认为六人“六心”不好，所以在“心”字上加上了一撇成了“必”。

46. C 原文：六必居最初是个酒坊，它们酿酒必须齐全，下料必须优良，泉水必须香甜。还有人说，最早六必居的后厂酿酒，前店除卖酒外，还卖柴、米、油、盐、酱、醋等六样人们的日常生活必需用品，所以叫“六必居”。

47. B 遵循的意思是依照、按照、沿着。表示依据某种准则、规律或指导方针行事。常用搭配：遵循原则、遵循规则、遵循指导方针等。在此句中适合，因为六必居依据古训行事，强调厚德务实，成为腌菜行业中规模最大的企业。

48. B “十万八千里”是一个虚数，形容相距极远，也形容差距很大。

49. D 原文：现在的做法是，宇航员会在飞船里准备一个药箱，里面放上一些常用药物，比如退烧药、消炎药、止晕药等。

50. C “毫无”指一点也没有。常用搭配：毫无疑问，毫无保留，毫无意义。此处适用，表示宇航员一点也没有察觉。

51. B 原文：只要先将纳米碳放入胶囊模具，再填入人工细胞，最后用纳米碳或是蛋白质胶水将其黏合，一颗生物胶囊就制造成功了。

52. B 原文：太空中有无数能够威胁人体健康的因素，最主要的就是高强度的辐射，它会杀死宇航员的骨髓细胞并破坏其免疫系统。

53. A 原文：生物胶囊中填充的细胞可以检测到辐射强度的上升，并自动释放药物，保护人体。胶囊内装有一种“粒细胞集落刺激因子”，不仅可以帮助宇航员抵抗辐射，还可以帮助他们对抗其他常见太空疾病，比如感染、发烧、器官衰竭和失眠等。

54. B 原文：生物胶囊不是一次性用品，胶囊中的细胞可以通过自身新陈代谢维持活力。这些细胞的寿命从几个月到几年不等，因此每个胶囊都可以连续使用数年之久。

55. A “必不可少”指的是非常重要，不能缺少。常用搭配：必不可少的元素、必不可少的条件等。此处适用，表示高铁已经成为人们非常重要的交通工具。

56. D 原文：高铁噪声的来源有受电弓噪声、车头空气动力噪声、车辆上部空气动力噪声、车辆下部噪声和结构噪声等，比如我们“耳熟能详”的钢轨摩擦声就属于其中一种。

57. C 原文：科学家们在座椅周围放置多个扬声器，发出特定的声波来抵消噪声。就像武侠小说里的以毒攻毒，降噪头靠是以声消声，利用声波来抵消噪声。

58. D “兵来将挡，水来土掩”的意思是敌兵来了由将军抵挡，水来了用土堵塞。比喻根据具体情况采取相应对策。

59. D 原文：由于降噪头靠的核心控制器有自适应算法，因此能够监测噪声，并针对不同的噪声设计发出相应的声波，以实现更有效的降噪。

60. A 原文：降噪头靠是怎样形成降噪区的呢？答案是借助扬声器，也就是俗称的“大喇叭”。降噪头靠降低的是高铁噪声中的低频部分，属于主动降噪技术；噪声的高频部分一般使用吸声材料进行降噪，属于被动降噪技术。

61. D 原文：神奇的降噪头靠通过以声消声，还您清静。

62. B “不亚于”指的是不比……差；几乎相等或相当。常用搭配：不亚于前人、不亚于他人等。此处适用，表示毛毛雨在蚊子看来，与甲壳虫汽车的重量相当。

63. A 原文：一滴雨的重量可达到蚊子体重的 50 倍之多，人们所谓的毛毛雨，在蚊子看来，不亚于一辆辆甲壳虫汽车从天而 降。

64. B 原文：当雨滴正中蚊子身体时，它先顺应雨滴强大的推力与之一同下落，随之迅速侧向微调与雨滴分离并恢复飞行。

65. A 原文：但正是由于它体重极轻……这就像是“以柔克刚”，达到“四两拨千斤”的效果，没想到小小的蚊子还是个太极高手呢！

66. D 原文：当雨滴击中栖息于地面的蚊子时，雨滴的速度在瞬间减小为 0，这时蚊子就会承受相当于它体重 10000 倍的力，足以致命。

67. D 原文：蚊子并不像人们可能推测的那样去躲避雨滴，也不会因遭到雨滴的冲击而受伤，秘密之一就在于蚊子体重极轻。

68. C 原文：研究动物应对大自然的特殊本领，可为科学家和工程师提供新的设计思想，解决机械技术上的诸多难题。

第二部分

69. F 以第一人称的方式引入了主题——如何测量鲸的体重。段落 B 详细解释了为什么测量鲸的体重是一个难题，并提出了一种解决方案，即摄影测量法。

70. A A 中的“这种技术”指的是 B 中提到的“名为‘摄影测量法’的技术”。A 描述了这种方法在阿根廷的瓦尔德斯半岛的具体应用情况，与之前的技术细节相连。

71. C C 进一步解释了摄影测量法应用于 A 中提到的南露脊鲸的具体原理和操作方法。

72. G G 中“人类第一次测量鲸的体重”指的是 A、C 两段的内容。G 总结了测量鲸体重的历史背景，并强调了新方法的优点，与前文形成对比。

73. D　　D 中的“更加仁慈”指的是 G 中的“不需要杀死它们”。D 探讨了摄影测量法的优点和重要性，展示了这一方法的实际应用和意义。

最后，我们可以看出段落 E 与整体内容没有明显的逻辑关系，描述了无人机采集鲸鱼呼气样本来研究其 DNA 和健康状况，与摄影测量法并无直接联系，因此可以确定它为干扰项。

第三部分

74. 原文：一台燃起烽烟，邻台见之也相继举火，逐台传递，须臾千里，以达到报告敌情、调兵遣将、求得援兵、克敌制胜的目的。

75. 原文：到了西周，我国已经出现了比较完整的邮驿制度。

76. 原文：到了唐朝，这种制度更是盛极一时。

77. 原文：遇到紧急军情，就在信封上插根羽毛，驿亭接到插有羽毛的信后，便马不停蹄地飞速把信传递到收信人的手里。

78. 原文：当时，有个最大的“狗驿”驯养着 3000 多只专门送信的“邮犬”，这也是当时世界上最大的犬驿。

79. 原文：这种急递铺是专门传递官府的紧急公文的。

80. 原文：中国是世界上邮驿起源最早、最发达的国家之一，也是世界上最早、最成功地发现并运用通信规律组织书信传递的国家之一。中国古代创造和积累的一整套治邮经验，已在全球范围内被广泛借鉴。

81. 原文：秦汉时的医书《神农本草经》中就有关于牡丹的记载。

82. 原文：另外随着丹皮消炎、抗过敏、抗病毒、提高免疫力、祛斑美白等药效的不断发现，其应用范围正不断向化妆品、保健品等领域延伸。

83. 原文：早在五代时期，在《复斋漫录》中就记载了牡丹花的食用方法。

85. 原文：以山东菏泽为例，其牡丹栽培面积已达 80000 余亩，品种 1000 多个，是世界上面积最大的牡丹栽培、观赏和科研中心。

84. 原文：近年来，人们又发现不同地区栽培的牡丹不仅形态上有一定差异，而且生态习性上也有本质的差别，据此又把牡丹划分为不同的栽培类群（品种群）。

86. 原文：在中国的传统文化中，吉祥文化、喜庆文化是一个相当重要的内容，而牡丹繁荣兴旺、富贵吉祥的文化内涵恰恰与此相符合。

87. 原文：据不完全统计，历代吟诵牡丹的诗词约有 10000 首，与牡丹有关的小说、戏剧、影视、故事传说更是不胜枚举。

三、写 作

88. 本考题要求对一组关于用户更换手机时考虑所选品牌原因的数据进行“描述”与“分析”。所以，考生不仅要正确理解图表信息，还要对图表中的数据进行客观合理的分析。写作时，考生可以依据下面的写作步骤：

（1）理解图表信息

收集数据：首先认真观察图表，将所有的数据和信息收集齐全。

识别关键信息：确定图表中的主要信息，例如本题的五个选择因素和对应的百分比。

（2）组织结构

引入段：可以简要介绍图表的主题和目的。

主体部分：按重要性或逻辑顺序，分别分析每个因素。本例中，先分析了最高百分比的因素，然后逐渐分析较低百分比的因素。

总结段：对分析结果进行总结，提出主要结论。

（3）分析和解释

解释数据：例如，65% 的用户选择原因为"一直在用这个品牌"，这可以推断出品牌忠诚度的重要性。

联系实际情况：将数据与现实情况结合，如 35% 的用户选择国产品牌，反映了国产品牌实力的增强和消费者的信赖。

（4）其他注意事项

语言准确、清晰：确保使用准确的词汇和清晰的句子结构。

避免重复：因为时间和字数要求限制，尽量避免对同一信息的重复描述。

客观分析：客观地分析和解释图表中的信息，避免主观臆断。

通过对图表的仔细观察、合理分析和逻辑组织，考生能够完整、准确地描述图表信息，展现对数据分析和文字表达的能力。

89. 本题是话题作文，考查考生对于孔子的"三人行，必有我师焉"的理解与观点。考生可以根据以下步骤来着手书写。

（1）理解题目

这个题目引用了《论语》中的一句名言，关于从他人身上学习的重要性。考生首先需要理解这句话的意思，并思考自己是否赞同这个观点。

（2）结构安排

引入段：可以以个人经历、历史背景或者通过观察引入这个话题。例如，可以通过自己的学习或工作经历来展示这句话的实际意义，解释自己对这一观点的理解和立场。

主体段一：学习机会。解释如何从与不同的人的交往中学习，这可能包括学习新知识、理解不同文化等。

主体段二：自我反思和提升。强调从他人的优点中学习，从缺点中反省，以促进自我成长。

反驳段（可选）：简要提出可能存在的反对意见，并回应反驳。

结尾段：总结你的主要观点，重新强调这句话对你的影响，并将其联系到更广泛的背景或个人经历中。

（3）逻辑清晰

确保段落之间过渡自然，每个观点都有充分的解释和支持。使用具体的例子或经历可以增强论证的说服力。

（4）语言运用

可以考虑使用一些修辞手法，如对比、设问、排比等，使文章更有表现力。同时，语言要准确规范，切忌太过复杂或冗长。

（5）个人视角与情感

由于题目要求论述自己的观点，全文需要贯穿个人视角，可以用第一人称来展现自己的思考和感受。在论述时，注意情感的渗透，用真实的感受增加文章的感染力。

（6）注意审题

不要偏离主题，全文要围绕“三人行，必有我师焉”这一观点展开，切忌离题。

四、翻译

90. 翻译的难点在于准确描述中国传统艺术的特点和其在现代文化中的演变，以及如何准确表达艺术形式的本质与现代艺术家如何结合传统与现代。另外，需要注意：

（1）文化专有名词的处理

如“서예”（书法）和“도자기”（陶瓷）这些与中国文化紧密相关的专有名词，需要准确理解其文化内涵并恰当翻译。

（2）复杂的句式

有些句子结构较为复杂，需要恰当安排句式，以便准确表达原文意义，同时保持目标语言的流畅性。例如长句“많은 현대 예술가들은 전통과 현대를 결합한 작품을 창작하며, 이를 통해 중국의 역사와 문화를 현대에 전달한다”中注意“이”指的是前文提到的“作品”。

91. 本题关注中国的高速铁路，描述了它在中国的快速发展和在全球铁路技术中的领先地位。注意：

（1）专业词汇的准确翻译

被动语态往往是翻译的难点。这段话中“중국 국민들에게는 편리하고 효율적인 이동 수단으로 자리 잡았다”可以使用“被动的主体 + 被 + 行为的执行者 + 视为 + 形容词 / 名词 / 状态”这个句式进行翻译。

（2）复杂句式和连贯性

此段文章结构紧凑，翻译时需注意句子间的连贯性和逻辑性。

（3）文化背景理解

文章描述了中国高铁的影响和地位，需要了解一些背景知识以确保翻译的准确性。

五、口 语

92. 本题目描述了人工智能在未来生活中的完全融合和广泛应用。注意：

（1）科技词汇的处理

如“인공지능”（人工智能）、“자율 주행 차”（自动驾驶汽车）等。

（2）描绘未来景象的表达

需要准确地捕捉并传达未来生活中 AI 的各个方面，进行细致描述。

（3）保持通俗易懂

虽然涉及技术，但整体语言要通俗易懂，以便读者理解。

93. 本题提供了一系列面对压力时的建议，涵盖了情感、生活习惯、社交互动和专业帮助等方面。注意：

（1）行文逻辑和连贯性

文章按照一定的逻辑顺序排列了对抗压力的建议，翻译时要保持这一逻辑清晰。

（2）特定表达方式的准确转换

例如“첫째，둘째，셋째，넷째”等序数词的转换，以及建议的表述方式。

（3）理解心理和生理概念

文章涉及一些关于心理和生理反应的概念，需要对这些概念有一定的理解以保证翻译的准确性。

94. 在回答这个题目时，考生需要将招聘信息的关键内容准确传达给外籍朋友，并用合适的语言邀请她参加面试。注意：

（1）内容完整性

考生应确保涵盖了岗位责任、能力要求以及联系方式，但并不需要逐条罗列。可以通过归纳和总结的方式，挑选出与王美丽最相关的信息进行描述。

（2）语言准确性

需要用清晰、准确的汉语将信息表达出来，注意用词的准确性和语法的规范性。

（3）语境贴切性

因为是给朋友介绍工作，所以语言可以相对随和，但同时也要保持正式感，以表示对工作机会的重视。

（4）邀请词句的运用

要用合适的语言邀请朋友参加面试，并表示愿意提供帮助，体现友情和热情。

总体来说，这个题目考查了考生对商务招聘广告的理解能力，以及如何将商务信息以友好、礼貌的方式传达给朋友的能力。

95. 原文：眼看大家的衣服就要被淋湿，这时让人感动的场面出现了：这个公司的员工们纷纷脱下自己的西服，用手撑开，围成人伞，使他们的客户免受雨淋。

96. 原文：这个公司的员工迅速而默契地配合，是公司文化和精神的具体体现，他们的团结精神让人佩服。相信这就是该公司能够一直在行业中处于领先地位的原因。

97. 题目要求学生表述是否同意文章中提到的观点“在团队中，大家既是对手又是伙伴”，并阐述理由。

（1）明确立场

首先，应当清楚表达自己是否同意这一观点。这是回答的基础。

（2）支持的理由

团队内的竞争和合作关系：解释为什么团队内部人员可能同时扮演对手和伙伴的角色，如共同目标下的合作、争夺资源的竞争等。

人际关系中的利益冲突和合作机会：阐述如何通过协商和合作解决分歧，以及冲突和合作可能同时存在的情形。

个体差异的影响：描述个体之间因为不同的经验、观点和技能可能产生的分歧，以及如何通过互补和合作来增强团队的整体能力。

复杂多变的人际关系：说明人际关系可能因文化、经历、情感等因素的影响而在对手和伙伴之间转换。

（3）结论

认识到团队中对手和伙伴的关系，对我们理解人际关系以及促进合作具有重要意义。

（4）语言表达

在考虑内容的同时，也要关注语言的流畅性、连贯性和准确性。使用恰当的词汇和句型表达思想，确保表述清晰。

98. 回答本题时应注意：

（1）理解引文

首先要准确理解孟子这句话所表达的核心思想，即磨难对个人成长的重要作用。不仅要理解表面文字，还需挖掘背后的深层含义。

（2）联系背景

可以通过解释孟子的时代背景和思想来展开这一观点，体现出古代哲学与现代生活的联系。

（3）观点阐述

因果关系：详细解释成长与磨难之间的因果关系，如何通过挫折和困苦锻炼人的意志和能力。

人才发展：强调困苦对人才成长的推动作用，以及如何在磨难中培养人的逆境应对能力。

（4）结合生活实例

可举例解释这句话在现实生活或自身经历中的体现，以及在磨难中如何实现自我超越。

（5）总结

总结核心观点，强调磨难并非绊脚石，而是成长和成功的催化剂，提倡积极的心态和勇敢面对挑战的精神。

（6）语言表达

注意语言的准确性和流畅性，使用合适的词汇和句型来表达复杂的思想，确保语言的连贯性和一致性。

这道题目不仅测试了考生对文本内容的理解能力，还考查了考生的思维深度和语言表达能力。从某种角度来说，它也鼓励考生从哲学角度思考生活的真谛和个人成长的道路。

全真模拟题 2

一、听 力

第一部分

1. √ 原文：对门有个小店，里面住着夫妻二人，他们正愁没有食物吃，见水果店扔掉了许多烂梨，就拾来削去皮，挖掉腐烂的地方后发现梨肉依然甜美。
2. × 原文：春天没有梨吃，人们都想吃梨膏糖，一下子竟成了南方的名产。
3. × 原文：后来水果店老板知道了梨膏糖的秘密，他气不过，就在夜里写了一张纸，上书“天知道”三个字，贴在了梨膏店的大门上。
4. × 原文：男老板却说：“我们就以乌龟为商标。梨膏糖能止咳、延年益寿，乌龟也是长寿的象征。”
5. √ 虽然遭遇水果店老板两次贬低，但是夫妻俩都把两次贬低转变成了机遇。
6. × 原文：王羲之博采众长，自成一家，书法风格独树一帜，被后人誉为“书圣”。
7. √ 原文：由此可知，他在练习书法上所下功夫之深了。
8. × 原文：他就在院子里专门修建了两个水池子，一个用来刷洗笔砚，一个用来养鹅。
9. √ 原文：他编制了一套以鹅掌划水动作为主，融合大鹅行走、亮翅、觅食等独特姿态的“鹅掌操”。
10. × 原文：王羲之运用这套“鹅掌操”活动身躯四肢，既增强了体力，又促进了习练书法的功力，使自己的晚年生活更加健康充实。

第二部分

11. A 原文：然而，上周傍晚跑步时，她出现了想呕吐、目眩等症状，甚至一度晕厥，幸好在同事的帮助下，通过冷敷才逐渐缓解。

12. D 原文：做好防护措施，控制好运动量，及时补充水分，做到科学健身才能有效规避运动伤害。

13. C 原文：而热射病则是一种严重的急症，表现为高热和意识障碍，严重时甚至可能造成死亡。

14. 温度和湿度　原文：室内健身要注意温度和湿度。

15. 高温天气和体育锻炼　原文：面对高温天气和体育锻炼之间的矛盾，我们是否有更科学合理的健身方法和指导，既能达到健身效果，又能有效规避高温所带来的运动风险呢？

16. B 原文：应选择透气性好、吸汗快干的运动服装和鞋袜，以便身体能够更好地散热和排汗。

17. B 原文：为上海创作时代的"大画"。

18. C 原文：真正的"大画"并不是指纸张的大小，而是要有内容，有故事，讲述一个时代的故事或历史故事。它能够通过画面清晰地讲述一个问题，传达一个思想。这就是我心中的"大画"。

19. 城市韵味 / 城市精神　原文：我希望通过这幅画，让观赏者感受到上海的城市韵味和城市精神。

20. D 原文：展现浦东的一个难题是如何用中国画来表现现代化的高楼大厦，这在传统作品中无从借鉴，于是我吸收了西方油画的表现手法。

21. B 原文：尤其敬仰徐霞客，他用一生时间游历名山大川，留下对后世影响深远的《徐霞客游记》。艺术之路同样需要积累与游历。

22. C 原文：在山水画的世界里，我不断探寻其精神内涵……我用 10 年时间重走徐霞客的足迹，创作了百幅画作，记录沿途的大好河山，思考山水之中的时代精神。

第三部分

23. B 原文：从孕妇唾液中可以发现警示早产迹象的激素异常。

24. C 原文：唾液是消化系统不可或缺的帮手，它是食物消化的催化剂。

25. 细菌　原文：唾液能够帮助身体抵抗细菌的侵犯。

26. A 原文：但经常吸烟饮酒的人唾液中蛋白质的含量会降低。

27. C 原文：还有唾液的快速检测能力——仅仅 20 分钟，即可判断一个人是否患有糖尿病。这种检测设备一旦投入使用，相关疾病的预防工作就将变得更加简单。

28. B 原文：研究证明，唾液是你宝贵的信息库，是反映你健康状况的一扇窗。

29. D 原文：通常，水果中的多酚和多酚氧化酶是不会碰面的，但在榨汁时，细胞破裂，它们就会"狭路相逢"了。

30. B 原文：损失了膳食纤维、矿物质和维生素，主要留下了糖——相当于糖被浓缩了。

31. D 原文：果汁的引入只会强化婴儿对糖的偏好，从而影响对其他健康食物的接受。

32. 常规饮食　原文：周岁之后，孩子可以像大人一样从常规饮食中获得各种营养。

33. C 原文：但是否选择喝果汁，主要取决于你的“替代品”是什么。

34. C 原文：果汁作为一种饮料，既无毒也无害，但其营养缺陷主要是高糖，其他营养成分相对较少。因此，我们建议限制孩子喝果汁的量。

35. C 原文：在这一阶段，机长需要让飞机保持最有利的速度。

36. A 原文：等飞机到了巡航高度……如果没有意外情况的话，飞行的事儿就可以交给电脑操作了。

37. B 原文：毕竟一旦有意外情况，比如天气突变、飞行员误操作、机上出现安全事件等，飞行员的作用是自动驾驶系统无法替代的。

38. 技术和安全　原文：对于飞行员，尤其是执行长距离航班的飞行员来说，不仅从技术角度可以睡，从安全角度来说，也很有必要睡一会儿。

39. C 原文：调查显示：在商业航班事故中，75% 的事故涉及人为差错，其中机组疲劳占 15%—20%。

40. A 原文：长距离飞行往往需要扩编飞行机组。

二、阅读

第一部分

41. B 原文：在皖南众多风格独特的徽派民居村落中，宏村是最具代表性的。

42. C 原文：古宏村人规划、建造的牛形村落和人工水系，是当今“建筑史上一大奇观”……这种别出心裁的科学的村落水系设计，不仅为村民解决了消防用水，而且调节了气温，为居民生产、生活用水提供了方便，创造了一种“浣汲未防溪路远，家家门前有清泉”的良好环境。

43. C 原文：宏村的建筑主要是住宅和私家园林，也有书院和祠堂等公共设施，建筑组群比较完整。

44. A 原文：村内街巷大都傍水而建，民居也都围绕着月塘布局。

45. C　“接近”指非常相似或靠近某个状态。例如：温度接近冰点。此处适用，表示这种特性与海洋性气候非常相似。

46. D 原文：年平均降雨日数 183 天。

47. A 原文：因此，到宏村游玩，尽量住在村里，这样出入宏村就不用多买门票。

48. C 原文：栈道这种常见于险峻山区的道路形式，是在陡峭的悬崖上用木材架设的通道，在中国古代很早就产生了。

49. B 原文：如今尚存的古栈道主要有子午道、骆谷道、褒斜道、陈仓道等，均系古代自长安翻越秦岭，前往南方诸省的驿道。

50. B 原文：栈道的主要作用在于沟通，在中国，古栈道、大运河、长城一并被列为古代三大杰出建筑。

51. A　　“明修栈道，暗度陈仓”指的是刘邦表面上让韩信修建栈道，以迷惑项羽，实际上带领军队偷偷地攻打陈仓。和“声东击西”的意思最为接近。

52. D　　“约定”指的是事先商定，例如：约定时间和地点。此处适用，各路将领商定了先攻下秦都的人将为王。

53. C 原文：势力最强的项羽企图独霸天下，既不想让刘邦当“关中王”，也不肯让他回到家乡一带去，便故意把巴、蜀和汉中三个郡分给刘邦，封其为汉王，以南郑为都城，企图把刘邦关进偏僻的山里去。

54. A 原文：烧毁栈道，一方面是为了防御，另一方面是为了迷惑项羽，使其放松对刘邦的戒备，以为刘邦不打算回返了。

55. D 原文：人类的耳朵能够感知的振动频率非常有限（20 赫兹—20000 赫兹）。

56. B　　“适得其反”指的是结果与期望正好相反。此处适用，原本安装电梯是件好事，结果却引发了问题。

57. B 原文：实际上，音乐声在 50 分贝左右时会使人身心放松，给人以美感。

58. B 原文：熔岩喷发时发出的响声是一种低音波（低于 20 赫兹），它使人不自觉地产生恐惧感和躲避的念头。

59. A 原文：而音乐对疾病的疗效也是广为人知的。专家发现，胃肠道具备音符“fa”的共振频率。

60. C 原文：能带来疗效的既不是小猫柔软的毛，也不是猫身上散发的特殊气味，而是温顺的小家伙发出的低叫声。

61. D 原文：声音，真是让我们爱恨交加。

62. D 原文：动感单车在克服了室外行驶的一切缺点后，由于技术上的改进，不仅简单易学，而且成为一项能够使全身得到锻炼的有氧运动。

63. A 原文：但是由于其通常配备绚丽灯光和高分贝的音乐，选择动感单车的人士集中在 20 到 45 岁之间，大多数是年轻白领。

64. C 原文：首先要调整座位的高度……这样在骑行时，大腿与小腿的夹角不会过小，从而减轻了髌骨的负担，避免膝盖受伤。

65. C 原文：一堂课下来，通常会排出很多汗液，身体的水分流失很快，因此要及时补充水分……在以腿部为中心的锻炼过程中，臀部、腰部、背部、手臂的肌肉都能得到充分锻炼，同时还能够增强心肺功能。

66. B 原文：但是需要注意的是，在进行动感单车训练之前，一定要花时间做好充分的热身运动，比如在跑步机上慢跑一会儿，或者跳一段健美操，等身体开始兴奋时再参与。

67. D 原文：在进行腹式呼吸时，由于腹部肌肉紧张与松弛交替发生，从而使局部肌肉内毛细血管也交替出现收缩与舒张，这样可以加速血液循环，扩大氧气供给，有利于代谢物的排出，对全身器官组织起到调整和促进作用，同时也能极大增强肺功能。

68. C　　“专业”指的是专门的，具有特定技能的。例如：专业技能。此处适用，表示穿着专为动感单车这类运动设计的服装。

第二部分

这篇文章主要描述了植物在寒冷季节如何生存和适应环境的各种方式。文章从植物生长到抗寒方法，再到不同季节的耐寒能力等方面进行了详细阐述。因此，我们要依据逻辑关系将这些段落重新排序，同时找出干扰项。

69. G　在 A 引入了植物的生长和寒冷季节的情况后，G 介绍了冬天、夏天和春天植物抗冻能力的差异。

70. D　D 继续描述了秋天植物的变化，特别是如何进入休眠状态。

71. B　B 解释了植物休眠状态的特点和意义，与 D 内容紧密关联。

72. C　C 描述了树木的抗冻“甲胄”，与整体抗寒主题相符。

73. E　E 进一步介绍了植物的其他抗冻方法，与 C 形成补充。

从整体内容来看，F 段描述了植物的光合作用和能量转化，与文章主题关系不大，所以可以确定 F 段为干扰项。

第三部分

74. 原文：在非洲内陆的水域中，最强大的水生物种莫过于鳄鱼。

75. 分庭抗礼：抗：对等。古代宾主相见，分别站在庭院东西两边，相对行礼，以示平等相待。后用来比喻双方地位和势力相当，可以相互抗衡。

76. 原文：非洲鲥鱼虽然是鱼类当中的“小不点”，但它们的数量大得惊人。在某些河流中，它们的总数可能远远超过其他鱼类。这种数量优势使它们的生存显得相对地从容和有利。正因为如此，它们变得在自然界中不可小觑。

77. 原文：鱼卵在水里要面对太多的危险。大鱼、水鸟、水獭、蛇、螃蟹等天敌都会将它们列入自己的食谱。

78. 原文：当它发现有树枝伸到水面，便选择距水面有一段距离的某片合适的树叶作为产房。然后，它尽力从水中跃起，将身子紧紧黏附在叶片朝下的一面，将卵排在上面。

79. 原文：随后，它会一直待在这里，不间断地甩动尾巴，以便激起水花溅到树叶上的卵上面，保证卵始终处于湿润状态，直到小鱼孵出落到水里。

80. 原文：生存是一件极其艰难的事情，而智慧恰恰是解决所有难题的灵丹妙药。不囿于常规，全力求新求异，也许生存不仅会显得比较容易，更会焕发出夺目的性灵之光。

81. 原文：花鼓灯是安徽省优秀的民间艺术之一，是安徽民间舞蹈中流传最广、参与人数最多、影响最大、知名度最高的歌舞艺术，也是汉族舞蹈的典型代表之一。

82. 原文：以前的花鼓灯表演多是广场表演，且在夜晚花灯的照耀下进行，这也是花鼓灯名称的由来。

83. 原文：大禹治水十三年，三次路过家门而不入，女娇十分想念大禹，每天抱着儿子启站在山坡上向着远方眺望，祝愿丈夫治水成功，早日归来。由于她望夫心切，精诚所致，化作了一块巨石，后人称为“望夫石”或“启母石”。

84. 原文：至宋朝花鼓灯已发展成为比较系统的艺术形式，在民间舞蹈艺术中占据了举足轻重的地位。每年举行的艺术灯会，花鼓灯都是作为压轴戏出场。

85. 原文：男角统称“鼓架子”，女角统称“兰花”……“兰花”以折扇和方巾为主要道具，表演时左手执方巾，右手执扇，通过步法及姿态的变换表达不同的思想感情。

86. 原文：“丑鼓”类似于戏曲中的丑角，演出时身背花鼓，善于即兴演唱，表演滑稽诙谐。

87. 原文：“小花场”是花鼓灯舞蹈的核心部分，多为两人或三人即兴表演的具有简单情节的抒情舞。

三、写 作

88. 本题的数据涉及在线旅游用户的性别和学历分布特征，虽然有两组数据，但都是独立的静态数据，书写时互相并不干扰。通过对这些信息的分析，考生需要展现对数据内涵的理解和分析能力。

（1）划分分析维度

本题有两个独立的分析维度，性别分布和学历分布，需要分别考虑和分析。在性别方面，重点分析男女比例及其可能的含义。在学历方面，分析不同学历层次的分布，并尝试解释这种分布背后可能的原因。

（2）数据的对比和连接

在描述数据时，需要进行相应的对比，如男女性别对比，不同学历层次之间的对比。在学历分析中，考生可以连接不同学历层次的数据进行分析。

（3）深入分析和解释

不仅描述数据，还要深入分析数据背后可能的原因和意义。例如，在学历分析中，考生可以尝试解释为什么受过高等教育的群体占据主导，可能与这部分群体的收入水平、互联网使用频率等有关。

（4）综合考虑和总结

在分析完两个维度后，可以尝试从更高的层次上对数据进行综合考虑和总结。例如，可以分析男女用户分布接近的现象，对在线旅游业务提出针对两性都提供合适服务与产品的建议。

本题的解析需要考生在理解图表的基础上，具备对数据背后逻辑和意义的分析能力，并能够清晰、准确地表达自己的观点和结论。通过对数据的细致观察和深入分析，体现对在线旅游用户性别和学历特征的全面理解。

89. 这一题目引用了《孟子》中的一句格言，要求考生对“穷则独善其身，达则兼善天下”这一观点表达自己的看法。步骤建议：

（1）深入理解主题

理解题目中的“穷则独善其身”与“达则兼善天下”分别代表什么意思和含义，思考这一观点在现实生活中的应用。

（2）明确观点

确定自己对这个观点的态度，是赞同还是反对，或者中立，并给出自己的解释和理由。

（3）构建论述结构

引入段：简要引述孟子的名言，并简要提出自己的立场。

主体段一：详细解释“穷则独善其身”的含义，以及为什么赞同或不赞同它。可以通过个人经历或社会现象来证明。

主体段二：详细解释“达则兼善天下”的含义，以及为什么赞同或不赞同它。也可以通过具体例证来阐述。

联系和延伸：探讨这两个部分之间的联系，是否有过渡，是否可以同时实现等。

（4）结尾段

总结自己的观点，并可以联系到更广泛的社会责任和个人成长的主题上。

（5）运用恰当的语言和修辞手法

尽量使用清晰、精确的表述，适当运用一些修辞手法增加文章的层次感和节奏感。

（6）合理使用例证和经历

如果有个人经历或观察到的社会现象与主题相关，可以融入文章中增加说服力。

（7）注意语言规范和文风统一

保持文章的语言规范，注意句子的完整性和连贯性，同时保持文风的统一。

通过遵循上述步骤，考生可以有针对性地展开自己的观点，深入浅出地分析主题，完成有说服力的话题作文。

四、翻译

90. 本题描述了传统的中国音乐对现代流行音乐的影响，重点在于传统与现代的对比以及音乐元素的结合。翻译难点在于准确理解并表达两个文化之间的交流与融合。

（1）文化背景理解

了解传统中国音乐的特点和现代流行音乐的风格，以便于准确描绘两者结合带来的独特魅力。

（2）专业词汇的准确翻译

如“전통 악기”（传统乐器）、“현대 악기”（现代乐器）等，需要准确翻译并保持其文化内涵。

（3）情感和艺术性的传达

文章不仅描述了音乐的技术层面，还涉及音乐所带来的情感和艺术效果，翻译时应确保这些因素的完整表达。

91. 这段文字探讨了极简主义在中国的流行及其对各方面的影响。难点在于理解极简主义在不同领域的具体体现，并表现出文化背景的特色。注意：

（1）概念的深入解释

“极简主义”这一概念涉及生活方式、心理状态、设计趋势等多个方面，需要对这一概念有全面的理解。

（2）跨文化理解

文章描绘了“极简主义”在现代中国城市生活中的应用，需要理解中国特定的社会文化背景。

（3）多方面的影响分析

文章分别从生活、心理、时尚和设计等多个角度展示了“极简主义”的影响，翻译时要确保各个方面的准确描述和逻辑连贯。

（4）语言的通俗易懂

虽然涉及了一些理论和概念，但文章的语言并不晦涩，翻译时也应确保语言流畅、易于理解。

五、口 语

92. 本题关注上海作为时尚和设计中心的地位。难点在于表现上海的时尚景象和文化地位。注意：

（1）地域特色和文化内涵的理解

如“패션과 디자인의 중심지로 떠오르고 있다”（正崛起为时尚与设计的中心地）描述了上海在时尚和设计领域的地位。

（2）专业词汇的准确翻译

如“패션 쇼”（时尚秀）、“전시회”（展览会）等。

（3）细致描写的准确翻译

例如现代与古典建筑的完美结合、全球知名设计师的参与等。

（4）保持流畅连贯

翻译时要确保句子流畅，易于理解，同时保留原文的优美和特色。

93. 本题描述共享单车在中国的流行及其带来的城市变革。难点在于细致描绘共享单车的利与弊以及对城市生活的全面影响。注意：

（1）现实社会问题的关注

如交通拥堵、出行便捷、停车问题、回收问题等，这些都是现实生活中的重要问题。

（2）技术和现代生活的结合

如共享单车与智能手机应用的结合，描绘了现代科技如何改变人们的生活方式。

（3）平衡正反两方面

描述了共享单车的优点和带来的一些问题，如“그러나 공유 자전거의 인기로 인해 일부 도시에서는 주차 문제나 재활용 문제도 발생하였다”（然而，由于共享单车的普及，一些城市也出现了停车和回收问题）。

（4）保持客观和全面的视角

翻译时要全面反映文章内容，既要描绘共享单车的正面影响，也要客观指出其可能存在的问题。

（5）文化和地域特色的把握

了解中国城市的交通文化和共享单车的现状，以便更准确地传达文章的意图和背景。

94. 回答本题时，应注意：

（1）理解和转述能力

这个问题主要测试学生能否理解商务报价的具体内容，并能够准确无误地转述给他人。必须关注细节，并确保在总结时不漏掉任何关键信息。

（2）逻辑结构

考生的回答应有组织有序地展示报价的每一个部分。每个项目的描述应清晰、连贯。

（2）商务用语的运用

考生应使用适当的商务用语，如“报价”“总价”“预订”等，来确保与上下文场景的匹配。

（3）礼貌和正式

因为是向老板汇报，所以应保持适当的礼貌和正式语气。

总的来说，这个题目不仅考查了学生对具体信息的理解和表达能力，还考查了他们如何在特定的商务情境下，以结构化、准确、正式的方式进行沟通。

95. 原文：古代春秋时期，晋国的晋献公想要扩充自己的实力和地盘，便以邻近的虢国经常侵犯晋国边境为由，要派兵消灭虢国。

96. 原文：虞国和虢国是唇齿相依的近邻，我们两个小国相互依存，有事可以彼此帮助，万一虢国被灭了，我们虞国也就难保了。

97. 考生需要确保他们准确理解了文章的主题和相关的成语，然后以结构清晰、论点明确的方式进行阐述。

（1）引入主题和成语解释

开始时可以通过解释成语“唇亡齿寒”来为回答做铺垫。这个成语形象地表示了事物之间的相互依存关系，从故事中体现出领导者需要有长远的眼光。

（2）提供具体案例分析

考生应详细分析文中虞国国君的错误决策，以及这一决策背后的短视和贪图小利的心态。可以着重强调虞国国君未能看到虢国和虞国之间的唇齿相依关系，从而忽略了可能的长期后果。

（3）联系现实生活，强调领导者应有的素质

可以进一步阐述领导者在决策时应具备的眼光和智慧，强调考虑长远利益、全局观念、防患未然等方面。可以引入现实生活中的例子，使论述更具说服力。

（4）总结并提炼教训

最后，考生应总结文中的主要教训，强调领导者应具备的远见和智慧，以及在做决策时对于整体情况的全面考虑，再次提醒注意长远利益和相互依存的关系。

通过这种结构化的回答方式，学生不仅能够准确地解释文中的故事和相关的成语，而且还能够提出自己的见解和分析，从而全面地回答了题目。不过，值得注意的是，表达要流畅自然，用词要准确，思路要清晰，才能使答案更具说服力。

98. 为了回答类似的问题，考生可以从以下几方面入手：

（1）清晰引入主题

从屠呦呦的事例开始，强调她的贡献以及她对科研的深刻理解。这样的开头，直接抓住了问题的要害。

（2）详细解释观点

通过对屠呦呦的事例进行深入分析，解释"真实的科研是为了人类，而非荣誉"这一观点。可以进一步讨论科研的真正目的和意义，包括对人类的服务、解决实际问题等。

（3）举例支持

可以继续通过其他科研人员和项目的例子来支持这一观点，展示如何将科研与人类福利结合，而非仅仅追求荣誉。

（4）讨论可能的风险

需要指出如果仅仅追求名誉和荣誉的话可能带来的问题，例如科研方向的偏离、对真实问题的忽视等，进一步强调真实的科研应该关注的方向。

（5）总结并提炼核心观点

以坚守初心、为人类做出有意义的贡献为主题，进行总结，强调不应该被名利和荣誉所迷惑。

（6）语言表达

要注意语言的连贯性和准确性，使用恰当的词汇和表达，确保整个回答流畅自然。

（7）情感共鸣

最后，可以加入一些对屠呦呦的赞扬和自己的感受，使回答更具有感染力和共鸣。

通过上述的分析，考生不仅可以准确回答问题，还能展示自己对科研真谛的深入理解和对人类价值的深刻体悟。

全真模拟题 3

一、听 力

第一部分

1. × 原文：韩信出身贫寒，父母早逝，他每天靠讨饭度日。
2. × 原文：韩信在河边碰到一个专门给别人洗衣服的老婆婆。
3. × 原文：从此以后，他认真读兵书，练习武艺，决心做个有用的人。
4. √ 原文：后来，韩信投奔汉王刘邦门下，受到重用，他率领汉军东征西讨，终于打败了最强大的对手项羽，协助刘邦建立了汉朝。
5. √ 原文：韩信被封为楚王，回到故乡，他派人找到了那个给他饭吃的老婆婆，并赠送她一千两黄金。
6. √ 原文：这个地区在古时属于秦国，因此该地区的戏曲被称为“秦腔”。
7. √ 原文：秦腔成形后，传播到全国各地，因其成熟、完整的表演体系，对各地的剧种产生了不同程度的影响，并直接催生了一系列梆子腔戏，成为梆子腔剧种的鼻祖。
8. × 原文：苦音腔最能代表秦腔特色。
9. √ 原文：秦腔的表演技艺非常丰富，身段和特技应有尽有，一些神话戏的表演技艺尤其奇特而多姿。
10. √ 原文：如演《黄河阵》，要用五种法宝道具，如量天尺、翻天印等，可施放长串焰火。

第二部分

11. D 原文：这十大件实际上已构成了一个完整的侗族村寨聚落，成为社区中的一个建筑群，其中最重要的当然是鼓楼和风雨桥。
12. A 原文：侗族鼓楼源于古代的“罗汉楼”，其设计灵感源于杉树的形态。
13. C 原文：在设计上，注意运用直线、斜线、曲线、折线进行多重组合构图，构建了比例协调、均衡对称、规整完美的建筑造型艺术。
14. D 原文：而且工艺堪称一绝——整座建筑凿榫打眼、穿梁接拱、立柱连枋，不用一颗铁钉，全以榫卯连接，结构牢固，接合缜密，具有极高的工艺价值。
15. 方便渡河 原文：风雨桥不仅可以方便群众过河，还能遮风挡雨。
16. A 原文：它还具有明显的实用功能，例如：吊脚楼经济适用，通风良好，光线充足，冬暖夏凉；

而鼓楼则成为寨民讲款议事、娱乐休闲的中心；风雨桥不仅可以方便群众过河，还能遮风挡雨。

17. C 原文：来自大自然的雪，反过来又开始为保护生态做贡献。

18. C 原文：某市最近出现了一座以存雪为制冷剂的 6 层空调住宅楼。

19. B 原文：雪还可以用于空气净化。雪的晶粒结构非常复杂，即使攥成雪团，其内部的微孔仍可保持足够的空间，含有甲醛等有害物质的空气经过时，这些化学成分会被吸附，若将空气流量调整至适当程度，可滤除 90% 以上的甲醛等有害成分。

20. D 原文：另外，雪水经过蒸发后会重新凝结，形成冰状水，这是一种超软水，其中钾、钠等矿物质的含量较低，具有很强的渗透力。因此，对人体有着奇妙的保健作用。

21. 增强皮肤的抵抗力　原文：常用超软水洗澡可以增强皮肤的抵抗力，促进血液循环，有助于减少疾病。

22. D　　两位说话人介绍了雪作为清洁能源、净化空气、对人体的保健作用等价值。

第三部分

23. B 原文：网络平台上经常出现民众对溺水者进行急救的视频。

24. 胃部和食道　原文：因为倒挂排出的是进入胃部和食道中的水。

25. C 原文：如果肺部吸入了大量的水，留给肺泡进行氧气交换的空间就会减少。时间一长，会导致人体血液中氧气不足，大脑受损，进而导致呼吸和心跳停止。

26. B 原文：抢救心搏骤停患者的最佳时间为 4 分钟。

27. D 原文：李崇表示，应针对不同情况的溺水者，采取相应的急救措施。

28. A 原文：如果溺水者有呼吸和心跳，那么在拨打 120 等待专业急救人员的同时，应先清理溺水者口腔中的异物，并让其保持侧卧姿势并做好保暖。

29. B 原文：兰花的种子十分细小，很多比人的头发丝还细。种子的外种皮内部还有许多充满空气的腔室，这进一步减轻了种子的重量。

30. A 原文：种子还可以通过水流、黏附在动物皮毛上等方式“走”到更远的地方。

31. 生存　原文：兰花为了生存，使出浑身解数，真可谓“足智多谋”。它们大多生长在岩壁、树干或贫瘠的土壤上，这样可以减少与其他植物竞争，为自身的发展争取更大的空间。

32. C 原文：绝大多数兰花是典型的虫媒花，它们的花粉被打包成块状，不便于传粉者取食……高超的“骗术”，使兰花在享受传粉服务的同时，却不为传粉者提供任何回报。

33. B 原文：还有一些兰花，即使没有昆虫传粉，也能正常开花、结果并繁殖后代。

34. A 原文：当然，我们还可以列举更多的例子来证明兰花的智慧。同时，我们是否也能从兰花在广阔世界悠然自得、长久生存的能力中获得些许启示呢？

35. C 原文：他向我倾诉了自己的苦恼，并埋怨某些掌握美术话语权的人缺乏辨识力，看不起草根画家。

36. D 原文：我之所以给他泼冷水是有原因的。这位亲戚曾几次寄画给我，其画作笔触呆滞，色彩平庸，缺乏想象力，没有个人特色，而且旁边配的诗也显得牵强，缺乏意境。以这样的水平想在艺术创作领域取得成功，恐怕很难。

37. B 原文：聪明的人一旦发现自己面对的是一堵墙，转身就会绕开。

38. 文学　原文：鲁迅是懂得“不要浪费时间去敲一堵墙”的，他敲了一阵之后，意识到医学可不适合自己，立即去敲“文学之门”了，而这“门”也真的给了他应有的尊重和荣誉。

39. A　另辟蹊径：另外开辟一条路（蹊径：小路）。比喻开创新方法、新风格、新思路。

40. D 原文：一个人偶尔误将墙当作门来敲也并无大碍，毕竟人生在世，谁不会走点弯路呢。关键是，敲了一段时间后，如果墙没有任何反应，你就需要仔细看看，确定它是否真的是一扇门。如果是门，则继续敲，敲到打开为止；如果不是门，就应立即转向，并用心分辨墙与门的区别，避免再走入歧路。

二、阅读

第一部分

41. A 原文：又因其烤制过程鸭子不见明火，保证了烤鸭表面无杂质，因此被现代人称为“绿色烤鸭”，可谓是馈赠佳品。

42. B 原文：兵部员外郎杨继盛在朝堂之上弹劾奸臣，却反被奸臣诬陷。等下了朝，他感觉非常忧郁，便在回去的路上漫无目的地走，以化解心中的苦闷。

43. D　“九霄云外”：形容地方非常远，或想法超出现实。此处适用，形容烦恼被抛得非常远。

44. B 原文：于是命人拿来文房四宝，待笔、墨、纸、砚备齐，杨继盛提笔一挥而就，写下三个大字“便宜坊”！众人看了都拍手称好。

45. D 原文：便宜坊是我们老祖宗留下的宝贵财富，“便宜”两字当以“便利人民，宜室宜家”为核心，服务人民、服务大众。

46. A 原文：如今的便宜坊烤鸭店，以焖炉烤鸭为招牌菜，融合鲁菜特色，已经成为集团化企业。

47. C 原文：旗下老字号品牌众多，除了以焖炉烤鸭技艺独树一帜的“便宜坊烤鸭店”，还有……建于清道光二十三年（1843 年）有“北京八大楼之一”称号的“正阳楼饭庄”等。

48. B　“召见”指的是上级通知下级来见面。例如：皇帝召见大臣。此处适用，曹刿请求庄公召见他。

49. A 原文：齐国军队攻打鲁国，鲁庄公将要迎战……曹刿说：“这才是尽本职的事，可以凭这一点去打仗。作战时请允许我跟您一起去。”

50. D 原文：衣食是使人生活安定的东西，我不敢独自占有，一定拿来分给别人……祭祀用的牛羊、玉帛之类，我从来不敢虚报数目，一定要做到诚实可信。

51. C 原文：庄公接着说：“大大小小的案件，虽然不能每一件都了解清楚，但一定要处理得合情合理。”曹刿回答道：“这才是尽本职的事，可以凭这一点去打仗。作战时请允许我跟您一起去。”

52. C 原文：鲁庄公和曹刿同乘一辆战车，在长勺和齐军作战。

53. D 原文：经过观察后，我发现他们的车辙混乱，军旗也倒下了，于是下令追击他们。

54. D 全文讲述了曹刿认为什么时候可以作战，以及作战过程中做出的正确决定，因此 D 选项合理。

55. A 原文：在武汉人心中，它远比其他的早餐更能代表武汉的美食小吃。

56. D 原文：热干面起源于码头。

57. C “应运而生”指按照需求或情况出现。例如：新技术应运而生。此处适用，形容热干面的出现是为了满足特定需求。

58. A 原文：一不小心，他碰倒了案上的油壶，麻油泼在面条上。蔡明伟看到这种情况也无计可施，只能重新将面条用油拌匀再晾放。

59. B 原文：食用前应趁热将面拌匀。

60. B 原文：让芝麻酱均匀地裹在面上，如蚂蚁上树。

61. A 原文：他们在匆忙的选择早餐时，需要一种制作快捷方便、味道好、能支撑体力劳动且价格便宜的早餐。于是，热干面应运而生……吃热干面时，最好搭配一碗蛋酒、一袋牛奶、一杯豆浆或一碗酸甜的米酒，边吃边喝。

62. A “广泛”指范围广大，普遍。例如：广泛传播。此处适用，表示汗腺广泛分布于皮肤。

63. B 原文：另一部分则伸向皮肤表面，开口处扩大成漏斗状，叫汗孔，生成的汗液从这里排出来，称为排泄部……其余的是小汗腺，尤其是以脚掌、额部、背部等处数量最多。

64. A 原文：据估计，一个人大约有 300 万个汗腺。

65. B 原文：例如，吃了葱蒜等食物后两三天，如果身上仍散发出很浓的葱蒜味，那可能是汗腺排泄的结果。

66. D 原文：出汗还有调节体温的作用，因为汗液的蒸发会带走身体的热量，如果汗腺管堵塞，导致汗液排出不畅，就可能发炎并形成痱子。

67. A 原文：德国专家发现汗液中含有一种用途广泛的抗生素，在消灭致病细菌方面很有成效，能防治常见的皮肤传染病，如脓包病等。

68. B 原文：要勤换内衣裤和鞋袜，穿着吸汗且透气性好的衣物，以便于汗液的及时蒸发，减少汗液对皮肤的伤害。

第二部分

69. F 此段落为文章的引入部分，介绍了西伯利亚的一种特殊驼鹿——花腹驼鹿，描述了它们的外貌和别名。这一段为后续内容奠定了基础。

70. D　　此段继续探讨花腹驼鹿的花纹特征，通过描述猎人救助一只母驼鹿并观察其后代的故事，揭示了花腹驼鹿腹部花纹并非先天。与前一段关于花纹的描述有直接的联系，并引出了下一段关于花纹的疑问。

71. G　　这一段进一步解释了为什么母鹿会让小鹿穿越荆棘丛，以及这一行为如何增强了小鹿的生存能力。这一段与上一段的穿越荆棘丛的行为有直接的联系。

72. A　　此段总结了整个观察过程，解释了花腹驼鹿为何能够避免冻死，以及它们被誉为“西伯利亚丛林勇士”的原因，是对前文内容的总结。

73. B　　B 段从花纹和小鹿遭受的磨难出发，将其隐喻为人生的磨难，进行了深入的哲学思考和感慨，与前面的故事产生了内在联系，同时也是对整个故事的情感升华。

段落 E 描述了西伯利亚森林的树木，与文章的主题——花腹驼鹿并无直接关联，可以被视为干扰项排除。

第三部分

74. 原文：被誉为“天下第一奇山”的黄山，位于安徽省南部黄山市黄山区，有 72 峰，主峰莲花峰海拔 1864 米。

75. 原文：黄山原名“黟山”，因峰岩青黑，从远处望去呈现苍黛色而得名，后因传说轩辕黄帝曾在此炼丹，故改名为“黄山”。

76. 原文：其中最著名的是迎客松，树龄至少已有 1300 年。它如同一个人伸出一只臂膀欢迎远道而来的客人姿态优美。

77. 原文：从不同的位置观赏黄山怪石，在不同的天气中情趣迥异，可谓“横看成岭侧成峰，远近高低各不同”。

78. 原文：一般来说，每年的 11 月到次年 5 月是观赏黄山云海的最佳时间段。

79. 原文：黄山温泉源自海拔 850 多米的紫云峰下，泉水以碳酸氢盐为主，可饮可浴。

80. 原文：黄山的代表性景观有“四绝”，即奇松、怪石、云海、温泉。

81. 原文：铁定甲虫看起来比较弱，没有攻击能力，连主动防御也不会，遇上事儿了只能被动防御。

82. 原文：它们的胴体上甚至有在装死时用来收纳足和触角的凹槽。

83. 原文：它们的表面和形状看起来非常像不起眼的小石头。

84. 一筹莫展：没有一点儿计策能施展。形容想不出一点儿办法。

85. 原文：普普通通的血肉之躯，如何能够承载如此重压，铁定甲虫绝技背后的秘密勾起了科学家们的好奇心。

86. 原文：铁定甲虫为代表的步行甲虫们彻底抛弃了飞行能力，将最为关键的两片背部鞘翅特化为了一整块背甲，抗压能力得到了极大提升。

87. 原文：铁定甲虫的断裂载荷却达到了 150 牛顿。

三、写 作

88. 本题目是关于 2019 年至 2023 年间中国汽车及新能源汽车销量情况。在分析此类图表时，考生应该关注以下几个方面：

（1）趋势分析

首先应分析两组数据各自的年度变化趋势。注意汽车总销量和新能源汽车销量是否都呈现增长或减少的趋势，以及增长或减少的速率是否有所不同。

（2）比例分析

分析新能源汽车销量在汽车总销量中所占比例的变化。这能够帮助理解新能源汽车市场的增长是否超过了整体汽车市场的增长，从而判断新能源汽车的市场渗透率。

（3）影响因素探讨

考虑可能影响汽车销量和新能源汽车销量的外部因素，如政策支持、技术进步、消费者偏好变化、经济环境等。分析这些因素是如何影响两组数据的变化。

（4）预测未来趋势

基于现有数据和外部影响因素，对未来几年的汽车总销量和新能源汽车销量趋势进行预测。分析未来市场可能的发展方向和挑战。

（5）对比分析

将新能源汽车销量的增长与汽车总销量的增长进行对比。这不仅可以观察新能源汽车的成长速度，还可以分析其在整体市场中的表现和潜力。

通过这些分析，考生可以全面了解数据背后的市场动态，更好地理解新能源汽车市场的发展趋势及其在整体汽车市场中的重要性。这样的深入分析有助于考生在答题时表现出对数据的敏感性和对问题的分析能力。

89. 本题引用了《穀梁传》中关于言语和诚信的观点，并要求考生谈谈对诚信的认识并论证自己的观点。题目的核心在于理解诚信在人际交往中的重要性以及其对言语意义的赋予。步骤建议：

（1）解读引文

首先要理解题目中引用的古文，搞清楚“言”和“信”两个核心概念的含义和联系。

（2）明确主题

文章的主题是诚信，要围绕诚信展开自己的观点和论证。

（3）构建论述结构

引入段：可以通过引述古文引起读者的兴趣，并简要表明自己的观点。

主体段一：解释诚信对言语意义的重要性，并通过人际交往的实例进行阐述和论证。

主体段二：通过自己的经历（如学习经历）来深入探讨诚信对个人成长的影响。

主体段三：扩展到更广泛的社会层面，论述诚信在商业、社交等方面的重要性。

结尾段：总结全文，强调诚信的重要性，并提出自己的希望或展望。

（4）选择合适的例证

可以选择自己的经历、观察到的现象或者社会的典型事件作为支撑论点的例证。

（5）注意语言运用

合理运用修辞手法，如对比、设问等，使文章更有层次感和说服力。

（6）个人化和普遍化相结合

既可以从自己的角度出发，也要关注这一主题对社会、人类普遍的意义。

通过以上步骤，考生可以有序地展开对诚信主题的探讨，将个人观点与古文引用、个人经历和社会现实结合起来，形成一篇深入浅出的议论文。

四、翻译

90. 本题描述了徒步旅行作为一种感受大自然的方式。注意：

（1）描述自然风光的词汇

例如“신선한 공기”（清新的空气）、“아름다운 풍경”（美丽的风景）等。

（2）传达个人感受和选择

表达人们因对大自然的渴望选择徒步旅行的想法，需要捕捉到这种情感。

（3）保持语言的流畅和自然

整体语言表达应流畅自然，以便读者能够投入到这一自然体验之中。

91. 本题介绍了中国传统文化中的“礼尚往来”概念及其在人际关系中的重要作用。注意：

（1）文化和社交习俗的理解

例如，“礼尚往来”作为一种礼节的展现，是基于相互尊重和关怀的。

（2）具体实例的准确表述

如送小礼物的习惯，人们如何通过送小礼物来表达感谢和爱等。

（3）综合理解文化背景

要理解并传达“礼尚往来”在中国社交生活中的深层含义和价值观。

五、口语

92. 本题表达了作者对于宠物的感情，以及宠物在其生活中的重要地位和角色。注意：

（1）描绘感情的表达

如“기쁨과 사랑”（欢乐和爱）、“힘든 시기에는 위로의 역할을 합니다”（在我艰难的时刻给予我慰藉）等，需要准确捕捉和传达这些感情。

（2）人与宠物的互动

描绘人与宠物之间的相互影响，如宠物如何让人微笑，如何教人责任感，等等。

（3）宠物与家庭、友情的联系

明确表达宠物不仅仅是宠物，而是珍视的家人和朋友，体现了人们对宠物深厚的感情。

（4）保持文字的温暖和亲切

整体语言风格应温暖亲切，以使读者感受到作者与宠物之间的深厚情感。

93. 本题探讨了年轻人的职业规划以及教育在中国年轻人职业选择和人生规划中的重要性。注意：

（1）结构与逻辑性

文章从对职业规划的普遍重视，到教育的重要性，再到职业选择的多样化，最后总结职业规划的重要性，展现了清晰的逻辑线索。

（2）文化背景理解

对中国年轻一代教育和职业追求的文化背景要有所理解。

（3）语言通顺易懂

在翻译过程中，保持文字流畅，易于理解。

94. 本题应注意：

（1）理解主题

考生首先需要理解竞赛的主题“协同”以及相关的设计要求，并能够简洁明了地传达给学生。

（2）详细介绍

应该按照时间顺序，从竞赛主题、奖项设置、报名方式、参赛对象到设计要求等方面详细介绍。每个部分都应该清晰明了，不要遗漏关键信息。

（3）鼓励参与

除了详细介绍比赛的信息，还需要激发学生的参与热情。可以通过强调比赛的重要性、奖励的吸引力以及比赛对个人成长的积极影响等方面来鼓励学生参加。

（4）语言表达

考虑到是建筑专业的学生，可以使用一些专业术语，但同时要确保整体表达通俗易懂，因为目的是让所有人都能理解比赛的具体内容和要求。

（5）态度和语气

以一种积极、热情的态度和语气来介绍比赛，能够更好地引起学生的兴趣和参与意愿。

这个题目主要检查学生是否能在特定的语境下，有效地传达复杂的信息，并能鼓励目标听众参与特定活动。考生需要展示良好的组织能力、明确的语言表达能力和合适的情感投入。

95. 原文：京广高铁通车以后，现在只需要 7 小时 38 分钟即可到达。

96. 原文：对于中国这样一个人口众多、流动频繁的国家来说，高铁具有重大意义。它让人们的生活和工作方式发生了实质性的变化，可以说，中国大地正在迅速地被高铁连接成“一日生活圈”。

97. 考生回答时需要完整地涵盖文章的主要信息，并对技术进步，特别是高铁技术对现代社会的影响进行深入的分析。

（1）明确主题

引入主题时应明确表述问题的核心，即高铁技术进步对现代社会生活和工作方式的影响。

（2）具体分析

时间效率：强调高铁如何缩短了旅行时间，使得长途旅行更为方便快捷。

空间观念的改变：通过高铁的连接，人们对于距离和空间的认知发生了改变，使得远方的城市变得更容易抵达。

经济发展：高铁的建设和运营促进了相关产业的发展，包括旅游、房地产和服务业等。

社会影响：高铁的出现改变了人们的工作和生活方式，如通勤模式的变化。

心态变化：高铁的便捷也可能对人们的价值观和生活选择产生影响。

（3）举例支持

应用文章中的具体数据和事例来支持观点，例如京广高铁的时间缩短、高铁“一日生活圈”等。

（4）讨论可能的挑战和问题

还可以稍微讨论一下高铁技术进步可能带来的挑战和问题，如高铁票价、环境影响等，以使分析更全面。

（5）结论

总结高铁技术对现代社会的深远影响，并强调技术进步如何改变人们的生活和工作方式。

（6）语言表达

注意流畅的句子结构和准确的词汇使用，以确保整个回答清晰、连贯。

通过以上的分析，考生应能更深刻地理解并回答这一问题，展现对高铁技术进步和现代社会变革的全面认识。

98. 考生回答时可以从以下几个方面着手：

（1）引入主题

考生首先应当清晰地引入主题，概括听到的文章内容，如介绍林徽因的背景和其社会责任的表现。

（2）分析林徽因的特点

可以详细阐述林徽因选择留在国内工作的决定，以及她在古建筑保护方面的贡献。通过她的具体行为，展现出她的责任感、爱国精神和坚定信念。

（3）挖掘社会责任的深层含义

基于林徽因的事例，分析社会责任不仅是义务，还是对国家、社会和自己的忠诚和热爱的体现。解释个体如何与社会相互联系，以及个人成长与社会的关系。

（4）扩展到现实生活

把社会责任的观念扩展到日常生活中，提出每个人都能在不同层面承担社会责任，无论是关心弱势群体、参与环保活动，还是追求职业卓越。

（5）结论

林徽因的故事影响着我们对社会责任的认识。故事强调了社会责任的重要性，启示我们应更加重视并积极履行社会责任。

（6）语言表达

注意句子的流畅性和词汇的准确性，尽量使用恰当的修辞手法，以增加答案的表达力和说服力。

（7）个人情感的融入

可以适当表达对林徽因事迹的情感反应，以及这些事迹对自己观念和价值观的影响，使回答更富有感染力。

综合以上解析，考生应能通过具体的分析和扩展，全面地表达对承担社会责任的认识，并通过林徽因的事例生动展示其重要性和现实意义。

全真模拟题 4

一、听力

第一部分

1. × 原文：普洱茶由其产地云南省普洱而得名。
2. × 原文：熟茶则浓稠甘甜，几乎不苦涩。
3. × 原文：生茶是鲜叶采摘后经杀青、揉捻、晒干等步骤制成的，即生散茶，或叫晒青毛茶。
4. √ 原文：熟茶有暖胃、减肥、降脂、防止动脉硬化、降血压血糖等功效。
5. √ 原文：普洱茶又分生茶和熟茶，主要可以从外形、口感、汤色及制作工艺等几个方面来鉴别。
6. √ 原文：醒木用作吸引听众的注意力，营造气氛。

7. × 原文：早期的四川评书，是在市井搭棚设台。
8. √ 原文：主要由文人从事说书，没有固定程式，偏重文采，讲究“声、才、辩、博”的基本功。
9. × 原文：雷棚则以讲述历史和金戈铁马的战争故事为主。
10. × 原文：四川评书中的代表人物之一是李伯清，他在传统评书的基础上进行了创新，发展出一种新的说书形式——散打评书，其说书形式不拘一格，内容丰富多彩，常以摆龙门阵、吹牛皮等方式博人一笑。

第二部分

11. A 原文：这是上海大学参与三星堆考古发掘的纪念手铲。
12. 青铜神兽 原文：这座青铜顶尊跪坐人像和 8 号坑的巨型青铜神兽完成了拼合。
13. B 原文：文物实现了跨坑合体，让前所未见的重器得以完整展现。这件文物不仅体现了古蜀人对中原青铜文明的吸收与改造，也诠释了中华文脉开放包容、交流交融的特点。
14. 枯燥辛苦的 原文：真实的考古工作跟小说中那种惊险刺激的“寻宝”截然不同，大部分时候都是枯燥的。在祭祀坑里发掘时，因为怕损伤文物，我们每天都要在只有 14 平方米的坑里，趴着工作 8 小时以上。
15. D 原文：她经常勉励我们，要为中华优秀传统文化的传承与发展贡献力量。
16. C 原文：2018 年年底，我主动请缨，带领同事们利用新方法、新技术，重新整理了这批材料，最终在 2021 年年底出版了考古报告《武昌隋唐墓》。
17. D 原文：随着多省份将身体质量指数纳入体育成绩，家长们开始关注孩子的身高与体重情况。
18. 单纯性肥胖 原文：肥胖主要分为没有疾病因素的单纯性肥胖和有疾病因素的继发性肥胖。
19. C 原文：儿童营养不均衡大多是因为家庭的饮食结构不合理。
20. B 原文：儿童肥胖的判定应参照科学依据，在判断时至少要考虑三方面的因素：腰围与身高的比值、身体质量指数、体脂率。
21. C 原文：单纯依靠节食来减重是非常不科学的。有减重需求的孩子首先需要改变进食习惯，把吃饭的速度放慢。
22. A 两位说话人主要谈的是儿童肥胖的问题，以及使用什么科学方法来减重。

第三部分

23. C 原文：其实，这一现象在心理学上被称为“语义饱和”，即盯着一个字久了，我们的大脑便只关注它的字形，从而忽视了它的语义，产生了短暂的陌生感。
24. A 原文：这个过程只会持续几十秒，当你闭上眼睛或者转头看看其他事物，这种感觉就会消失了。
25. D 原文：但如果你长时间盯着一个字看，就等同于短时间内反复进行这样的过程，神经元感到疲倦，它们就会选择偷懒，直至最后罢工。
26. D 原文：但也有例外，例如大碗宽面（biángbiáng 面）的“𰻞”字，不论我们盯多久，它也很难在我们脑海里变得陌生或失去意义。这样一个字形结构复杂而且乍看很是陌生的字，会使我们的大脑进行数据对比时更专注，也就无法在短时间内偷懒。

27. 高举双臂的小人儿　原文：我就会觉得“韭”是仙人掌或者两座高楼、“击”是插在深坑里的电线杆、“义”是一个高举双臂的小人儿了。

28. C 原文：神经元感觉到疲倦了，它就会选择偷懒，直至最后罢工。

29. A 原文：所以有关学者研究发现在冰面直接实施人工降雪不仅能直接增加雪物质，也能增大表面的反照率，或者在冰面阻挡太阳辐射和冰面的热交换也能够有效地减缓冰川消融。

30. 羊毛毯　原文：科学家将白色的羊毛毯覆盖在瑞士的两座冰川上。

31. D 原文：中国科学院研究团队应用人工措施减缓达古冰川消融的试验中，就是采用在冰面覆盖光热阻隔物，从而阻挡太阳辐射和冰面的热交换。

32. C 原文：在冰川表面铺设隔热和反光材料，可以减少太阳直接辐射和近地层大气湍流交换对于冰川的影响，增大冰川表面的反照率。

33. D 原文：从环境保护的角度来看，试验材料可以回收利用，既可以节约成本，又不会对周围环境产生影响。

34. C 原文：在应对冰川消融的工程措施方面，相关研究相对较少。

35. C 原文：其旋转的动力全都来自自身的“光合作用”，即由屋顶的太阳能光电板和小型的太阳能电动机提供动力，十分节能。

36. B 原文：缓解城市的热岛效应，为住户提供清新、幽雅的居住环境。

37. 主体 / 中轴　原文：花梗是马蹄莲的中轴部分，除了作为结构主体，还作为整株植物的主要能量传送带，可以将水分、养分及时地在根、花、果实之间运输。

38. D 原文：为了提高顶部风力发电机组的效率，“花”被设计成双弧形截面。

39. B 原文：城市“仙人掌建筑”也是如此……缓解城市的热岛效应，为住户提供清新、幽雅的居住环境。

40. C 原文：仿生建筑的类型十分丰富，有些仿生建筑不仅拥有与生物相仿的优美外形，而且还像自然界的生物一样拥有无与伦比的生命力和创造力，大大缩短了人与自然的距离。

二、阅读

第一部分

41. A 原文：那些麦种看起来真的很好，一粒粒饱满、肥大，捧到手里沉甸甸、亮闪闪的。

42. B　“游说”指说服别人接受自己的意见或提议。在这个语境中，店主试图说服作者购买麦种，所以“游说”是最适合的选项。

43. C　“不可同日而语”本义指不能放在同一时间谈论。后形容事物之间差异很大，不能相提并论。

44. D 原文：教授解释说：“一代杂交的新品种都这样，种几茬成色就会越来越好了。” 我一点儿也不相信他的解释，母种都这样，还能结出什么样的好麦子来？

45. B 原文：直到第二年收麦时我和父亲才惊讶地发现，我们家那些颗粒饱满的麦种长出的麦子并不好，麦粒又细又烂不说，产量也很低。

46. D 原文：那些一代杂交的种子确实看上去不起眼儿，瘪小，亮色也差，可它们毕竟是一代杂交的，它们种一年就变得饱满些，再种一年就更加饱满了，它们在一年年克服着缺陷，在拼命趋向饱满和完美。

47. B 原文：而那些看上去饱满、金亮、完美无缺的种子，它已经完美到尽头了，只有一年年退化，一年年向缺陷发展，最后被彻底淘汰，永远退出土地和田园。

48. A 原文：主要分布在加州国家公园莫哈韦沙漠和索诺拉沙漠。这里干旱少雨，它们所栖息的环境夏季地面温度可高达 60℃。

49. D “束手就擒”指捆起手来，任人捉拿。比喻不思反抗或无力反抗。

50. C 原文：仙人掌的刺锋利无比，让美州豹不敢靠近。

51. D “匮乏”指缺乏、不足。常用搭配：粮食匮乏。由于沙漠地鼠龟的食物缺乏，使仙人掌成为其主要的食物来源，因此选项 D 最符合语境。

52. C 原文：它们要反复用沙砾磨自己的嘴，让嘴的内壁和舌头出血，当伤口愈合后再磨，一直到这些地方长出厚厚的老茧。这需要十几年的时间，当沙漠地鼠龟的口腔能适应仙人掌的刺后，这些仙人掌就是最好的食物和主要的水分来源。

53. A 原文：沙漠地鼠龟，俗名沙漠陆龟，是一种独居动物……沙漠地鼠龟还有一点特殊之处，它们膀胱的蓄水能力可以说是陆龟之最，靠着从仙人掌吸收的水分，它们可以度过长达一年的旱季。

54. B 原文：沙漠地鼠龟展示了适应环境和克服困难的能力，它们的生存策略证明了即使在恶劣的条件下，通过适应和调整，也能生存和繁衍。

55. A 原文：教授的结论是“应该强化机尾的防护”，而军方指挥官认为“应该加强机翼的防护，因为这是最容易被击中的位置”。

56. C 原文：而在机尾的位置，很少发现弹孔并非真的不会中弹，而是一旦中弹，其安全返航的概率就微乎其微。

57. C 原文：统计样本仅涵盖平安返回的轰炸机，被多次击中机翼的轰炸机似乎仍能安全返航；而在机尾的位置，很少发现弹孔并非真的不会中弹，而是一旦中弹，其安全返航的概率就微乎其微。

58. D 原文：幸存者偏差现象可能导致以下结果：投资成功者出书并出名，而失败者则默默无闻，导致电视上大量专家在传经布道、市面上充斥着太多投资成功学类的书籍，可能会让观众或读者高估了通过投资获得成功的概率。

59. A 原文：由于条件限制或心理因素，投资成功者难以保证理性和客观，容易夸大自己的能力，忽略运气因素，弱化当时所承担的风险等。

60. B　“权威”指公认的、具有专门知识或能力的人或机构。常用搭配：权威人士。根据上下文，这里强调不要盲从所谓的权威，因此选项 B 最恰当。

61. D 原文：为了使样本更客观地反映事实，我们更应该搜集介绍投资失败的案例和总结，不仅要向成功的人学习如何成功，更要从失败的人那里总结为什么失败，因为投资很大程度上是个避免失败的过程。

62. B 原文：所谓“脚”，其实是指几根粗大的木桩，用于支撑楼房……与另一边的墙基共同把楼房支撑平衡。

63. B 原文：这样使木楼底部通风，从而可保持室内地面干燥，防止毒蛇猛兽侵扰。

64. A 原文：湘西吊脚楼分两层或多层形式，下层多畅空，里面多作牛、猪等牲畜棚及储存农具与杂物。

65. A 原文：它的建筑艺术体现了“地不平我身平”的哲学思想。“出淤泥而不染”比喻一个人的言行有自己的原则，不会受坏环境的影响。

66. C　“象征”指用具体的事物代表抽象的意义。常用搭配：和平的象征。这些图案在建筑中是吉祥如意的象征，因此选项 C 最合适。

67. A 原文：栏杆上雕有万字塔、喜字格、亚字格、四方格等象征吉祥如意的图案。悬柱有八棱形、四方形，底端常雕绣球、金爪等各种形状……窗棂上刻有双凤朝阳、喜鹊闹梅、狮子滚球以及牡丹、茶花、菊花等各种花草，古朴雅秀，既美观又实用，很有民族住房的特色。

68. B 原文：所谓“脚”，其实是指粗大的木桩，用于支撑楼房……湘西吊脚楼分两层或多层形式，下层多畅空，里面多作牛、猪等牲畜棚及储存农具与杂物。楼上为客堂与卧室……湘西吊脚楼有时也称为“干阑”式建筑，三面有走廊，悬出木质栏杆。

第二部分

69. D　介绍了故事的背景，描述了作者遇到一位盲人老者的情景。这是一篇文章的自然开头。

70. B　该段与D段中的老人相联系，详细描述了他失明前的生活经历。此段中提到老人曾经能看见，解释了 D 段中老人对村子情景的了解。

71. A　这是一个自然的延续，因为它继续了作者与老人的对话。作者对老人如何不迷路表示好奇，老人则分享了他的勇气和信念。

72. C　此段老人进一步描述了他失明后的感受和态度，与 A 段中的话题关于勇气和信念相呼应。

73. E　此段是一段反思，作者回顾了整个与老人的交往，描述了从老人身上学到的人生道理。这可以作为文章的结尾。

段落 G 描述了盲人按摩和学习盲文的过程，但在这个故事中并没有找到明确的联系点。由于没有其他段落与之逻辑连接，我们可以将其视为干扰项。

第三部分

74. 原文：相传，宜宾早在唐代就已盛行酿酒。唐代大诗人杜甫于永泰元年（765 年）到戎州（今四川宜宾），在所写《宴戎州杨使君东楼》诗中就有“重碧牛青酒，轻红臂荔枝”之句。

75. 原文：五粮液，原名杂粮酒，据说创始于明代，至今酿造用的酒窖，乃是明代遗物。

76. 原文：邓根据其秘方几经调整，确定了新配方。

77. “目不暇接”指眼睛看不过来。形容眼前可看的东西或景色太多，看不过来。

78. 原文：“利川东”商行的一名商人情急之下，打开了一个土陶罐，顷刻间香气扑鼻。

79. 原文：正是这名商人的偶然举动，令“五粮液”名扬四海，一举夺得了巴拿马金奖，成就了一个中华民族的国际品牌。

80. 原文：而更神奇的是，六百多年来，五粮液酒厂的明代地穴式酒窖发酵池得以不断使用。

81. 原文：它大多在新年时张贴，用于装饰环境，寓意新年喜庆吉祥。

82. 原文：文人李光庭在文章中写道“扫舍之后，便贴年画，稚子之戏耳”，年画由此定名。

83. 原文：各地对年画的称谓也各式各样，北京叫“画片”“卫画”，四川叫“斗方”，苏州叫“画张”，浙江叫“花纸”，福建叫“神符”……

84. “不一而足”指同类的事物很多，不能一一列举。

85. 原文：传统年画以木刻水印为主，追求拙朴的风格与热闹的气氛，因而画的线条单纯，色彩鲜明。

86. 原文：宋代年画的主要题材有门神、灶王、钟馗、桃符等，一年一换，百姓希望通过这种方式来辟邪除灾。

87. 原文：可以说，年画这种“百科全书”般的民间艺术，蕴含着丰富的中国民间文化内涵。

三、写 作

88. 本题提供了餐饮“老字号”吸引消费者关注或产生消费的各种原因的百分比数据。在描述和分析具有较多数据项的图表时，考生应注意以下几个方面：

（1）按重要性排序

考生可以根据百分比高低，按重要性顺序描述各个原因。例如，在本题中，首先提及品牌知名度高 / 信誉好，因其占据了最大的百分比。

（2）分组归纳

如果数据项较多，可以尝试将相似或相关的因素归纳在一起，便于理解和描述。在本题中，可以将品牌知名度 / 信誉、产品实力、产品创新等因素归纳为关于产品和品牌的吸引力，而品牌故事、宣传传统文化等归纳为关于文化和故事的吸引力。

（3）解释和分析

不仅要描述数据，还要解释其中的含义和背后可能的原因。例如在本题中，解释品牌知名度高的原因可能是“老字号”长久积累的品牌形象和声誉。

（4）突出关键点

在较多的数据项中，应突出一些关键的观察点或发现。例如，在本题中，可以突出品牌知名度高 / 信誉好是最主要的吸引因素，而跨界合作则是相对较低的观察点。

（5）综合总结

在描述了具体的数据并进行了分析后，应总结整体的观察和发现。在本题中，可以总结“老字号”的主要吸引力在于品牌形象、产品质量和文化传承等。

通过以上步骤，考生可以有效地描述和分析具有较多数据项的图表，使分析结构清晰，观点鲜明，同时确保不遗漏任何重要的信息。

89. 本题要求考生表述自己对“居安思危”这一观点的理解和看法。主题旨在强调预见可能的危机并提前准备的重要性。步骤建议：

（1）引入段

解释引文：对引用的古文进行解释，阐述其含义。

提出观点：明确自己对“居安思危”的基本理解和态度。

（2）主体段一

论述个人生活中的不确定性：强调人生充满未知和不确定因素。

实例论证：可选取学习、工作或生活中的例子，阐述如何通过预见危机并提前准备来应对。

（3）主体段二从社会角度展开

阐述社会或国家层面的应用：说明“居安思危”对社会、国家的重要性。

实例论证：可选取经济、政治、环境等方面的例子，分析如何通过远见和准备来避免或化解危机。

（4）主体段三

纠正误解：澄清“居安思危”并非恐慌不安的态度。

阐述所需素质：如广阔的知识视野、深入的理解和分析能力、积极的心态等。

（5）结尾段落

总结全文：回顾主要观点，强调“居安思危”的智慧和积极态度。

提出期望：可以是对自己的期望，也可以是对社会的展望。

（6）注意细节：

控制字数：保持文章在 600 字左右，保持段落和句子的连贯性。

运用修辞：适当运用对比、举例、设问等修辞手法，使文章更生动有力。

保持客观：在表达个人观点时，要注意用词，避免过于主观和情感化。

通过以上步骤，考生能够构建一篇结构清晰、观点明确的议论文，将个人视角与社会视角相结合，深入浅出地阐述“居安思危”的重要性，并通过合适的例证加强论证的说服力。

四、翻译

90. 本题探索了中国茶文化的深厚底蕴和它在现代社会的影响。注意：

（1）文化特色

了解和准确表达中国茶文化的特色和深层意义。

（2）历史与现代的结合

描绘了茶文化从古至今的演变，体现了文化的连续性。

（3）语言精练

内容虽简单，但需要通过精练的语言表达出中国茶文化的博大精深。

91. 本题围绕中国的“养生”概念展开，描述了养生在中国文化中的重要地位以及现代实践。注意：

（1）文化与健康观念的融合

文章结合中国特有的健康养生观念，展示了一种文化与生活方式的融合。

（2）跨时代联系

不仅描述了古代的养生观念，还联系到了现代年轻一代的实践，展示了文化的传承和时代的发展。

（3）语言准确生动

在翻译过程中，应注意准确表达“养生”的内涵和外延，使之既符合中国文化背景，又生动形象。

五、口语

92. 本题描述了北京三里屯地区在星期五晚上的繁华景象，体现了当代中国城市夜生活的魅力和青年文化的多样性。注意：

（1）地域文化理解

三里屯是北京的一个时尚地标，需要了解其文化背景和地域特色。

（2）表现手法的转换

文中通过音乐、舞蹈和时尚的完美融合来描绘夜晚的活力，翻译时要捕捉这种氛围。

（3）专有名词的处理

例如“三里屯”，应保留原文并加以解释。

93. 本题介绍了播客作为数字媒体的新形式所带来的优势和可能性。注意：

（1）科技词汇的准确理解

例如“디지털 미디어”（数字媒体）、“스마트폰”（智能手机）等。

（2）结构合理，表达清晰

本文结构合理，表达清晰，逐一解释了播客的优势。

（3）跨文化理解

播客作为一种全球流行的媒体形式，需要理解其在不同文化背景下的接受程度和使用习惯。

94. 这道题要求学生以海外项目管理人员的身份，向部门员工介绍公司安排的业务培训，所以需要注意以下几个方面：

（1）组织结构

解答时应该以清晰的结构展示各个培训主题的详细安排，可以按照时间顺序或者主题分类。

（2）精确信息传达

需要确保关于时间、地点、课时、培训方式和内容等信息的准确传达。

（3）语气和表达

作为向员工介绍的语境，应采用正式但友好的语气，并确保表达清晰，信息容易理解。

（4）针对性分析

每个培训可能针对不同的人员，解答时要清晰表明哪些人员需要参加哪些培训。

（5）鼓励参与

可以在介绍完培训内容后，适当鼓励员工积极参与和学习。

总体而言，这个题目检测了学生在商务场合下口头表达清晰、准确的能力，并要求学生能够有效组织和传达复杂的信息。

95. 原文：张瑞敏厂长收到用户来信，得知海尔冰箱存在质量问题。

96. 原文：张瑞敏“砸冰箱”，砸醒了全厂工人的质量意识，也向市场宣布，海尔要用质量征服市场。

97. 考生在回答时，应注意：

（1）明确立场和主题

开始时需要明确自己对“质量为先”的产品意识的立场，是赞同还是反对，并简要阐述理由。

（2）使用听力文章中的事实支持观点

通过引用听力材料中的海尔案例来支撑自己的观点，使回答具有事实基础和说服力。

（3）深入分析“质量为先”的重要性

需要从不同角度分析质量为何重要，如消费者信任、品牌形象、长期发展、顾客满意度、成本节约等。

（4）适当举例和对比

可以通过具体的例子或对比不同质量水平的产品来进一步证明观点。

（5）思考并展望

可以对“质量为先”原则在当前商业环境中的实际意义进行反思，并展望未来可能的趋势或挑战。

（6）注意语言和表达

语言应该清晰、准确、连贯，适当使用一些复杂的句型和词汇，展示良好的语言能力。

（7）兼顾不同观点

虽然答案可能主要赞同一方，但是可以简要提及或反驳与自己观点不同的观点，使答案更全面和均衡。

总体而言，合格的答案将展示出对题目的深入理解，用事例说明“质量为先”原则的重要性，同时也要注意语言的准确性和表达的流畅性。允许有不同的观点和看法，但必须有充分的理由支持，并与听力材料紧密相连。

98. 考生在回答本题时，可以从以下几个方面着手：

（1）理解核心概念

首先，应深入理解王阳明的“知行合一”思想，并能准确表达。这个哲学理念强调知识和实践的紧密结合，认为知识如果不转化为实践是没有价值的。可以介绍一下这个理念的历史背景和它在儒家学派中的地位。

（2）联系个人经历或观察

以学习汉语为例是非常恰当的，因为它具体展示了如何将“知行合一”的理念应用到实际学习过程中。可以从语言学习的挑战和经历出发，说明如何将所学知识运用于实践。

（3）展示对文化的理解

这个答案中提到了跨越文化鸿沟的重要性，这是一个深刻的观察。它强调了语言学习不仅是学习语法和词汇，更是理解和接纳一种文化。

（4）思考更广泛的应用

可以进一步讨论“知行合一”思想在其他方面的应用，如职业生涯、人际关系、道德伦理等。这将展示对这一哲学理念更全面的理解和反思。

（5）清晰的结构和流畅的表达

回答应具有清晰的逻辑结构，从理解核心概念开始，然后联系个人经历，再展开到更广泛的层面，最后总结。语言应准确、流畅，展现良好的汉语水平。

（6）注意情感的表达

除了分析和阐述，“知行合一”作为一种人生哲学也涉及情感和价值观。可以适当表达自己对这一理念的情感反应和价值判断。

总的来说，好的回答不仅会阐释“知行合一”的核心概念，还会将其与个人经历和更广泛的背景联系起来，展现出深入的理解和反思。它同时也体现了考生对汉语和中华文化的理解和欣赏，通过具体的例子将抽象的哲学思想与实际生活紧密联系起来。

全真模拟题 5

一、听力

第一部分

1. √ 原文：这种现象是小鹅出生时就接触母鹅和动物学家形成的印象导致的。
2. × 原文：印痕行为是动物的一种特殊学习方式，只需一次或数次经验，就能形成印痕，对动物行为产生长远的影响。
3. × 原文：这可能是因为在生命的早期，神经系统处于一种特殊的状态，只有这一时期才能接受这类刺激。
4. √ 原文：印痕行为虽然发生在早期，但也会对晚期的行为产生一定的影响，尤其是繁殖行为。
5. √ 原文：为了避免出生的熊猫宝宝对人产生印痕，饲养员都穿上特制的“熊猫服”工作。
6. × 原文：墓地旁边，每天都有送葬的人在忙忙碌碌。
7. √ 原文：孟子对商人的叫卖声最感兴趣，他又模仿着吆喝声，和邻居的孩子们做起了游戏。
8. √ 原文：学宫是国家兴办的教育机构，聚集着许多既有学问又懂礼仪的读书人。
9. × 原文：中没有提到。
10. × 原文：不久，孟子就进入这所学宫学习礼乐、射御、术数等。孟母非常高兴，就决定定居下来。

第二部分

11. 首个完全自研的系统　原文：“南航—腾讯”航空安全与仿真研究实验室成立，并正式发布了我国首个完全自主研发的全动飞行模拟机视景系统。
12. B 原文：每位民航飞行员在其职业生涯内要经受 1000 个小时以上的模拟训练，以提升应对极端天气情况或突发飞行状况的能力。
13. A 原文：与传统视景系统相比，该系统的数字资产制作效率提升了 10 倍以上，多边形生成与渲染能力提升了 380 倍。
14. C 原文：有很多。例如，每重建一座城市和机场，不仅涉及大量的建筑、植被等资产重建，还需要重建精细化的机场地景，资产量相当庞大。

15. C 原文：我们通过自研的12K多通道融合算法完成了视景系统搭载飞行模拟机使用的最后一环。

16. D 原文：模拟机中的超高分辨率画面需要运用高精度多投影仪融合校准技术。

17. 有仙气 / 有神采　原文：意思是说您的画是上上品，有仙气，具体形象里还有神采在外。

18. A 原文：我的祖辈们以诗文著称，是当地有名的诗文世家。我的爸爸是上海美院毕业的，因此除了诗文以外，他还从小教我画画，蜡笔画、铅笔画，还用粉笔在墙上画，从小培养了我这样的兴趣。

19. B 原文：当时中央美术学院的师资队伍名家云集，人物画家蒋兆和、写意画家李苦禅、山水画家李可染、小写意画家郭味蕖，这些当时都是极负盛名的大师。这些人的笔墨和造型对我都有深远的影响。

20. D 原文：我画《老子出关》的时候这些思想就在脑海里浮动。因此我画的老子有很多虚无缥缈的地方。

21. A 原文：这需要高度的写实技巧和白描的功底，因为毛笔是不能改的。

22. 线条及诗意之美　原文：我希望向世界展示中国书画的线条及诗意之美，让来自不同文明的观众感受到中国水墨艺术的魅力。

第三部分

23. 刺绣　原文：挑花是刺绣的一种针法。

24. A 原文：民间挑花的品种主要有……多取生动活泼的自然景物和吉祥图案为题材。

25. D 原文：根据绣品装饰部位的不同要求，绣制团花、角花、折枝花和边条花等纹样。

26. B 原文：北京挑花多表现名胜古迹和古代建筑。

27. C 原文：角花则无一定格式，多以柏叶、莲花为主体，组成三角形图案置于四角。

28. A 原文：一般挑在枕头、桌布、服装等上面，作为装饰。

29. C 原文：由于棕榈猫的争夺，人们能采集到的咖啡果数量大幅减少。为此，岛上的居民非常痛恨这个竞争对手。

30. B 原文：一个懒惰不想爬树的人突然发现，棕榈猫的排泄物中有很多未消化的咖啡豆！

31. C 原文：而棕榈猫的消化系统竟然对咖啡豆产生特殊的发酵作用，使得经过其消化的咖啡豆口感变得独特。

32. 棕榈猫的数量　原文：而棕榈猫的数量直接制约了“棕榈猫咖啡豆”的产量。

33. D 原文：大家非常痛恨这个竞争对手……这让人们后悔不已。

34. D　棕榈猫的数量因为人类的捕杀而锐减，因此，后来人们很难获得“棕榈猫咖啡豆”。由此可以得出启示，人与自然应该和谐相处。

35. B 原文：由张家界市的张家界国家森林公园、慈利县的索溪峪自然保护区和桑植县的天子山自然保护区组合而成，后又发现了杨家界新景区。

36. A 原文：方圆 369 平方公里，奇山异峰 3000 多座，其中海拔在千米以上的有 243 座。

37. B 原文：强降水集中期为 5—7 月，降水量达 650 毫米，占全年总量的 46%。
38. 云雾 原文：云雾是武陵源风景名胜区最多见的气象奇观，有云雾、云海、云涛、云瀑和云彩五种形态。
39. B 原文：张家界国家森林公园是武陵源风景名胜区的重要组成部分，面积达 130 平方公里，是中国首个国家森林公园。
40. C 原文：生长有野生动物 400 多种、木本植物 850 多种。

二、阅 读

第一部分

41. A 原文：担担面得名，来自这特殊的年代和叫卖方式。
42. C 吆喝：大声叫卖。卖面的小贩沿街游走叫卖，因此“吆喝”是最符合语境的选择。
43. D 原文：先说面臊，其实就是面卤或是浇头。
44. D 原文：干煵面臊就是指炒制的面臊，面臊一般都比较干爽，像杂酱面和担担面的面臊就是。
45. D 原文：四川厨师的精妙，妙在可以把很多的调味原料组合在一起，让其和谐地统一。
46. C 原文：如今担担面已遍布各地，虽做法有些许不同，但因其味美受到各地人民的喜爱，已成为一种家常美食小吃。
47. B 全文主要介绍的是担担面。包括它的得名由来、调味方法、制作方法等。
48. A 原文：他的口才很好，也很会说话。他常常用一些有趣的隐语，来规劝君主，使君主不但不生气，而且乐于接受。
49. C 原文：齐国的齐威王本来是一个很有才智的君主，但他继位以后，沉迷酒色，不理国家大事，每日只知饮酒作乐，把一切政事都交给大臣去办理，自己则不闻不问。
50. D 濒临：临近，接近。常用搭配：濒临危机。描述齐国接近灭亡的边缘，因此选项 D 最合适。
51. B 原文：其实齐威王是一个很聪明的人，他很喜欢说些隐语来展现自己的智慧。虽然他不喜欢听别人的劝告，但如果劝告得法的话，他还是会接受的。
52. D 原文：齐威王是一个聪明人，一听就知道淳于髡是在讽刺自己像那只大鸟一样，身为一国之君却毫无作为，只知道享乐。
53. B 原文：从此齐威王不再沉迷于饮酒作乐，而开始整顿国政。首先他召见全国的官吏，对尽忠负责的给予奖励，对腐败无能的则加以惩罚……另一方面，他也着手整顿军事，强大武力，提升国家的威望。
54. D 原文：你不知道，这只大鸟不飞则已，一飞冲天；不鸣则已，一鸣惊人。你慢慢等着瞧吧！
55. D 原文：狮艺在当时已成为过年过节、行香走会中的必备节目。
56. B 原文：北狮表现灵活的动作，与南狮着重威猛不同。

57. A “惟妙惟肖”指形象逼真。常用搭配：画像惟妙惟肖。舞狮者的造型逼真，看起来就像真的狮子，因此选项 A 最符合。

58. D 原文：手持绣球逗引狮子的人称为引狮郎，引狮郎与狮子默契配合，形成北方舞狮的一个重要特征。

59. B 原文：醒狮是融武术、舞蹈、音乐等为一体的汉族民俗文化，由唐代宫廷狮子舞脱胎而来。五代十国之后，随着中原移民的南迁，舞狮文化传入广东地区。

60. C 原文：因关羽又被称为武财神，故关公狮又代表财富。

61. B 原文：醒狮现流传于南方地区以及海外华人社区……舞南狮之前通常还会举行“点睛”仪式。

62. D “坠落”指从高处掉下。常用搭配：坠落地面。在此语境中，火箭的第一级在完成分离后从高空坠落到无人区或空旷海域，因此选项 D 最合适。

63. D 原文：有人曾形容火箭使用的浪费程度，就和一架波音 747 客机仅完成一次单程飞行就报废一般。

64. C 原文：运载火箭回收试验有两大难点：一是让火箭第一级在分离后垂直下降，其难度就像在暴风雨中让一根扫帚平稳地直立在手掌上；二是精准降落在未锚定且只有足球场大小的浮动平台上极其困难，且着陆的精度要求在 10 米以内。

65. A 原文：还要解决减速问题，必须是软着陆，又不用降落伞，所以只能用反向推力装置。

66. B 原文：因为陆地上气象条件更好，回收面积也更大，平台更稳定。

67. B 原文：火箭的重复使用对于发动机核心部件的性能和寿命提出了更高的要求。

68. D 原文：中国航天科技集团开发的用于运载火箭助推器和整流罩回收的系统，预计每年可节约十几亿元人民币的发射成本。

第二部分

69. B 该段首先提到了过去空中旅行的奢华和航空公司以食物质量自豪的情况，是文章引入话题的部分。没有引入这段话，后续的内容就会显得脱离背景。

70. F 该段描述了空中飞行质量逐渐下降的过程，其中提到了航空公司削减食品预算、票价下降、竞争加剧等情况。这部分信息需要在之前的部分中有引入，以便确立飞行质量的逐渐下降背景。

71. A 该段描述了改进后的飞机餐质量，其中提到了精英阶层乘客可以享受到的升级后的餐点。这部分信息在前文中没有提到，但是在描述航空公司的改善措施之后，接着引入改进后的飞机餐质量是合适的。

72. G 该段描述了厨师的秘密会议的影响消失，以及美国航空公司不再请名厨的情况。这部分信息在前文中没有提到，但是在描述改进后的飞机餐质量之后，接着讲述厨师会议的影响消失是合适的。

73. D 该段描述了一些航空公司目前的点餐服务以及头等舱和公务舱的餐饮服务，还提到了头等舱的餐具和服务质量。这部分信息在前文中没有提到，但是在描述改进后的飞机餐质量和改进措施的影响之后，引入当前一些航空公司的点餐服务以及不同舱位的餐具和服务质量是合适的。

段落 E 描述了飞机上的环境影响，包括高度变化和湿度下降。这个段落没有直接与其他段落的主题联系，因此 E 是干扰项。

第三部分

74. 原文：实际上，太阳光是有压力的，因为光具有两重性，既是电磁波，又是粒子——光子。光线实际上是光子流，当光子流遇到物体阻挡时，光子就会撞到该物体上，就像空气分子撞到物体上一样，光子的动能就转化成对物体的压力。

75. 原文：太阳光产生的压力非常小。不仅人感受不到，就连普通的仪器也测不出来。

76. 原文：在地球附近，太阳光照射到一个平整、光亮、能完全反射光的表面时，产生的压力最大，100 万平方米平整光亮的面积上才受到 9 牛的压力，相当于一个 2 分硬币的重量。

77. 原文：一些具有创新思维的人开始想到利用太阳光压来推动航天器在太空飞行。

78. 原文：太阳光压的大小是与接受太阳照射的面积成正比的。

79. 原文：太阳帆是一种面积很大，表面平整、光滑、无斑点和皱纹的薄膜，一般由聚酯或聚酰亚胺等高分子材料制成，表面镀铝或银，使其具有全反射的特性。

80. 原文：一年后可达到 31.54 千米 / 秒，足以飞出太阳系。

81. 原文：在塑料应用极大地促进工农业生产发展，丰富和改善人们物质文化生活的同时，也带来严重的“白色污染”问题。

82. 原文：从 20 世纪 70 年代开始，中外许多科学家为解决“白色污染”问题，纷纷投身于研制“绿色塑料”——可降解塑料。

83. 原文：光降解聚乙烯地膜在光照下，可分解成 4 × 4 平方厘米的碎片。

84. 原文：这种塑料在细菌作用下也可分解成水和二氧化碳。

85. 原文：不但不污染环境，而且还可作为肥料回馈大自然。

86. 原文：美国密歇根大学的生物学家则干脆将这种塑料基因直接植入土豆和玉米之中，在人工控制下生长出不含有害成分的生物塑料。

87. “卓有成效”指有突出的成绩或效果。

三、写 作

88. 本题包含了柱状图和折线图，展示数据的关系和趋势。主要考查考生如何处理和分析包含两组较多数据的情况。

（1）确保两组数据之间的关联

在有两组或更多组数据时，需要确保在描述时能够清晰地表达它们之间的关系和相互作用。在本题中，移动游戏用户规模和增长率之间的关系需要明确，因为增长率是对用户规模增长的百分比表示。

（2）分段描述

可以先描述一组数据，然后再描述第二组，以保持逻辑的清晰和连贯。在描述第二组数据时，应尝试将其与第一组数据的描述相起来。例如，在本题中，可以先描述用户规模的变化，然后转向增长率的变化，并强调这些变化是如何相互关联的。

（3）插入分析

在描述数据时，可以插入一些分析和解释，帮助读者理解数据背后可能的原因和趋势。在本题中，例如分析增长率的下降可能是因为市场接近饱和，或者反映了行业的挑战和竞争。

（4）总结主要观察

在描述和分析了所有数据之后，应进行总结，突出主要观察和发现。在本题中，例如总结了移动游戏市场的高速增长期和随后的增长放缓，直至停滞不前的趋势。

总体来说，处理和分析包含多组较多数据的题目需要清晰的组织、明确的逻辑和有针对性的分析。通过分段描述、插入分析和总结主要观察，可以确保描述的准确性和分析的深刻性。

89. 这道题目引用了老子在《道德经》中的一段名言，旨在阐述大事从小事积累、长远目标须逐步实现的观点。题目要求考生以 600 字的篇幅论述自己是否赞同从小事出发、坚持不懈的观点。

写作步骤：

（1）开篇引言

引述名言：引用老子的名言作为开篇，直接与主题相扣。

提出自己的立场：清晰地表明自己是否赞同这一观点，并可以简要提出理由。

（2）主体论述一

选择合适的个人经历：例如学习、工作、生活中的具体实例。

详细描写经历：展示从小事开始、逐步积累的过程，如何体现老子的这一道理。

（3）主体论述二

拓展到更广泛的领域：科学、商业、艺术等，证明这一观点的通用性。

分析原因：阐述为何从小事做起、坚持不懈是必要的，可从心理、实际操作等角度分析。

（4）主体论述三

深入解读名言：不仅停留在字面意义上，探索背后的哲学思想和人生智慧。

反思与警醒：指出仅关注小事并不等于满足于小事，还需有远大目标，从小事出发逐步实现。

（5）结尾总结

回顾全文要点：简洁回顾文章主要论述和自己的观点。

提出启示：总结这一观点在现实生活和未来追求中的指导意义。

（6）其他注意事项

保持逻辑清晰：从个人到社会，从具体到抽象，使文章层次分明。

用词规范：尽量使用准确的词汇和标准的句型，保持文章的正式和规范。

控制篇幅：合理安排每个部分的字数，确保总字数在 600 字左右。

通过按照上述结构和步骤进行写作，考生可以构建一篇论述严密、观点明确、充满洞见的文章，既展示了对古人名言的理解，也体现了对现实生活的洞察和反思。

四、翻 译

90. 本题探讨了健身俱乐部和体育馆在城市中的快速增长，以及人们对于身体健康的日益重视。注意：

（1）社会现象的洞察

描述了健身文化在现代社会中的兴起和普及，体现了人们对健康生活方式的追求。

（2）词汇和表达的准确性

例如“헬스클럽”（健身房）、“체육관”（体育馆）等，需要准确翻译。

（3）情感色彩的传达

文章传达了一种积极向上、追求健康的生活态度，翻译时要注意这种情感色彩的再现。

91. 本题目描述了中国在可再生能源汽车领域的快速发展及其对环保和可持续发展的影响。注意：

（1）专业术语的准确处理

例如“신재생 에너지 자동차”（新能源汽车）等。

（2）描述发展进程

描绘中国在这一领域的发展轨迹，以及政府和企业的努力方向。

（3）强调环境保护与可持续发展的主题

需要捕捉到新能源汽车对环境和未来发展的重要性。

（4）保持流畅连贯

整体语言表达需要通俗易懂，保持连贯流畅，同时要体现出文章中所蕴含的积极态度。

五、口语

92. 本题目讲述了在忙碌的生活中，外卖服务的便捷性和多样性为何受到欢迎。注意：

（1）描绘现代生活方式

反映现代快节奏生活中的便捷服务需求。

（2）科技与生活结合

例如通过智能手机应用进行订餐等现代生活特点。

（3）突出关键特点

明确突出外卖服务的便利性和多样性，使读者易于理解和共鸣。

（4）语言简洁明了

整体描述简单明了，容易让人理解，与生活实际相符。

93. 本题目展现了中国丰富的饮食文化，特别是素食文化的历史渊源和现代发展。注意：

（1）文化和历史背景的展示

如素食文化在中国的悠久历史和现代受欢迎的原因。

（2）食物种类和做法的描述

例如蔬菜、蘑菇、豆腐的不同用法和美味营养的表现。

（3）反映社会趋势

如现代对健康的关注推动素食文化的流行。

（4）细致入微的描写

需要准确捕捉中国的饮食文化在传统与现代之间的发展变化。

94. 这个问题考查了学生在公司环境中传达正式通知的能力。解答这个问题时需要注意以下几个方面：

（1）详细完整

学生必须确保所有的关键信息都被清晰准确地传达，包括时间、地点、着装要求等。

（2）组织结构

回答需要有条理，每个部分都要明确分隔，让听众容易理解。

（3）语气与礼貌

作为部门经理，考生需要以正式和礼貌的语气表达，同时也要体现出对同事的尊重和鼓励。

（4）激励的话语

除了通知，题目还要求说一些激励的话。这部分需要展示学生的情感表达能力，能够用适当的语言鼓舞团队的士气。

总的来说，这个题目是一个综合考查学生在商务环境下口头沟通能力的好题目。

95. 原文：伯牙的琴声非常特别，他用弹琴表达自己的内心情感。当琴声雄壮高亢时，代表着“高山”的雄伟气势，钟子期听后，马上领悟并说：“这琴声，表达了高山的雄伟气势。”接着，当伯牙变换手法，琴声变得清新流畅，如同山间溪水潺潺，这代表了“流水”。钟子期再次准确辨识出：“这后弹的琴声，表达的是无尽的流水。”

96. 原文：两人像知音一样，谈得十分投机，约定第二年中秋再相会。到了第二年中秋，伯牙按时赴约。

97. 考生在回答时，可以用以下几个方面入手：

（1）引入主题和背景

考生应首先对所听文章的主要内容进行概括，介绍伯牙和钟子期之间的知音故事，为后续的讨论和分析奠定基础。

（2）明确问题

考生应明确问题的焦点，即在现代社会中找到知音是否困难，并对“知音”的概念进行定义或阐释。

（3）分析现代社会的特点

考生可以从社交媒体、现代生活节奏、人际交往方式等方面，分析现代社会对找到知音的影响。可以从正反两方面入手，指出现代社会既提供了寻找知音的机会，也带来了挑战。

（4）举例和对比

如有可能，考生可以提供现实生活中的例子来支持观点，或者将现代与古代的社交环境进行对比，使答案更有说服力。

（5）深入分析

考生可以深入探讨现代社会中人们可能感到寻找知音困难的原因，分析诸如人际关系浅化、技术依赖等因素，并解释这些因素是如何影响人们寻找知音的过程。

（6）总结观点

考生应在结尾处对观点进行总结，并可能提出一些建议或展望。例如，如何在现代社会中找到真正的知音，对人际交往的价值进行一些深刻的反思。

（7）语言表达

考生的答案应流畅、准确，使用恰当的词汇和句式结构，以确保观点的清晰表达。

（8）连接听力材料

通过整个回答，考生应确保答案与听力材料紧密相连，不仅作为引入，而且可以在分析中不时引用，增加答案的深度和丰富性。

总体而言，一个出色的答案会对听到的故事进行详细的分析，并与现代社会的特点相结合，充分解释和支持自己的观点，并通过清晰的结构和流畅的语言呈现。

98. 考生在回答时，应注意：

（1）开头概括与引入主题

一个合格的回答首先需要简要概括听力文章的主要内容，即中国首位女性航天员系统总指挥黄伟芬的工作以及她对航天挑战的观点。随后，应引入主题，解释为何这个故事对航天领域具有重要的意义。

（2）分析航天领域的挑战

考生可以深入分析航天领域的各种挑战，包括技术、物理、情感和精神方面的挑战。可以引用黄伟芬的话来支持自己的分析，并解释为什么这些挑战是如此引人注目。

（3）解释航天人的动力源泉

需要阐明航天人是如何从挑战和风险中找到动力和激励的，以及这种情感和心理状态如何影响他们的工作和成就。

（4）联系人类探索精神

考生可以将航天领域与人类对未知的探索精神联系起来，解释航天事业是如何体现人类不懈追求知识和解答未解之谜的欲望的。

（5）总结与反思

一个出色的回答会在结尾处进行总结，重申航天事业不仅是科学和技术的挑战，还是人类意志和探索精神的考验。可以提供一些对未来航天事业或科学探索的展望和反思，以增强回答的深度。

（6）注意语言表达

语言应清晰、流畅、有说服力，使用适当的词汇和句式结构来展现复杂的观点和分析。

（7）注意连接听力材料

考生的回答应与听力材料紧密相连，不仅在开头引入，还可以在分析和总结中引用，以增加答案的准确性和相关性。

总体而言，出色的答案将展示考生对听力材料的理解，对航天领域的挑战和魅力的深入分析，以及对人类探索精神的反思。通过结构清晰、观点鲜明、语言流畅的回答，展示对题目深入的理解和分析能力。